教育部人文社会科学重点研究基地重大项目（11JJD840015）

Migrant Social Integration in Urban China

转型期中国城市的社会融合

吴缚龙 宁越敏 等◎著

科学出版社
北京

图书在版编目 (CIP) 数据

转型期中国城市的社会融合 / 吴缚龙等著. —北京：科学出版社，2018.10
（中国城市研究丛书）
ISBN 978-7-03-058835-7

Ⅰ. ①转… Ⅱ. ①吴… Ⅲ. ①流动人口—社会管理—研究—中国 Ⅳ. ① D631.42

中国版本图书馆 CIP 数据核字（2018）第 213611 号

责任编辑：杨婵娟 吴春花 / 责任校对：贾娜娜
责任印制：徐晓晨 / 封面设计：有道文化

编辑部电话：010-64035853
E-mail：houjunlin@mail.sciencep.com

科学出版社出版
北京东黄城根北街 16 号
邮政编码：100717
http://www.sciencep.com
北京虎彩文化传播有限公司 印刷
科学出版社发行 各地新华书店经销
*
2018 年 10 月第 一 版 开本：720×1000 B5
2020 年 3 月第三次印刷 印张：12 3/4
字数：252 000

定价：78.00 元

丛书序

城市是人类创造的一种具有高度文明的聚居形式，她很早就在人类活动的历史长河中占有一定的地位。但因生产力发展长期处于落后的水平，农村一直是人类的主要聚居形式。直至进入工业化时代，城市化进程始开始加速。20 世纪后半叶起，发展中国家城市化进程开始加速，促使世界城市化水平逐步提高。根据联合国经济和社会理事会（Economic and Social Council，ECOSOC）人口与发展委员会《世界城市化展望》（2005 年版）的报告，2008 年世界城市化水平首次达到 50%，这意味着城市开始成为人类的主要聚居形式，人类从此进入城市时代。

中国有着数千年的城市发展历史。1978 年实施改革开放政策后，融入全球化时代的中国进入城市快速发展时期。2014 年，国家统计局公布的我国城市化率已达 54.77%，城市人口超过了全国人口的半数，较 2000 年的 36.09% 城市化率提升了 18.68 个百分点，年均增加 1.33 个百分点。快速城市化推动了大量剩余农业劳动力向城市中的非农业部门转移，加快了我国经济、社会转型和空间重组。与此同时，城市居民的居住条件、城市各项服务设施和基础设施水平也有显著提升，人居环境得到改善。因此，城市化已和工业化、信息化、市场化、全球化一起成为当前我国经济社会发展的重要特征，并和其他“四化”彼此间相互作用、相互影响。但过快的城市化也使各种城市问题伴之而生。其中，既有和其他国家共同面临的城市问题，如中低收入阶层居民的居住问题、交通堵塞、环境污染、城市蔓延等，也有具有中国特色的城市问题，如大规模的农村人口流动及由户籍制度限制导致的进城农民的“半城市化”、城中村等现象，以及城市化进程中的区域差异扩大等问题。

面对快速发展的中国城市化进程，2003 年，华东师范大学成立了中国现代城市研究中心，主要由来自于校内地理、社会、经济、历史、城市规划等学科的研究人员组成，还聘请了数位国外教授担任中心的兼职研究员。2004 年 11 月，中心被教育部批准为普通高等学校人文社会科学重点研究基地。自中国现代城市研究中心成立以来，中心科研人员承担了大量的国家级和省部级研究项目，在城市研究领域取得了丰硕的成果，并主办多次较大规模的国际学术会议，在国内外产生了积极的影响。

为繁荣城市科学的学术研究，从 2007 年起，中国现代城市研究中心在科学出版社的大力支持下组织出版“中国城市研究丛书”。这套丛书汇集了中心研究人员在中国城市研究领域的代表性成果，迄今已有 8 部专著问世。这些专著聚焦于城市网络、城市与区域经济、全球生产网络、大都市区空间组织等城市研究前沿，从信息化、全球化、网络化等角度探讨了中国城市发展的新动态、新特点。这些著作的出版在国内外学术界产生了积极的反响，其中有些还获得了省部级奖。“中国城市研究丛书”将进一步拓展研究领域，逐步出版中心研究人员在城市化、城市群、城市社会融合等方面的最新研究成果，以促进中国城市科学研究的进步。

18 世纪的工业革命开启了人类社会现代化的进程，也带来了城市化的进程。在城市化推动经济和社会进步的同时，各种城市问题与城市化进程如影相随，甚至产生严重的病症。正如 19 世纪伟大的英国作家狄更斯在《双城记》中所言：“这是最好的时代，这是最坏的时代。这是智慧的年代，这是愚昧的年代。”2010 年，上海举办了以“城市，让生活更美好”为主题的世博会，这在世博会历史上是第一次，表明应对快速城市化带来的问题已成为人类社会面临的挑战。我国未来的城市化进程仍然任重而道远，中国现代城市研究中心同仁将继续积极投身中国城市的研究，为中国城市化的持续健康发展做出自己的贡献。

宁越敏

华东师范大学中国现代城市研究中心主任

2015 年 10 月于华东师范大学丽娃河畔

前言

城市中外来人口的社会融合是中国新型城镇化的重大议题。传统上，外来人口主要是指由于我国城乡二元分割的户口管理制度，在城市工作、居住但没有获得当地城市户籍，因而不能在城市定居的异地迁徙农业转移人口，俗称农民工。外来人口的主体来自异地乡村，他们在乡村和城市之间流动，所以也被称为流动人口。伴随着经济社会的发展，外来人口的成分发生了很大变化，中高学历、城-城移民人口日益增多，其群体已经具有长久聚居城市的新趋向。因此，本书部分章节采用“新移民”这一概念，以覆盖传统外来人口概念未能包含的人员。由于绝大多数外来人口属于异地迁徙的农业转移人口，他们没有当地城市居民的身份，因而在进入城市后存在比较突出的社会融合问题。为促进外来人口的社会融合，国家“十三五”规划提出了农业转移人口市民化的发展目标，强调外来人口的社会保障权益，并要求在2020年前促进1亿进城农业转移人口实现在迁入地的户籍转化。然而，以农民工为主体的外来人口想要真正融入城市社会，受到多维度的制约。从大量研究外来人口社会融合的文献看，涉及制度接纳、市场接纳、结构融合、文化适应、身份认同和居住混合等多方面。本书使用融合而不是融入，就是强调外来人口和本地人口相互整合的过程，而非外来人口单方面进入和适应城市社会。本书亦特别关注工作场所以外居住区的社会融合。在众多维度中，本书着重分析结构融合，即在所住地的社会交往和社区参与，并对外来人口集聚的城中村特别予以关注。

西方国家关于社会融合的研究，多源于关注少数族裔的社会排斥及其居住分异。至于族裔聚居区对社会融合的作用，学界存有争议。空间同化的观点认为混居是少数族裔向主流流动的标志，而分割式同化的观点则认为少数族裔聚居区为他们提供了适应城市生活的场所，有助于其在代际流动时获得向上流动的机会。这些结论来自特定国家和特定族裔聚居区研究，未必能够运用到中国国内的人口流动研究中。

本书对中国城市中外来人口的社会融合进行深入的理论和实证研究。特别是对外来人口的邻里交往、社会参与、居住稳定性、居住满意度和融合的关系、定居意愿、融合的需求，以及城中村的社会融合做了分析。在本书中，我们特别注意区分治理层面的社会整合（涉及外来人口的权益）、社群层面的交往和互动（涉及居住区的邻里关系）、社区空间的混居和协调（涉及居住的聚集程度）。尽管外来人口的定居意愿强烈，但是现阶段的户籍制度阻碍了外来人口积累社会资本和培养邻里依恋。这反映了外来人口是为了就业而迁入城市，并非为享受城市生活而来到城市。因而在转型期的中国城市，邻里依恋、社会参与和定居意愿之间的关系并非是直接简单的。虽然外来人口愿意在城市工作并继续定居下去，而且只有极少人认为城市居民的态度“不友好”，但是他们多数只能从既有的老乡网络中获得支持，无法从社区中积累社会资本。定居的意愿更多是基于经济收入的考量。他们无法形成“新移民社区”，从而在城市政治中获得认可。这点与北美的“族裔经济社区”有着相当大的差别。在社区治理方面，因为强调居民委员会具有街道管理组织的功能，大部分外来人口被排除在“社区建设”过程之外，影响到他们的社区参与。所以未来有关促进外来人口社会融合的政策制定需要考虑如何促进外来人口参与社区事务，如何增强外来人口与本地市民的互动。

本书的特色是详尽考察外来人口的居住状况和居住满意度，进而研究社会融合的程度及其影响因素。在居住条件较差的城中村，外来租客的满意度并不是想象中的那么低。在地方政府较为宽松的治理环境中，外来人口的居住满意度相对较高，因为宽松的环境有利于房东更新设施，扩建住房面积。然而，设施水平的提高并不一定能带来更高的满意度。根据我们对“北上广”城中村的调研，满意度也与社区归属感有关，社区归属感的缺失是外来人口社会融合的障碍。在社会融合方面，户籍等制度障碍对到城市谋生的外来人口的影响逐渐淡化，而市场因素，如收入和就业日渐取代原有的制度安排，成为影响外来人口融合的关键因素。同时，改善居住条件，并不能直接影响社会融合状况。对上海的研究，还特别进行了多维度测量，并通过因子分析方法，获得社会融合的主要因子。外来人口在城市的定居意愿可以看作社会融合的综合结果。本书通过分析不同类型外来人口包括新移民的定居意愿，发现他们有着不同的融合途径。旧城改造对外来人口的融合有着很大的冲击。城中村的改造使得原租客不得不搬迁到较为偏远的地区，而正规的社区治理加强了排他性，给外来人口的融合造成困境。虽然对外来人口的制度障碍逐步减少，但是非制度因素，如社区的参与和认同，依然成为外来人口社会融合的障碍。如何形成开放和包容的社区治理，依然是需要解决的问题。社会融合问题在郊区新城也依然突出。虽然在西方国家，郊区代表了相对均一的中产阶级生活方式，而中国郊区新城呈现明显的分化和异质。商品房公寓、残留的城中村和外来人口的工业社区显示出完全不同的社会融合形态。

市场机制的形成为外来人口进入城市提供了渠道，无论是高层还是底层的移民，他们多数通过市场嵌入城市。首先，对高层移民来说，通过市场，进一步购买相应的服务，通过新移民制度，被纳入社会治理体系中。而处于底层的移民，因为特殊的租客身份，尚未被社区管理接纳，进入参与的管道遭到阻断，“外来者”的身份处于固化状态。事实上，尽管外来人口在日常邻里交往中尽量融入居住地，但这种互动无法上升到社会治理层面，形成他们自己的社区。实现社会融合的途径应当是消除相应障碍。对城中村等半城镇化地区，以及事实上已经处于出租的物业容许依法缴税经营，同时将税收用于扩展公共服务。其次，改变社区社会治理结构。随着公共服务的推进，形成开放、包容的社区治理，以居住者身份而非住房所有者的身份参与和管理社区事务。住房所有者可以通过业主委员会成为影响社区的利益相关者之一，而不是由集体经济组织代替社会治理。通过社区参与，加强社区认同感，促使新移民社区的“本地化”，使其成为社会治理的参与者和公共服务的接纳者。

尽管本书对外来人口的社会融合做了大量的实证研究，但由于社会融合问题非常复杂，还需要做长期、深入的研究。作为跨学科的城市研究，本书的特色在于把制度层面的农业转移人口“市民化”的问题从社区空间层面展开，观察社会融合如何在日常生活空间中被阻断。我们的视角既关注邻里，又超越社区互动，不局限于户口身份转换、“服务均等”的“市民化”话语，将制度要素放在社区空间中，同时把外来人口的社会融合置于中国城市转型的大背景下进行思考。

本书是教育部人文社会科学重点研究基地华东师范大学中国现代城市研究中心2011年重大项目“中国城市外来人口聚居区的社会融合研究”（11JJD840015）的成果，也是集体劳动的结晶。本书作者分工如下：第一章，吴缚龙；第二章，刘于琪、刘晔、李志刚；第三章，吴缚龙；第四章，李志刚、吴缚龙；第五章，刘于琪、李志刚、刘晔；第六章，李志刚、吴缚龙；第七章，汪明峰、程红、宁越敏；第八章，刘于琪、吴缚龙；第九章，黄宁莺、郭为桂；第十章，沈洁；第十一章，宁越敏、杨传开。本书第三章曾发表在 *Urban Affairs Review*，第五章的撰写基于“Rural Migrants in Urban China”中相应一章，感谢刘于琪对这两章的翻译，并对前十章的文字进行修订。宁越敏对全书进行了最后的校对和统稿。

伦敦大学学院巴特雷特规划讲座教授　吴缚龙

华东师范大学中国现代城市研究中心教授　宁越敏

2018年3月30日

目 录

图目录

表目录

第一章 从社会整合的角度看社会融合

第一节 引　　言

纵观历史，中国社会长期以来是高度整合的。因为社会的封闭性和稳定性，社会融合问题一直不是中国社会的主要矛盾。在计划经济下，虽然城乡分割，但城乡二元各自整合，沿袭了传统乡村社会的特色。在乡村，乡村社会通过基层管理隔绝在国家主导的工业化之外。而在城市，以单位制为基础，城市重塑了传统的社会。通过国家福利分房，实现居住的稳定和相对稳定的熟人社会。在单位社区内，形成职业的均质化和不同阶层的混居，避免了在城市尺度上按阶层的居住分异。虽然社会主义城市存在其特有的社会不平等，但是中国的现代化和城镇化进程缓慢，处于城镇化初期阶段，其行政体系规模较小，因此在计划经济时期，中国整体社会是高度整合的。因为限制城镇化，工业化没有导致明显的社会分化。但是，在改革开放前，仍然存在不同程度的社会融合问题。例如，Honig（1990）观察到上海的“苏北人”劳动者聚居于棚户区这类“下只角”。陈映芳（2012）解释“苏北人”聚居现象的出现是因为棚户区改造不力，“苏北人”的族群身份通过棚户区而固化。这样的解释将居住分异和社会融合连接起来。实际上，因为计划经济时期的住房分配一直存在城市房产管理局系统和单位系统两条线（Wu, 1996），居住分异按照“体制内”和“体制外”展开。但是两者的社会融合，与西方国家的种族间社会融合，还存在程度和性质上的差异。由于压制了个体社会的发育，个体依附于国家单位。社会的总体性和个体的依附性是改革开放前中国城市社会的基本特征（孙立平，2005）。

改革开放以来，中国城市出现社会转型，出现了阶层的趋向（陆学艺，2002）；总体性社会弱化乃至消失，社会差异加大，出现了“社会断裂”（孙立平，1998）；出现了私人领域（阎云翔，2012）。由此，城市空间呈现复杂化和破碎化（Wu, 2007a）。城市快速扩张，影响了广袤的乡村。在城市边缘，沿着城乡二元结构的分裂线，形成半城镇化地区，出现了“非正规”的居住地，即城中村。城中村和高档居住小区并置，形成巨大反差。随着个体消费从集体消费中分离，社会的总体性弱化。随着大量外来人口的出现，在城市社会的转型过程中，原来的“城乡二元对立”转化为城市内部的“新二元”结构，出现了城市人口与进入城市新移民的分割现象。城市的社会融合出现在研究和政策话语中。可以设想，一个新移民，在 20 世纪二三十年代，50 年代、八九十年代和 21 世纪初等不同时期来到中国大城市，在社会融合方面会有所不同。从这个假设的情景中可以看出社会融合的历史差异。

第二节　社会融合的概念和定义

现有文献中有关社会融合的概念比较含混，因而必须先厘定相关概念。有关社会融合的英文表达有以下几种方式，其含义略有差别。例如，悦中山等（2009）指出 social cohesion 和 social integration 均可翻译为社会融合，但含义略有不同。Social integration 为社会学家使用，最早出现在 A. 迪尔凯姆（A. Durkheim）的《自杀论》一书中。他认为社会缺失融合，在社会混乱中有些社会成员行为失去规范，导致自杀行为的发生。社会学家一般给出四种融合类型：文化融合、交流融合、功能性融合和规范性融合。学者普遍表现出对社会群体凝聚力的关注。相对而言，social cohesion 则更多为社会心理学家使用，指社会群体或组织的共识和黏合状态。此外，在社会政策中，研究侧重移民的融入状况，如社会的结合程度，公民的平等机会、权利及其共同的价值观念，以及个体对群体的贡献，个体和群体之间的冲突最小化。在研究社会融合时，存在两种对立的理论立场：同化论（assimilation）和多元论（pluralism）。其实，狭义的社会融合研究早年往往采用社会同化研究的范式，指的是少数民族融入主流文化，适应主流社会（Alba and Nee, 2003）。而多元论则强调并行分割的融合（segmented assimilation）（Portes and Zhou, 1993），各种文化相互适应、并存，形成多元文化主义（multiculturalism）。自多元论形成以来，社会融合（social integration）强调社会人群之间的互相协调和适应，是双向的过程，而社会整合（social cohesion）则更强调社会的平等和由社会包容而达到社会的整合状态。社会包容（social inclusion）是与社会排斥（social exclusion）相对的概念，强调公民权利和社会权益，各类人群有公平的发展机会。在空间上，强调通过社区的混合居住而达到社会混合（social mix），特别指不同住房类型及所有权类型，在居住区层面共处一地（Musterd and Andersson, 2005）。社会嵌入理论（social embedding）则从社会治理角度出发，强调个体如何和整体社会建立适应和联通渠道，进而成为社会的一员。

亦有学者从治理角度看待社会融合，他们关注全球化带来的社会极化及人口跨国流动带来的居住社区分割（van Kempen, 1994）。通常，学者将社会极化现象归因于经济积累体制的转变，即在后福特体制下，伴随着全球化，特别在全球城市形成职业极化，如在高收入的金融管理阶层和低收入的社会服务阶层之间的分化，进而表现为收入的极化（Sassen, 1991）。但是，是否存在社会极化问题在学界是有争议的。有的研究认为，社会极化的研究基于北美城市的原型，存在大量国际移民，而没有考虑欧洲社会福利体制的影响。在欧洲城市，收入差异加大，但在职业构成上，仍然是两头小、中间大，即低收入和高收入的人口数量少，存在大量的中产阶级，社会的分化更多地表现为职业分化（Hamnett, 1994）。从治理（governance）角度看待社会融合，就需要解释为何城市空间出现分割。政治经济学视角对此的解释是，城市因国家推动市场化和私有管治（private governance）造成社会空间分割，其主要推动力在于崇尚市场的新自由主义化（neoliberalism）（Jessop, 2002）。在凯恩斯主义下，国家福利供给、集体消费整合了社会，弱势群体因公民权而获得社会权益和包容，进而融入社会。但在市场化的过程中，集体消费弱化，个体的角色显现，出现空间的私有化。例如，在门禁社区，许多原来由市级政府提供的公共物品转为由市场提供。再如，社区内的保安由私人保安公司提供。有学者认为门禁社区是消费者的俱乐部（Webster, 2002）。因收入和社会地位的差异，出现社会空间分化，表现在社区层面则是形成同质社区（Vesselinov, 2008）。门禁社区形成的同质社区，据说是市场提供服务的有效形式。在这些私有管治社区，政府从公共服务中退出，由市场（如私有保安）提供服务（Goix, 2005）。

从某种意义上来看，有意思的是，中国的城中村也可以看作是一种特殊的没有门禁的集中居住区，是一种针对某一特定社会群体（农民工）而形成的居住方式（Wang et al., 2009）。因为住房供给渠道的缺失，农民工进城后不得不从“非正规”租房市场中寻找住房，而其各种社会需求也往往由市场提供，如子女到付费的农民工学校上学，而不是由政府通过税收投入。城中村实际上是一种住房的特殊消费方式，是适应外来人口的租房需求和成本极小化的产物。随着外来人口的增加，本地房东搬迁到城市其他条件较好的地方，而外来人口则出现集中居住，造成原城郊村落社会构成的全面演替。

城市外来人口的社会融合包含文化融合、心理融合、身份融合和经济融合等多个维度（张文宏和雷开春，2008）。而其社会融合则与多重因素有关，如制度供给（陈丰，2007）、管理方式、土地流转、劳动力市场和社会保障等。外来人口的融入轨迹是多方面、多层面因素综合作用的结果，需要通过公共机制、私人机制和社会机制等方面综合作用（梁鸿和叶华，2009）。其融入模式因人而异，通常经济整合发生在先，次为文化接纳，再为行为适应，此后是身份认同（杨菊华，2009）。近年来的实证发现，经济适应、社会交往、文化适应等要素对外来人口社会融合的影响显著：经济适应是社会融合的基础；文化适应是影响社会融合最重要的因素；经济适应和社会交往对社会融合产生间接的影响作用（陆淑珍和魏万青，2011）。对上海的实证研究表明，新生代农民工与城市社区的关系正在发生变化，正从隔离、排斥、对立转向理性、兼容、合作的新二元关系（马西恒和童星，2008）。此外，相比第一代农民工，新生代农民工有着更强的定居城市的意愿（侣传振和崔琳琳，2010；王春光，2010；马祖明和侣传振，2011），有的已经处于"中度市民化"阶段（董延芳等，2011）。

在本书中，需要注意区分社会融合的三层含义：管治层面的社会整合、社群层面的交往和互动、社区空间层面的混居和协调。运用前述理论框架看待中国城市社会融合问题，强调新移民建立个体和整体社会的嵌入关系，在邻里层面与其他社群和自己的社群交往互惠，在聚居区层面形成自己的社区，可以和其他社群主导的社区（如单位社区）相并置。我们观察到农民工的空间分布不均性，但是在聚居区层面并没有出现真正的"新移民社区"，因为农民工没有主导社区事务和社区发展的能力。就城市政府而言，也没有在社区建立与农民工群体沟通的渠道，而且相关社区社会服务对象一般不包括农民工。因而，农民工在迁入地的社会融合障碍重重。

第三节　社会融合的理论视角

波兰尼（Polanyi, 2001）的社会嵌入理论指出，个体嵌入社会通常有三种方式：互惠、再分配和市场交换。不能实现嵌入或出现断裂的社会嵌入状态，中国学界称之为"脱嵌"（黄斌欢，2014）。"脱嵌"一词比较准确地反映了在社会整合的语境下，因为制度而出现社会排斥。传统中国乡村社会以互惠为主要嵌入方式。个体作为家庭的一员，通过自己的生活圈子，根据家庭关系网络，按亲疏关系形成"差序格局"（费孝通，1985）。这种互惠关系，在单位体制社区或多或少地被保留下来。但在国家单位社区，国家再分配是主要整合渠道。通过集体消费，形成“熟人社会”。居民同时又是国家单位的职工，享受相应的权益（entitlement）。这种权益相对固定，基于其单位成员的身份而获得，不会被剥夺或丧失。在经济改革后，市场关系建立起来，市场交换成为新兴的嵌入渠道，使得单纯的不依靠互惠和再分配的整合方式成为可能，在“走出单位，成为社会人”的过程中，出现了体制之外，而不是从属于体制的社会要素。

随着开放政策的实施和全球化过程的逐步深入，中国城市出现了完全独立于原社会的跨国、跨境人口，加上少数民族流动性的出现，随即出现了“特定社会群体”的城市融入问题（高向东和朱蓓倩，2013），中国城市社会的构成日益复杂化。市场机制也为乡—城人口迁移提供了机会。劳动者通过出卖劳动力而获得生存资源，在市场交换环节与其他社会成员发生关系。商品化带来的差异，是一种片面的关系，也是一种暂时的耦合关系。房东和房客，相对于家庭、宗亲和同村同乡的地缘关系，是比较流动和“非稳定”的关系。在中国特殊的制度背景下，外来人口的这种市场嵌入，被限定在“非正规”领域，他们没有因为最初的市场嵌入而演化发展成为城市的（政治）社区成员，即没有通过交税而成为城市的居民。进入城市的外来人口，正在脱离乡村的互惠嵌入方式，而未能在城市中，建立再分配的嵌入方式。事实上，作为国家体制之外的乡村人口，他们未真正地以再分配渠道实现社会融合。在城市，外来人口依然可以运用“老乡圈子”，互帮互助，进而嵌入社会，形成社会融合。因为居住的流动性和集中性，外来人口在迁入地社会难以通过互惠的社会嵌入方式达到社会融合。城市居民在日常交往中对外来人口仍存有偏见和排斥的态度（宋月萍和陶椰，2012）。而低收入的外来人口，即“农民工”，因为收入限制，无法通过正规的市场交换渠道嵌入社会。随着商品化的推进，阶层分化，或外来人口通过市场交换嵌入社会，并不是持久的。外来人口可能因为自身原因，如疾病而脱离市场，也可能因为外在原因，如经济危机，而被清除。虽然外来人口的就业率高，并且参与到市场交换过程，加上“非正规”经济实际上和正规经济存在千丝万缕的联系，是对正规经济的补充和服务，外来人口通过外包连接到生产网络中，但是事实上，外来人口的市场嵌入形态是脆弱的。在有关社会排斥的研究中，Sen（1981）提出了“权益的失败”（entitlement failure），即由于特殊的市场交换结构，在市场交换得来的劳动力收益不足以交换维持生存的物资，从而出现交换不到相应权益的现象。从这个视角可以审视外来人口中不同阶层的社会融合现象。对于底层的农民工，因为收入限制而无力购买商品房，而非正规住房市场，虽然可能房价较低，但不对他们开放，因而无法形成“新移民社区”。底层农民工因而也被长期排斥在稳定的居住环境之外。而农民工的就业不稳定性，也加剧了居住的不稳定性。据有关学者对新生代农民工进行的调研，他们平均每份工作的持续时间从 2000 年的 3.8 年下降到 2008 年的 1.4 年（黄斌欢，2014）。这项调查结果发人深省，即随着市场化的推进，底层的外来人口通过市场交换渠道并不能真正稳定地嵌入社会。

外来人口的社会融合与本地老城居民有共通之处，只是地点不同。传统社区随着旧城改造而瓦解，而国家再分配渠道对于本来处于体制外的居民而言非常有限，他们属于弱势群体，且市场化和服务的有偿化，使再分配渠道缩减。由于人力资本的限制，他们作为先前下岗或无业人员，无法重新进入新兴就业市场，也无法通过市场交换嵌入社会。往往在迁居之后，城市的弱势群体会进一步丧失社会融入能力。城市发展的正规化，使互惠嵌入变得困难。同时，市场嵌入门槛的提升将时常伴随出现“权益的失败”而引起社会排斥。虽然经过近一个世纪的循环，市场制度再次回到中国城市，但是对于一个新移民来说，城市是一个更加难以通过市场交换而嵌入的空间。

第四节　中国社会融合的缺失

社会融合的缺失有历史和当代转型两个方面的原因。转型的大背景是“总体社会”的消失和个体化的出现，即“流动的现代性”（鲍曼，2002）。从中国历史继承的角度看，自 20 世纪 80 年代后来到城市的农民工，面临的不是“一盘散沙”的城市社会，而是一个经过社会主义计划经济洗礼的、有组织的城市工业社会。在国家的强势管理和单位制的有效基层监督之下，中国城市内部的外来人口不像其他第三世界国家城市居民那样可以自由占地搭建住房。因此，中国城市内部没有形成新移民贫民窟的条件。

20 世纪 90 年代起，中国城市土地制度的改革，加强了城市边缘集体土地拥有者的利益自觉性。有组织的村落可以和引导城市土地扩张的征地机构有效地进行讨价还价，获得较好的利益（Wu et al., 2013a）。在华南地区，由于传统的宗亲结构得以保留，本地农民的组织力较强。另外，征地时“返还”的农村用地为集体非农业用地，即允许农村集体组织经营用于非农业用途的土地，但不能修建住房出售，从而强化了农村基层组织的权利。此后来到城市的新移民，只有两种途径取得居住权：购买经城市政府允许销售的商品房或租借“非正规”的私人租赁房。对于外来人口，后者是权宜之计。于是，在原有“城乡二元结构”的基础上形成了“城市新二元结构”，即在城市内部出现了“二元”结构。其实在计划经济时代，城市也存在“体制内”和“体制外”的二元。“体制内”的城市部分是弱组织，没有经济基础，在居委会的管理之下，在社会组织中处于弱势。但是，“体制外”的城市部分存在较强的邻里互惠互动的社会融合。然而，“体制内”和“体制外”并不是完全隔离的，“体制外”的成员可以通过上学、招工或就业等方式，转化到“体制内”，而“体制内”的社群也有在“体制外”的亲戚朋友。新的城市二元结构，是由于产权和城市经营管理制度而形成的社会分割。在城中村的农民工“散客”没有他们的公共空间和政治权力。这些“非正规”社区甚至形成本地人口和外来人口数量相差悬殊的“倒挂村”，出现“2000 人管 2 万人”的奇迹。这些“特殊人群”，数量不小，无法通过市场交换渠道达到社会融合，也无法通过国家再分配渠道达到社会融合，从而出现“双重脱嵌”。从超越“户口”的角度来看，农民工没有通过国家再分配渠道达到社会融合，本身不足为奇。在理论上，具有创新意义的问题是，在普遍认为中国实行市场化的社会转型过程中，为何外来人口不能像外国有些“族裔社区”通过市场的嵌入渠道达到社会融合。这个问题或许能折射出中国“市场社会”的性质。对于外来人口中的白领、金领和海外（新）移民而言，市场嵌入或许不是问题。但是对于外来人口的底层，市场融入的渠道被阻断。在农民工和本地农民人口特征相近、户口相同的状况下，有意思的问题是他们的社会融合问题是族群问题还是阶级问题？这个问题需要在城市治理的变化中进行考察，包括住宅商品化、社会服务市场化和城市政府企业化。

产权在社区治理模式中占据重要地位：农村土地属于村集体所有。村委会直接成为农村土地产权董事会，因为缺乏农村基层的民主化，农村土地产权董事会实际为少数村干部所控制。虽然学界认为农村土地产权董事会在土地产权处置上具有“模糊性”，因为集体不是一个具有真正行动能力的个体，土地产权具体由什么个体进行处置，则取决于通过村级治理的政治过程而确立的权力，因而是模糊的。但是，随着集体土地产权的股份化和权益成员的固化，以及对有权参与社区治理的成员有明确的规定，其边界是明确的。产权分配决定了享受分配的权益，这种权益不是普适性的，与在社区居住的时间长短没有关系，并不会因为长期居住，而演替成为社区的成员。社区的成员身份具有封闭性，外来人口作为租客被排斥在社区事务和社区管理之外。但外来人口并未就此与国家机器失联。为了强化外来人口的管理，一系列制度穿越产权，对外来人口进行“属地化管理”，其中一项是确立与其相应的居住“地址”。他们在国家机器的运作过程中属于被管理的对象。

从积累体制的角度分析，社会融合的缺失是一种特有的制度安排和特有的社会形态。从积累体制和治理模式这对关系来看，福特积累体制下的社会呈现融合状态：它的积累体制是大众生产和大众消费。在市场交换渠道上，尽力达到最多成员。相应的治理模式是凯恩斯福利国家制度，由国家组织在城市尺度上的集体消费，以弥补市场的缺陷和不足。在计划经济时代，城市中也出现了由全民所有制单位主导的福利分配。在单位体制内部缺乏流动性，社会高度整合，居住和就业的重合导致社会融合。改革开放后，社会流动性增加，中央政府以放权为手段，调动地方政府的积极性，通过出让土地，吸引投资。而工业投资的到来，则吸引了大量外来人口进入城市打工。城市建设因而基本上是围绕这一运营模式开展，逐步形成世界工厂体制。该体制既需要外来劳动力又排斥外来人口。对于该体制，劳动力在完成劳动生产之后，就成为纯粹的负担。工厂的生产是面对世界市场，不需要外来人口作为消费者进入经济循环。在这一体制下，外来人口是工作者，而不是市民，他们缺失基本的市民权。作为城市的经营者，地方政府不愿承担外来人口的再生产。外来人口具有流动性，流向就业地点，无须就地制造。相反，地方政府竭力吸引投资和高层次人才。在这种体制下，外来人口在社会融合上遭到排斥，甚至是政治经济的空间手段（Harvey, 2006）。但是这种手段埋下了危机的种子。首先，社会融合的危机实际上是经济积累危机。经济增长过度依赖于投资、土地经营和出口，而消费严重不足。在全球经济危机之后，中国曾经将基础设施建设投资推动经济增长的政策运用到极致，现在显然已经不可持续。其次，社会不能融合进而可能演化为社会危机。要化解该危机，就必须依赖以人为本的城镇化，从为资本服务的城镇化转换到以人为本的城镇化（Wu, 2013），而以人为本的城镇化，就必须实现社会融合。

第五节　社会融合的空间–居住模式

社会融合的微观基础是社区的融合。居住社区的空间分异一般认为对社会融合有负面影响，特别是贫困空间的边缘化和固化。少数族裔的贫民窟（ghetto）切割了少数族裔与主流社会的联系，既是社会排斥的空间表现形式，又是社会排斥的形成机制。其中，邻里效应（neighbourhood effect）被认为是成因（Friedrichs et al., 2003）。因为贫困的集中及社区的高失业率，而失去整个社区参与就业的示范过程，高度依赖政府的福利支持。但是学界对邻里效应的说法有诸多批评，认为这种效应只是统计上的现象，缺乏机制基础，对邻里效应的成因不清楚，把社会排斥的结构性因素和个体因素相混淆，并把责任推给贫困的个体。然而，不论是何成因，大规模的同质人口集中居住，对社会融合造成负面影响（Marcuse and van Kempen, 2002）。例如，在“污名化”下形成的贫民窟限制了居民向上的社会流动（Slater and Anderson, 2012）。在西方国家战后建立的公屋区内，随着经济转型和社会福利的削减，出现了失业率上升、和主流经济社会隔离等严重社会问题，而这些问题归根溯源是由社会排斥造成的，进而出现了“城市的遗弃者”（urban outcasts）（Wacquant, 2008）。正因如此，在20世纪90年代后城市政策强调公屋建设需要分散。例如，在英国，房地产开发时要求每一个开发项目建设一定比例的保障性住房（affordable housing）。这是因为，对于高档的封闭社区（gated communities）而言，其成员在经济能力上与社会高度整合，并且当社区利益遭到威胁时，成员具备高度的社会动员能力。但对于整个城市社会而言，封闭式居住区的出现是对社会融合的一个挑战。尤其是私有制形式的治理和设施的排他性，会造成住户在社会心理上对其他人的恐惧（Low, 2003）和私有化的政治倾向（Uitermark, 2003; Musterd and Andersson, 2005）。因此，居住混合被认为是提高社会融合的有效措施，可以加强邻里互动，促使不同社群之间相互了解和沟通。特别是共用公共设施服务，如入读同一所学校，对不同社群下一代的社会融合有积极作用。

中国农民工的居住模式有多种形式。厂区的集中宿舍，虽然对农民工居住条件有所改善，但是因为严格的管理制度，尤其是有些工厂为了打破老乡之间的联系，有意使来自同一地区的农民工分散居住在不同的宿舍，使其产生心理孤独和隔离感，对社会融合有负面影响。例如，有关富士康深圳厂区的研究发现：居住在“非正规”城中村的外来人口更为自由，而居住在工厂宿舍内的外来人口在高强度劳动和缺乏业余社会生活的“双重”重压下很难融入迁入地社会（Yang, 2013a）。在家庭生活形态上，厂区宿舍工人不得不承受家庭分离，而分居型家庭（split household）是农民工家庭压低生活成本，尤其是孩子上学和照看成本而不得已采取的策略（Fan, 2008），由此对社会融合造成负面影响。另外，农民工的融入意愿还受到婚姻状况、居住时间长短和就业难度等因素的综合影响（王桂新，2010）。因此，不完整的家庭生活是农民工社会融合的一大障碍。

从混居社区研究的视角来看，空间混居对中国外来人口的社会融合是否有利？外来人口在单位社区的居住是分散的，应当有和本地居民接触的机会。但是，因为单位社区固有的社会网络，外来人口尤其是底层农民工，因为社会地位低，融入当地社区的难度较大。同样，在城中村也存在混居现象。本地房东和外来租客共同生活在同一社区，在经济上存在相互依赖。例如，在广州的“湖北村”，集聚了大量的制衣企业，本地村委会和房东给予租客和企业主方便和支持，协助他们与政府沟通，应对上级的检查，扮演着庇护者的角色（李志刚等，2011）。但是作为不同的社群，他们之间是否存在互惠互动关系从而促进湖北人的“新移民”社区成长，仍然存在疑问。在社区事务上，外来人口缺乏决策权利，被排斥在社区事务之外，与城市政府没有稳定的沟通渠道。在城市治理（urban governance）上，城中村虽然聚居了大量外来人口，但是城中村并非作为“新移民社区”实现治理，外来人口自己的社区是缺失的。

外来人口在城中村集聚，对其社会融入的影响具有两面性：一方面，外来人口和本地城市居民的邻里互动，因为空间分离而受到限制；另一方面，外来人口自身在聚居区的邻里互动强度并不弱，互动的强度超过门禁社区。究其原因，与城中村的居住环境比较简陋，缺少私密性，邻里往往共用某项设施有关。加上外来人口已有的老乡社会网络，以及外来人口新移民的身份更需要互帮互助。和门禁社区相比，邻里互动是城中村社区的基础。而门禁社区更多的是建立在产权基础上的利益共同体，强调居住的私密性而缺乏互动。外来人口的邻里互动有助于新移民适应当地社会和积累本地化的社会资本。有关西方国家少数族裔聚居区的研究指出：少数族裔郊区（ethonoburb）能够促进族群经济的发展，培育少数族裔企业家，因而对社会融入有益（Li, 2006a）。特别是在积累社会资本方面，聚居区非常重要（周敏，2006）。城中村与西方国家的“少数民族的族裔郊区”和“公屋区”均不同，族裔郊区是居者有其屋的社区，孕育族裔企业家，而“公屋区”则是建立在国家福利社会的嵌入渠道上。城中村是低端的、“非正规”的、私有管治社区。从北京的“浙江村”（项飚，2000；张鹂，2014）到广州的“湖北村”（李志刚等，2011），历时20余年，但城中村作为外来人口租借的生产基地的性质并没有进化和融合。或许本地农民的集体经济体消失后反而有助于新移民社区的形成。中国城市是否随着社会的“个体化”而向开放社会演化？是否会突破单位社会的遗产和“后改革时代”私有管治的分割（集体用地物业而造成的分割）？其实，在城中村的私人出租房本身并不是问题的根源，问题是因为这种“半城镇化”形态的存在，社会服务因此而未能均等化。

第六节 走向社会融合的动力机制

走向社会融合不但是意识形态的需求，而且是由内在动力机制决定的。中国作为世界工厂难以长期维持，国际政治的变换和世界性经济危机都使得时空转移式的积累体制存在积累的危机。社会融合举措将被运用于促进新型城镇化。走向社会融合的动力机制包括以下两个方面。

首先，社会的双向运动。为了对抗商品化的冲击，出现了社会的自我保护机制，即波兰尼所说的“社会双向运动”。社会试图将“脱嵌”的经济重新整合入社会，对社会底层、外来人口予以基本权益保护，以保持社会的稳定性和整合性。通过国家再分配渠道，使外来人口融入城市生活。事实上，地方政府欢迎投资，投资也需要劳动力，而城市也需要外来人口的服务。城市应该通过向新移民提供社会服务，使其成为城市居民。

其次，市场交换渠道的开拓。廉价劳动力的供给不是无限的，存在两种限制：其一，是人口数量构成上的限制，供给数量因为适宜劳动力数量的减少而出现瓶颈；其二，是劳动力再生产的限制，即以现行的生产模式，劳动力再生产的经济化，以极低价格进行再造，已经发挥到极致，出现自然生产的限制，不可能出现更为便宜的产品。劳动力价格将随“刘易斯拐点”的到来而上升（蔡昉，2007）。而劳动力价格的上升，最终将强化新移民的消费者身份，而不仅是其原有的劳动者身份。通过日益扩大的市场交换渠道，外来人口作为重要的城市消费者，逐渐成为城市的一员（刘晓峰等，2010；陈钊和陆铭，2008）。

对于第一代农民工，从社会整合的视角来看是嵌入社会的。他们没有失去对家乡的地方认同，因为他们明确想着还要回到乡村。那里是他们的根，他们的家。而在城市，他们也并不是没有沟通互惠的社会网络。农民工的社会网络，在他们进入城市时就已发挥作用（Liu et al., 2012）。同时，在城市中，他们在集聚地也形成和加深了互惠互动关系。但是，在与城市社会融合方面，他们属于“暂居城市”人口。城市的第二代农民工有可能真正“回不去了”，一方面，他们的成长经历使他们从乡村的互惠关系中“脱嵌”；另一方面，他们的留守和迁移经历限制了他们的人力资本和社会资本的发展。在城市经济转型的情况下，属于第二代农民工的劳动密集型就业岗位逐渐减少，而他们又不得不留在城市继续生存。这样的第二代农民工，可能会引发严重的社会融合问题，属于“双重脱嵌”（黄斌欢，2014）。因此，需要通过完全意义上的市民化进程加速第二代农民工在城市中的社会融合。

第七节　实现社会融合的途径

实现社会融合，目前需要着力解决以下两方面的问题。

首先，实现城市边缘区和“半城镇化”地区（如城中村）本地居民的身份转化，使他们成为真正的城市居民。集体产权的存在及其利益关系，使这些“半城镇化”地区的居民强化了他们的特殊身份：即在城市的农民业主。而他们的物业，处于城市的公共服务之外。这样的特殊身份，有些类似西方国家封闭社区（gated communities）私有治理（private governance）中的私人业主。许多社区服务，是由物业公司提供，而不是由城市政府提供，是计费服务，而不是公共税收支付的形式。与私人业主不同的是，中国“半城镇化”地区的农民业主是经营者，其中很多人其实已经搬离物业所在地。他们以产权形式实施的私有治理，实际上对其中外来人口的社会融合造成了障碍，而他们自己也作为房屋经营者游离于新移民集聚社区之外。他们既不能和外来新移民实现社会融合，也不能和本地城市居民实现互惠互动。当然，他们和租客有着经济利益上的共生关系，有时还会充当新移民的庇护者。但是在城市治理上，他们依然没有和城市实现社会融合。实现农村本地居民社会融合的途径是确认他们的产权，对事实上处于经营的产业予以确权，对经营的资产实施物业税，用于公共服务。实现土地经营之外的正常税收，取之于民，用之于民，从而实现本地农村人口的全面城镇化（王春光，2006）。

其次，加强外来人口的社区认同感和社区参与。尽管外来人口的社会网络不仅仅局限于居住社区，但居住社区的归属感仍然是提高他们居住满意度的重要因素。根据外来人口在集聚区的满意度调查（Li and Wu, 2013），外来人口的居住满意度和社区归属感密切相关。虽然居住条件和相关设备（如空调和浴室）可以提高居住满意度，但是归属感的缺失是物质条件无法弥补的。而归属感的缺失是由社区的排斥、社区事务参与的不足造成的。因而，改变社区治理结构，鼓励外来人口参与社区事务，推进公共服务向“半城镇化”的城中村推进，进而培育外来人口的社会资本（赵立新，2006；任远和陶力，2012），促使外来人口社区的“本地化”，特别是在社区层面，加强社区活动和相关设施的建设，是鼓励社会融合的策略之一。

第八节 小　结

本章分析了社会融合的三层不同含义：新移民（族群）的融入、个体公民的社会整合和居住社区不同社群的空间混合，其中每一方面均有大量的研究（马西恒和童星，2008；陆淑珍和魏万青，2011；悦中山等，2011；任远和乔楠，2010）。要求外来人口“融入”城市社会的说法，实际上是从城市单元论的角度出发。而诸如上海这样的沿海大城市，外来人口已经占据相当高的比例。根据 2000 年第五次全国人口普查，上海市登记的外来人口为 387.1 万人，到 2010 年第六次全国人口普查时已经上升到 897.7 万人，10 年来外来人口增加了 510.6 万人。外来人口的融入，内涵丰富，不应当只是指外来人口适应本地社会。这是因为，城市社会的多元化意味着新移民社区将是一种新兴的居住形态。

城市中的外来人口空间分布不均，大多集中在城市边缘区（李志刚和吴缚龙，2006）。不仅有城中村，还会出现蓝领“蚁族”聚落（杜鹏等，2008）。但目前外来人口的聚居空间没有形成真正的新移民社区，这是因为随着现代化的展开和正规制度的建立，中国城市在社会形态上尚未呈现开放社会的特征。无论是处于社会高层还是社会底层的外来人口，本质上都尚未成为真正意义上的新移民，他们都以市场嵌入方式进入城市。高阶层的外来人口，由于收入高，市场嵌入比较容易，购买商品房和相应的社会服务，进而通过新移民的制度，容纳到国家治理体系中成为新移民。他们面临的可能是城市本地居民同样面临的问题，即传统居住形态下互惠嵌入方式的淡化，社会的“个体化”。但是共同拥有物业，是他们的社区认同基础。而对于底层的外来人口而言，因为社会服务的市场化，他们基本被排斥在国家再分配渠道之外。更糟糕的是，他们虽然因居住简陋、集聚和缺少私密空间而有可能形成互惠嵌入，但是他们的嵌入通道因为原居民、现业主社区而被阻断。虽然底层外来人口的居住场所集聚了相当数量的人口，但在社区事务乃至城市管理上没有发言权。他们的身份被固化为“外来者”，这种固化和排斥，更多的是从市场的产权关系中延伸出来。众多学者将注意力集中在户口的制度构架及户口对农民工的歧视上。但是同样是农村户口，当地城中村的村民就形成了很强的基于集体经济和宗亲组织的原村民社区。对于他们，一般不认为融入是一个问题（当然有文化和生活方式的融入问题）。事实上，外来人口的底层在城市日常生活中是能很好地融入居住地的。只是在没有形成外来人口自己社区的状况下，这种邻里层面的互动互惠不具备城市社会整合的意义。从社会网络上看，他们和社会有着千丝万缕的联系（Liu et al., 2012），尤其是他们基本上由市场而嵌入社会，不同于西方国家福利社会中的公屋居民，后者处于与主流社会的隔绝状态，依靠国家福利再分配渠道而嵌入社会。随着福利削减、向劳务主义（workfare）转变（Peck, 2001），居民因自身和劳动力市场的限制无法用劳务换取补助，出现和社会“脱嵌”现象（Wu, 2010 a）。我们这里强调由户口制度而引起，但除户口制度外，产权也是阻断外来人口嵌入城市社会的因素。从外来人口的高层群体可以看出，没有城市户口，他们照样可以比较容易地嵌入以业主为基础的社会。因而给予外来人口集聚区以均等的社会服务权利，促使他们建立自己的社区，使他们即便不是住房的所有者，也能像西方国家成熟城市社会的居民，居住在出租私房（private rental）同样享受地方政府的相关服务。这是促进外来人口社会融合的重要举措。

本章从社会嵌入的视角看待社会融入问题，既超越邻里互动、社会资本积累融入主流社会的单元语境，也不局限于身份转换、“服务均等”的“市民化”话语（董延芳等，2011；黄锟，2011；梁波和王海英，2010）。需要将外来人口的社会融合置于中国城镇化、现代化和社会转型的大背景下思考这一过程，因为即便本地城市户籍人口也处于“总体性”消失、私人领域出现这一社会大转型中。这正是从时间节点上观察“新”移民抵达当地社会的意义。

第二章
社会融合的历程：从接纳、融入到认同

第一节 引　言

自改革开放以来，中国国内人口迁移规模增长迅猛。其中，短暂性迁移人口规模最大。据中国国家统计局公布的数据，2012 年中国外来人口数量达 2.36 亿人，这相当于每六个人中有一个是外来人口。大规模的“候鸟式”迁徙反映了外来人口难以获得迁入地户口，难以融入城市和扎根城市的社会现实。伴随短暂性人口迁移而产生的“外来人口社会保障缺失”、“外来人口治安问题”和“农村留守人员”等社会问题日益严重。2014 年中国国务院公布《关于进一步推进户籍制度改革的意见》（简称《意见》），以此进一步推动户籍制度改革。《意见》计划取消城乡户籍“二元划分”，根据流入地城市规模和发展水平逐步放宽外来人口落户条件，逐步完善外来人口在流入地的社会福利保障。《意见》体现了国家宏观政策旨在消除“二元”户籍制度壁垒，改变外来人口“流而不迁”的状态，促进外来人口融入迁入地社会。

社会融合是中国外来人口研究的核心话题。长久以来，外来人口因没有迁入地户籍被排斥在城市社会福利保障体系之外。同时，流出地和迁入地在经济结构、社会结构、文化观念、生活习惯等方面存在较大差异。因此，外来人口往往“流而不迁”，难以成为迁入地的永久居民。外来人口的“流而不迁”一方面反映了该群体未能融入迁入地主流社会；另一方面，频繁的迁移活动也阻碍了外来人口融入迁入地社会的进程。已有的关于城市外来人口社会融合的研究成果颇丰，涉及制度接纳、市场接纳、结构融合、文化适应、身份认同和居住混合等多个方面。然而，现有文献对社会融合的概念界定、分析框架及测度指标均未能取得统一，造成目前相关研究缺乏系统性和可比性。为此，有必要对中国城市外来人口社会融合的文献进行系统梳理，并根据已有文献构建社会融合的分析框架。

本章首先回顾西方国家社会融合的经典理论，然后探讨社会融合在中国社会背景下的三部曲：接纳、融入和认同。其中，接纳包括制度接纳和市场接纳；融入包括社会融入和居住混合；认同包括文化适应和身份认同。最后指出先期研究中尚未解决的问题。

第二节 西方国家的社会融合理论

西方国家有关社会融合的理论和实证探讨均源于对城市中少数族裔等社会弱势群体的人文关怀，主要关注弱势群体在迁入地社会的生存发展状况。社会融合是指“移民和本地居民相互适应和渗透，相互分享各自的文化、情感、记忆和经历的过程”（Park and Burgess, 1921）。社会融合可分解为若干维度：文化接纳、结构融合、异族通婚、身份认同、态度适应、行为适应和公民融合（Gordon, 1964）。融合程度会因移民所处社会融合阶段的不同而出现差异。著名的社会融合理论包括“盎格鲁-撒克逊优秀论”、“熔炉论”和“多元文化主义”（Gordon, 1964）三个理论流派。“盎格鲁-撒克逊优秀论”是一种种族主义观点，认为全盘吸收“盎格鲁-撒克逊”价值观念和行为准则是移民融入迁入地社会的关键（Cole S G and Cole M J W, 1954）。“熔炉论”强调各民族可以通过互动共同塑造新型本土文化，从而达到社会融合状态（de Crevecoeur, 1981）。“多元文化主义”认为移民可以保留原有的种族身份认同，同时也可以实现在迁入地社会的经济、结构和文化的部分融合（Kallen, 1924）。西方学界进而探索了移民的社会融合进程，认为移民需历经接触、竞争和接纳的阶段最终才达到同化（Park, 1950）。其中，移民的代际交替是推动进程的关键因素（Gans, 1973; Sandberg, 1974）。第二代、第三代移民通过垂直社会流动融入迁入地的不同社会阶层（Portes and Zhou, 1993）。此外，梅西（Massey）、阿尔巴（Alba）和洛根（Logan）认为社会融合存在“空间同化”作用。受到自身社会经济资源的限制，移民多数居住在少数族裔聚居区。而移民从少数族裔聚居区迁往郊区的居住流动往往伴随着移民向上的社会流动（Massey et al., 1987; Alba and Logan, 1993）。

第三节　中国语境下社会融合的历程：接纳

中国城镇化进程中的乡—城人口迁徙受户籍制度的影响，进城农民工本应成为城市中的新移民，但因制度因素不能在城市中定居，由此形成“外来人口”现象。因此，研究中国城市的社会融合，一方面固然需要借鉴西方国家社会融合理论的合理内核；另一方面更需要结合中国社会经济转型期的发展现状。在中国语境下，外来人口在迁入地实现社会融合，首先是外来人口在迁入地获取本地户籍，取得身份认同，享有与市民等同的基本公共服务；其次是外来人口通过与本地居民的互动逐步形成对迁入地价值认同的过程。外来人口社会融合的现状、过程和影响因素实际上反映了该群体在迁入地的生存发展状况，揭示了中国在社会经济转型过程中不同社会群体面对的制度、社会和文化环境，昭示了社会资源分配的原则秩序。

一、制度接纳

制度接纳是社会融合的第一阶段，是指移民获得迁入地的户籍与城市居民身份。制度接纳体现为：移民享有自由迁徙的权利，永久定居的权利，平等就业的权利，政治参与的权利，子女受教育的权利，以及与城镇居民同等的社会保障权利。中国的“城乡二元”社会已有半个世纪的历史，其核心为户籍制度。改革开放以来，大量农民进城，成为城市产业工人，即俗称的“农民工”。然而，长期以来，除小城镇的户籍对外开放以外，进入大中城市的农民工不能获得迁入城市的户籍，他们未能享有所在城市市民的同等权利（Chan, 1996；Solinger, 1999）。市民权利的缺失表现为：迁移流动管治、社会保障缺位、政治参与属地限制和子女义务教育缺失（Chan and Buckingham, 2008；Palmer et al., 2011；Xu et al., 2011）。

近年来，全国开展了以居住证为主体的户籍改革，为外来人口在迁入地的落户打开了一条途径。然而，居住证转化为本地户口仍受到重重限制。在财政分权和户籍管理地方化的推动下，户籍制度的“二元分割”从“城乡分割”转变为“地域分割”。地方政府的“准入条件”取代了国家的“农转非”制度

(Chan and Buckingham, 2008)。在城市经营的发展策略下，地方政府均采取转移农业部门劳动力、升级基础设施等策略推动地方城镇化发展，但长期以来很少有地方政府（小城镇除外）让外来农民工在本地自由落户。实施居住证制度后，迁入地落户门槛的调整有利于人力资本和金融资本丰富的外来人口落户，却阻碍了社会底层外来人口获得迁入地户口。由于社会福利保障长期缺位且覆盖面狭窄，外来人口的社会保险参与度普遍较低（Li, 2006b；Xu et al., 2011）。

在制度排斥的背景下，外来人口难以融入迁入地社会（王春光，2006；王桂新等，2008）。一方面，大多数外来人口没有迁入地的市民权，缺乏各种社会福利保障，生活成本高，导致外来人口难以在迁入地立足（Zhang, 2007；Yang, 2013 a）；另一方面，市民权利和市民身份的缺失，挫伤了外来人口融入迁入地的信心，阻碍了该群体对迁入地心理认同的形成（Gui et al., 2012）。

二、市场接纳

市场接纳是指城市劳动力市场和住房市场完全向外来人口开放。市场接纳具体体现为：和城市居民相比，外来人口享有平等的就业机会与职业流动机会，有相同的在城市置业定居的经济能力。市场接纳是外来人口在迁入地经济地位的综合反映（Gordon, 1964）。同时，市场接纳是外来人口在迁入地实现社会融合的基础。只有在迁入地实现经济立足，外来人口才有可能逐渐实现行为适应、文化接纳和身份认同等维度的社会融合。整体来看，中国城市劳动力市场对外来人口的接纳程度还较低。这一方面是因为外来人口的文化程度较低，因而多只能从事劳动密集型工作；另一方面是当地政府为了保障市民的就业，一些工作岗位只对本地市民开放。但对于受教育年限较高的新移民来说，在劳动力市场的选择余地较大。外来人口集中在次级劳动力市场就业，职业晋升机会少，工作流动性大，聚居在租金低廉的非正规社区内（如城中村），居住流动比较频繁（Fan, 2008；Wang and Fan, 2012；Yang, 2013 b）。

由于外来人口缺乏人力资本要素，相当一部分外来人口主要集中在非正规或流动性强的次级劳动力市场就业。次级劳动力市场所提供的就业岗位薪水低、职业训练差、行业信息少、职业上升空间小。因此，外来人口的人力资本要素增长缓慢。另外，外来人口根据薪金福利进行的职业流动也阻碍了其在就业岗位上进行人力资本积累。外来人口在迁入地往往容易陷入“低人力资本—低市场接纳—低人力资本投入”的恶性循环中（刘传江和程建林，2008；杨菊华等，2014）。

在居住的市场接纳方面，中国住房体制改革后，住房商品化供给取代了单位福利分房，住房买卖和租赁的价格根据市场供需而波动。伴随中国住房供给的商品化，由于外来人口的工资水平较低，外来人口在迁入地的居住支付能力一般也较低，表现在外来人口极少买得起城市尤其是大城市的商品房，即便支付正规商品房的房租对不少外来人口来说亦有相当困难，因此群租成为一个普遍现象。由于城乡二元土地市场的分割，农村的宅基地及农民自身的住房无法进行市场交易，外来人口在城市购买商品房的能力进一步降低。

第四节 中国语境下社会融合的历程：融入

一、社会融入

社会融入是指外来人口融入迁入地社交圈子的过程，具体体现为：外来人口能够与迁入地本地社会群体交往，积极参加本地的社会团体，且与流出地的社会联系逐步减少。社会融合的两大要素是社会网络和社区参与（Gordon, 1964）。社区参与反映了外来人口的民主参与意识和融入迁入地社会的意愿。倘若外来人口缺乏民主参与意识，或者仅把迁入地视作赚钱谋生之地，那么他们必然会很少参与社区活动。

外来人口在迁入地形成的社会网络主要由“先赋性”社会关系构成，以“地缘”和“血缘”为核心。因此，外来人口与本地人之间的社会关系较为薄弱（Ma and Xiang, 1998）。以“地缘”和“血缘”为核心的迁入地社会网络有效地降低了外来人口在迁入地工作和生活的风险，实现了社会资源效用的最大化（Liu et and Wang, 2014）。外来人口强大的“先赋性”社会网络犹如一把“双刃剑”，在迁移初期有助于外来人口在迁入地安顿，实现经济立足，但是却有可能演变为阻碍外来人口进一步融入迁入地社会的障碍（悦中山等，2011；任远和陶力，2012）。若外来人口的社会互动局限在“地缘”和“血缘”社会网络，那么外来人口与本地居民的交往会相应减少。同时，与亲戚、老乡频繁的社会互动也会强化外来人口对流出地的归属感和认同感，阻碍外来人口形成新的身份认同（李培林，1996；刘传江和周玲，2004；王春光，2006）。

与以往关于居民社区参与的研究不同，有关外来人口社区参与的研究发现，社会网络对外来人口的社区参与没有显著的促进作用（Xu et al., 2010；Palmer et al., 2011）。一方面，外来人口因外出工作而缺乏参与流出地社区活动的动力；另一方面，外来人口在迁入地城市因制度排斥和市场排斥难以参与城市社区活动。外来人口的社会网络以初级社会网络为主。这种“先赋性”社会网络能够为外来人口的工作和生活有效地提供资讯和帮助，然而却无法支持外来人口参与迁入地社区的活动。因此，外来人口的社会资本难以支撑其在迁入地形成广泛社会参与。此外，由于外来人口存在“过客”意识，多数外来人口专注经营其同质性和“内卷化”的社会网络（刘传江和周玲，2004；王春光，2006；Xu et al., 2010）。

二、居住混合

居住混合是指本地居民和外来人口共同居住在一个社区内。外来人口的社会融合过程以迁入地城市空间为载体，而社会融合的各个维度皆在城市社会空间单元中完成。社会融合强调外来人口融入城市尺度的社会经济文化体系；居住混合则是通过使外来人口融入社区，从而使其融入迁入地社会（景志铮和郭虹，2007；童星和马西恒，2008；刘建娥，2010）。社区社会空间不仅是外来人口融入迁入地社会文化系统的直接场域，而且能有效修补外来人口在迁入地的社会关系（Kearns and Forrest, 2000；Forrest, 2008）。社区环境和设施质量越高，邻里交往越频繁，外来人口的社区归属感越高（Du and Li, 2010）。另外，社区公共空间为外来人口提供了与其他居民进行社会互动的平台，有助于增强外来人口的社区归属感及其对迁入地的感知，从而塑造外来人口在迁入地的身份认同（Qian et al., 2011）。

实际上，中国城市内部外来人口与本地居民的居住空间分异度较高，并且形成了居住隔离。居住隔离的程度从城市中心向远郊呈先升后降的趋势（罗仁朝和王德，2008；徐卞融和吴晓，2010；李志刚等，2014）。外来人口多在近郊租金低廉的私人房屋密集社区聚居。根据群体内部成员之间的社会经济联系和社区空间形态，可以将外来人口聚居区划分为团聚状、条带状、片状和散点状聚落形态（刘海泳和顾朝林，1999；吴晓，2003）。严重的居住隔离减少了外来人口与本地居民在使用社区公共空间过程中发生的交流互动，阻碍了结构融入、文化适应和身份认同等方面的进展。因此，外来人口在迁入地的社会融合也受到影响。然而，部分学者强调外来人口聚居区是外来人口融入迁入地社会经济文化系统最直接的场域，因为聚居区为外来人口提供了工作、社交和居住的场所。随着外来人口聚居区的居住环境、社区管理水平和邻里互动程度的提升，外来人口的社会融合状况呈不断加深趋势（罗仁朝和王德，2009）。

外来人口在迁入地出现高度居住隔离是由外来人口个人因素、迁入地的制度环境和住房市场共同决定的。就外来人口个人因素而言，外来人口的经济支付能力较低，只能入住租金低廉的私人住房；同时，鉴于各种原因，外来人口融入迁入地的意愿普遍不高。分析迁入地的制度环境可以发现，外来人口往往被排除在迁入地的保障性住房发展计划和其他城市发展计划外。例如，目前中国城市的廉租房项目只受理符合条件的本市低收入阶层申请，拒绝外来人口的申请（Yi and Huang, 2014）。多数外来人口缺乏金融资本，往往无力支付商品房较高的租金和价格，而租金低廉的私人住房正好满足外来人口的需求（Wu, 2002a；Zhang, 2007；Du and Li, 2010）。因此，外来人口多居住在城中村、老街坊社区或单位社区。相反，拥有丰富金融资本或制度资本的本地居民支付能力较高，因而住房选择范围广，往往分散居住在城市内各种类型的社区。

第五节 中国语境下社会融合的历程：认同

一、文化适应

外来人口的文化适应是一个双向互动的过程，不仅包括外来人口对迁入地的语言、文化和地方风俗的认知和接受，还涉及外来人口所携带的流出地文化对迁入地社会和居民的影响。由于中国外来人口主要来自农村，其文化适应更多的指外来人口参与到新的社会文化环境中，并且经历文化适应的转变。相比欧洲和北美移民文化对迁入地社会产生的冲击和挑战（Park, 1950；Glazer and Moynihan, 1963；Sandberg, 1974），中国外来人口所携带的风俗习惯和文化价值观念对迁入地社会的影响较小。因此，中国国内外来人口的文化适应主要面临来自语言、风俗习惯和价值观念的冲击和挑战。目前，外来人口对迁入地方言和习俗观念的了解和接受程度较低。随着定居时间的增加，外来人口的文化适应程度逐渐加深。具体而言，外来人口对迁入地方言的掌握程度加深，与当地人通婚的倾向提高（Wang and Fan, 2012；Yue et al., 2013）。

社会网络的同质性、社会认同的“内卷化”、流出地和迁入地的文化差异是导致外来人口文化适应程度较低的因素（王春光，2006; Gui et al., 2012; Wang and Fan, 2012; Yue et al., 2013）。外来人口到迁入地初期社会交往局限在亲属和同乡社交圈子，同质性社会网络强化了其对初级社会网络的依赖及对流出地的社会认同。社会认同的“内卷化”降低了外来人口了解迁入地文化风俗的意愿，而与本地居民缺乏交往互动则是导致外来人口文化不适应的直接原因（王春光，2006；Yue et al., 2013）。相反，外来人口对迁入地的社会认同程度越高，对迁入地的文化价值观越推崇，其文化融合程度越高（Gui et al., 2012）。

二、身份认同

身份认同指的是外来人口在迁入地逐步形成对自己社会身份的新认同，体现为外来人口接受并且认可迁入地赋予其的新社会身份，具有强烈的迁入地社会归属感和长期定居迁入地的意愿。流出地和迁入地的社会与舆论环境、外来人口与本地居民之间的心理距离等方面都是塑造外来人口身份认同的关键（王春光，2009；杨菊华，2009；张文宏和雷开春，2009）。当外来人口认为自己是迁入地的居民时，他们在迁入地的身份认同才得以实现。实际上，尽管很多外来人口在迁入地“旅居”了很长时间，但是因为强烈的“过客心态”，外来人口作为迁入地“新市民”的身份认同久久无法实现（Liu and Wang, 2014）。而且，他们对迁入地没有归属感，始终保持着一种“局外人”和“旁观者”的心态（Fan, 2008）。倘若外来人口对流出地仍保留十分强烈的地方认同，认为自己的“家”和“根”在流出地，那么外来人口要建立迁入地市民的身份认同则较为困难。

另外，影响外来人口身份认同的关键因素主要有：迁入地社会对外来人口的身份建构、迁入地社会舆论环境、本地居民和外来人口的互动（陈映芳，2005；Du and Li, 2010；Qian et al., 2011；Liu and Wang, 2014）。其一，在降低城镇化成本的过程中，迁入地政府塑造了外来人口区别于本地市民和农民的身份。塑造外来人口“非市民非农民身份”的主要原因是迁入地的制度排斥。以户籍制度为依据，迁入地的劳动部门、社会保障、教育和医疗系统将外来人口排除在服务或保障的对象之外。而且，外来人口的“非市民非农民身份”会在工作和生活实践中不断强化（陈映芳，2005）。其二，迁入地社会舆论对外来人口的“特殊化”处理会强化外来人口对“非市民非农民身份”的认同，同时也会促使外来人口从群体内部和流出地寻找身份认同（王春光，2006, 2009）。其三，外来人口与本地居民的互动越频繁，交往越深入，外来人口对迁入地的地方认同和对自己的新市民身份认同程度越高（Qian et al., 2011；Yang, 2013 a）。然而，若外来人口和本地居民在交往过程中产生冲突或摩擦，则有可能降低外来人口的身份认同。例如，曾有被本地居民歧视经历的外来人口的身份认同程度很低（Liu and Wang, 2014）。

值得注意的是，代际更替并没有提高外来人口的身份认同。研究表明，受到迁入地的制度和结构排斥，第二代外来人口对迁入地的依恋难以转化为身份认同（Yang, 2013 a）。第二代外来人口长期受到城市文化价值观念的浸润，缺乏流出地生活经历。因此，第二代外来人口对迁入地形成了较高的地方认同。然而，相当一部分第二代外来人口在次级劳动力市场就业，长期定居迁入地有较大的困难。外来人口无法长期定居迁入地必然会挫伤其融入迁入地社会的信心，也会使其对迁入地市民身份认同程度下降。

第六节 小　结

有关中国外来人口社会融合的研究成果丰富，但多就社会融合的某一个方面进行探讨。就研究内容而言，现有的成果多属社会学研究，重点关注外来人口社会融合的结构、文化和身份等层面，而关于空间因素对社会融合影响的研究较少。一方面，外来人口的社会融合存在空间差异，即不同城市和社区内外来人口社会融合的程度和机制会出现差异；另一方面，不同空间尺度下的社会融合存在相互作用，即外来人口的社区融合状况会影响整个社会的融合程度。此外，现有研究往往忽略了由代际更替导致的外来人口社会融合程度和机制的改变。相比第一代外来人口，第二代外来人口拥有丰富的人力资本，融入迁入地社会的意愿更强烈，而这些代际变化均可能导致外来人口社会融合程度和机制发生变化。就研究范式而言，实证主义和结构主义占主导。大部分研究强调外来人口社会融合过程的渐进性和结构性要素对外来人口社会融入的根本作用。仅少部分研究关注外来人口融入迁入地社会过程中个人能动性的选择及与其他社会群体的互动和冲突（Yue et al., 2013；Liu et al., 2015；Wang et al., 2015）。就解释范式而言，社会整合、现代化理论和制度主义是理解中国外来人口社会融合的主要理论视角。社会整合理论认为外来人口在迁入地的社会嵌入方式决定其融合程度，强调外来人口采取的经济交换方式对其社会融合的影响。现代化理论则将外来人口的社会融合理解为社会宏观结构现代性转变的必然产物，将社会融合理解为外来人口的个体特性逐渐适应现代社会结构的过程。制度主义认为宏观的社会体制结构是影响外来人口融入迁入地的核心，而忽略了外来人口在城市融入过程中的主体性和能动性。上述理论在解释外来人口社会融合的机制时各有特色，但是忽略了外来人口、本地居民等社会群体的行为选择性在外来人口社会融合过程中也发挥着作用。

借鉴西方学者的研究视角和方法选取，结合中国国内外来人口社会融合机制，本章提出研究中国国内外来人口社会融合的历程，经历从接纳到融入再到认同的过程。

随着中国城镇化发展速度减缓、城市治理角色的转变和外来人口的代际更替，中国外来人口的社会融合将会面临一系列新的挑战。就社会融合的某一个方面而开展的研究缺乏系统性和综合性，会阻碍学界和政府对外来人口社会融合进行全面的理解和把握，使有关部门在制定人口和社会发展政策时缺乏科学的理论和实证依据作为支撑，不利于促进外来人口在迁入地社会的融合。因此，今后可将社会融合置于接纳、融入到认同的三部曲中进行探讨，以便全面、动态地把握外来人口在迁入地的融合过程。

本书着重研究社会融合的第二阶段，兼顾研究第一阶段，即制度如何容许外来人口在城市逗留，市场容许外来人口成为城市的产业工人和服务人员之后，外来人口如何选择适合的居住类型和地点，如何在居住地和城市社区发生交往、互动，乃至混合居住，成为城市社区的一员，因而产生对城市社会的认同和心理适应，进一步产生身份的转变，对自身认可成为城市人口。本书对融入的第三阶段没有做详尽的实证研究，而将这些内容留给城市文化研究学者。外来人口的社会融合以迁入地城市空间为载体，其社会融合的各个阶段皆在迁入地的社会空间单元中进行。然而，工作场所、社区邻里和休憩空间对外来人口社会融合的各个阶段可能有不同的作用。因此，结合不同的空间尺度对外来人口的社会融合进行探讨可以作为社会融合的突破点。除此之外，外来人口在融入迁入地过程中展现的个体能动性和积极性也可以作为今后相关研究的切入点。

第三章

邻里交往、社会参与和居住稳定性

第一节 引 言

中国正上演一场快速城镇化革命。这场革命不仅重塑了城市建成环境和人文景观，而且改变了社会关系形态和城市管治方式（Friedmann, 2005；Logan, 2008）。上述转变也标志着中国以国家住房和单位管治为代表的集体消费时代的终结（Wu, 2002b；Read, 2003；Bray, 2005；Shieh and Friedmann, 2008），取而代之的是差异化的住宅设计标准（Wang and Murie, 2000；Huang, 2004），不断增加的外来人口（Fan, 2002；Li, 2006b；Zhu and Chen, 2010），逐渐扩大的居住分异（Li and Wu, 2008；Li et al., 2010），日益加深的外来人口和城镇本地居民之间的社会隔离（Wu, 2004），以及社区邻里日渐增强的异质性（Wu and He, 2005；Forrest and Yip, 2007）。为了应对由居住流动性和城市空间管治难度增加所引发的社会问题，中国政府发起了旨在加强基层公共服务供给和社会管理的社区建设。

近年来，城市研究学界出现了有关居民社会融合和归属感的研究（Xu et al.，2010），但是“睦邻友好”（neighbourliness）在中国是一个崭新的话题，而关于邻里关系和社会参与的研究则更少。有关研究表明：中国城市社区内非正式邻里交往频率呈现不断下降的趋势（Wu, 2010 b），而城市中产阶级纷纷追求封闭社区等排他性和私密性强的居住环境更是加强了这一趋势（Pow, 2009）。鉴于外来人口在迁入地社区内社会融合状况仍缺乏研究，本章根据社区居民的户籍状况对其进行划分，研究聚焦于城市内部没有城镇户籍的外来人口这一社会群体。另外，有关邻里互动的研究也可为增强社区稳定性提供政策性参考。综上所述，本书旨在探讨低收入社区内居民的邻里依恋、社会参与和定居意愿之间的关系。

第二节 社区邻里和居民的社会参与

社区邻里的研究历史悠久，最早可以追溯到 Tonnies（1957）提出的礼俗社会（gemeinschaft）和法理社会（gesellschaft）。Wirth（1938）认为城市高度专业化劳动分工破坏了传统社区共同体的团结，城市居民的社会关系网络呈现出薄弱和破碎特征，强调了“社区消亡”（community lost）的论断。Gans（1967）对“社区消亡论”提出了质疑，他认为社会分工并没有弱化或隔断个人的初级社会连带关系。通过对北美郊区小镇社区的研究，他发现传统社会紧密的社会关系仍然存在，继而提出了“社区继存”的观点。Wellman 和 Leighton（1979）总结了关于城市社区的三个基本论题：社区消亡、继存和解放。近年来，封闭社区的发展重新激发了学界对排他性环境（exclusive environment）中社会关系和政治参与的研究兴趣（Low, 2003；Walks, 2008）。

就社会互动而言，Putnam（1995）在其经典著作中提出：现代科学技术的发展改变了人们传统的休闲方式，而美国居民的社会资本因此不断下降。例如，人们以电视节目代替日常社交活动。他认为现行公共政策对于居民社会资本的关注度较低，政府部门须从中吸取教训，在制定新公共政策时须着力促进社会资本的形成。Putnam 以美国 20 世纪 50 年代的清除贫民窟政策为例，批判该政策在更新居住环境的同时损坏了社区原有的社会网络。Guest 和 Wierzbicki（1999）基于 1974～1996 年美国社会普查数据分析提出：美国城市社区内日渐减少的邻里交往和社区外日益增加的社会互动导致居民的社区依恋程度下降。然而，他们认为“邻里交往仍是大部分居民的重要社会互动”，所以社会资本的总体下降速度缓慢且远低于 Putnam（1995）认为的速度。他们研究发现：美国居民是参与“本地社会互动”和“非本地社会互动”的专家；相比以往，人们更容易辨认社区内居民是本地人还是外来人口。因此，该研究也强调了划分不同社会群体进行地方依恋测度的必要性。

从已有研究来看，邻里依恋和社会参与之间的关系较为复杂。Hays 和 Kogl（2007）对美国爱荷华州滑铁卢市城市社区的研究发现：较强的非正式社会关系仍存在于社区，而邻里依恋感强的居民其社会参与程度不一定高；即使居民与社区组织的联系有利于居民参与更高层次的政治活动（如总统选举），但总体而言居民地方性的社会资本和其政治参与之间的关系较为复杂。该研究表明：非正式社会互动可促进居民社会资本的积累，但它不是决定居民政治参与至关重要的因素。

居住时间是社区研究中一个较为复杂的变量。相比内城社区，地处郊区的社区（以封闭社区为代表）修建时间晚，社区内邻里交往较少可能是因居民在社区内的居住时间较短。因此，居住环境和私有化的新特性（如门禁）对社会互动的影响也需要加以辨别。Kirby（2008）在公共空间私有化的背景下研究了美国菲尼克斯市的封闭社区社会关系网络。他指出封闭社区内居民的邻里交往频繁，生活气氛浓厚，现存观点认为“城市空间私有化会带来灾难性的后果”实质上是言过其实。Walks（2008）为研究学界有关封闭社区居民对私有化的政治支持，调查了加拿大多伦多市三个城市社区。研究结果发现：城市形态影响居民的日常工作和个人经历，从而改变居民享受公共服务的观念。而这正是大都市区支持郊区私有化发展的原因所在。

第三节　中国城市的社区

住房体制改革、城乡人口流动和社区管治转型促进了多种社区共同发展。邻里依恋受到若干个因素影响：反映社会生活科层化提高的现代化；将免费的社会福利供给体系转变为基于个人收入和支付能力的有偿社会福利供给体系的市场化；从共享公共设施的传统民居到尊享服务设施齐全的现代住宅的住房建设。自从拉开市场经济改革序幕，新劳动力市场在国有部门外发展起来。在走出单位制，重返“社会人”的背景下，社会组织也发生了变化（Wu, 2002b；Bray, 2005；Friedmann, 2007）。面对日益加剧的社会流动和居住流动，中国政府在 20 世纪 90 年代发起了旨在重新设立地域性社区的“社区建设”运动。

现有研究表明：中国城市社区内居民的邻里交往日益减少。Tang 等（1999）发现邻里互助对城市贫困阶层极为重要，但是由城市重建和居住区拆迁引发的邻里互助剧减已威胁到贫困阶层的生活。Wu 和 He（2005）、Forrest 和 Yip（2007）等发现在单位制社区向现代商品房社区转变的过程中，居民的社会交往日渐减少。Li 和 Chen（2008）测度了广州三个社区的社会互动，发现居民的社会网络已经超越了社区的边界，他们认为意在加强社区管治的公共政策不会发挥明显作用。Wen 和 Wang（2009）探讨了农民工的孤独感和社区满意度。研究发现：农民工社区满意度受到教育程度、收入、工作和居住环境等因素影响，而遭受歧视的经历对其社区满意度影响最大。因此，增加社区生活设施和促进农民工家庭成员共同生活可能是提高其社区满意度的有效措施。

目前，学界对于中国商品房社区和封闭社区的邻里依恋和社会互动关系存在几种认识。普遍的观点是居民隐私意识的强化削弱了邻里之间的日常交流。然而，Tomba（2005）认为封闭社区的边界和新住房社区边界重叠，从而加强了业主的身份认知及其社区活动参与。Boland 和 Zhu（2007）认为基于保护公共财产的目的，社区事务（如社区绿化和绿地保护）可以调动居民社区参与的积极性。Huang 和 Low（2008）对比了中国和美国的封闭社区，并且指出封闭门禁不一定是出于排他性的考虑。封闭门禁在中国是一种集体主义的延续。这意味着封闭门禁可能不会必然导致社区参与的终结。总之，学界对于中国“后改革时代”背景下社区转型及不同社区内邻里互动、邻里依恋转变的话题有待深入探索。

第四节　研 究 方 法

本研究所使用数据主要来源于 2007 年在中国六个大城市（广州、昆明、哈尔滨、南京、武汉和西安）进行的一项问卷调查。这些城市分布在中国的不同地区，2006 年各城市人口总量从 510 万人（昆明）到 980 万人（哈尔滨）。根据中国城市居民最低生活保障标准、农民工在样本城市中的分布，本研究在广州选取了 5 个低收入阶层社区，其余 5 个城市各选取 4 个低收入阶层社区。此外，在样本社区选取过程中对比了社区的整体居住环境，选取了居住环境较差的社区作为样本进行研究。所以，本研究所建立的数据库也可视为低收入社区数据库。样本区域是城市居民委员会所辖社区，每个样本社区的人口约 2000 人。虽然样本社区可能无法代表样本城市所有居住区的情况，但是它们普遍反映了各个城市社会底层居住区的情况。我们的目标是在每个样本城市各收取 300 份问卷。因此，我们在广州 5 个样本社区各派发 60 份，其余 5 个城市的样本社区各派发 75 份。研究采用系统抽样方法，在社区家庭地址汇总表中随机确定抽样起点（抽样起点根据社区主、次干道随机进行选取），然后每隔一定间隔选取一户进行调查。我们所使用的基于社区家庭地址的随机抽样方法在抽样时将没有办理居住登记的农民工也纳入抽样总体。最终 6 个样本城市共产生了 1809 份问卷[①]。据参与实地调研的调查员报告，问卷调查的成功率为95%。问卷调查成功率较高的原因有二：其一，本次问卷调查受到村委会干部支持；其二，贫困社区门禁少，可进入性强。虽然本章主要分析统计数据结果，但是研究人员对居住在样本社区内的本地人和农民工也进行了广泛的访谈调查。

本研究所使用的调查问卷涵盖了各种类型的邻里交往问题，从偶尔探访到共同娱乐就餐等问题都包括在内。因为曾在美国社区研究中使用的社区感指数（sense of community index, SCI）（Mcmillan and Chavis, 1986）能否适用于中国社区仍有待验证，研究人员在调查问卷中使用了另一个问题测度邻里依恋。具体而言，调查人员直接询问每个受访家庭的户主“是否对所居住的社区有归属感”，户主可从“感觉强烈”、“有一些感觉”和“没有感觉”3个选项中选择合适答案。因此，不同于社区感指数的复合指标体系（包括身份、影响、见面需求和共享的情感联系），本研究只采用单一维度的测量指标。本研究使用的单一指标侧重于测度受访者身份及其与社区居民的情感联系对其邻里依恋的影响。这可以解释农民工与社区内外的同乡交往频繁但其社区归属感却偏低的现象。此外，调查问卷中有两个问题分别关于受访家庭的社区参与和在社区内长期定居的意愿。这3个指标将与社会经济特征和人口属性一起进行回归分析。社会经济特征和人口属性主要用于控制个人特征、社区类型的群体属性和社会群体类型。本研究的社区分类以中国城市居住结构和社区类型的相关研究为依据（Wang, 2005；Li and Li, 2006；Liu and Wu, 2006；Li et al., 2010；Wu et al., 2010a）。例如，Li等（2010）列举了4种社区：老街坊社区、单位社区、城中村和商品房社区。本研究将前三种社区确定为低收入社区。

第五节 邻里依恋、社会参与和定居意愿

本节运用交叉列表对调查所得数据进行初步分析。就邻里依恋而言，本节分析了三方面情况（表3-1）。表3-1首先按户主性质进行分类，发现退休户主的邻里依恋感更强，45.4%的退休户主表示具有强烈的邻里依恋，而在职户主和农民工户主“有强烈邻里依恋感”的比例分别为25.2%和21.7%。在职户主和农民工户主选择“没有邻里依恋感”的比例差别大于两者选择“有强烈邻里依恋感”的比例差别。25.2%的在职户主和38.5%的农民工户主表示对社区邻里

① 6个样本城市共多发了9份问卷。

没有依恋感。失业户主的邻里依恋情况则处于上述两种极端状况之间：35.5% 的失业户主具有强烈的邻里依恋感，而 25.6% 的失业户主对邻里没有依恋。退休户主强烈的邻里依恋感说明这些家庭长期居住于此，他们刚参加工作就住在了单位附近的社区邻里。

表 3-1　低收入社区的邻里依恋强度比例

分类	没有（%）	一些（%）	强烈（%）	总计数量
在职户主	25.2	49.6	25.2	405
失业户主	25.6	38.9	35.5	414
退休户主	18.5	36.1	45.4	335
农民工户主	38.5	39.8	21.7	655
城中村	36.4	38.8	24.7	796
老街坊社区	25.7	46.4	27.9	502
单位社区	20.2	39.5	40.3	511
总体情况	28.9	41.1	30.0	1809

表 3-1 也提供了按社区分类的分析结果，发现单位社区具有强烈邻里依恋感的户主受访者比例最高（40.3%），老街坊社区次之（27.9%），城中村最低（24.7%）。虽然老街坊社区和城中村的受访户主表现出“有强烈邻里依恋感”的比例相近，但是城中村户主受访者呈现出“没有邻里依恋感”的比例（36.4%）远高于老街坊社区（25.7%）。总体而言，受访的农民工户主和城中村的受访户主表现出较弱的邻里依恋。单位社区的社会融合程度更高，或许因为社区内部农民工少而居民的同质性更高。地域性联系是影响退休户主邻里依恋强度的重要因素，而其在社区中较长的居住时间则是形成这些联系纽带的原因。对在职户主而言，其“有强烈邻里依恋感”的比重仅稍高于农民工户主，这可能是由于基于工作单位建立的社会网络日渐取代社区内部的邻里联系。

表 3-2 显示，在社会参与方面，退休户主参与社区内活动最为积极，55.3% 的受访退休户主经常参与社区活动，农民工户主参与程度最低，仅为 36.7%。52.8% 的失业户主仍然积极参与社区活动，或许因为其空闲时间较为充裕且对最低生活保障资助有需求。而退休户主积极参与社区活动则是因为他们的邻里依恋感更强，参与活动的时间更多。就不同类型社区的住户而言，单位社区的受访户主社区参与程度最高，其比例为 54.5%。其原因有二：其一，组织性强的单位社区内各种活动开展得更有效率且这些活动或许受到雇主资助；其二，单位社区内在职户主和退休户主比例更高，而这两类人群的社区参与度普遍更高。城中村的住户社会参与程度较低则是由与上述原因相反的原因造成的：第一，城中村内多为私人租赁住房，因此社区内组织性较强的社区活动较少；第二，

社区内农民工较多，他们被排除在城中村的村经济股份有限公司和居民委员会的管理之外。这些城中村类似于私有化的空间，只有公司和村民房东可享受社区内的基本设施和服务。

表 3-2 受访居民的社区参与比例

分类	否（%）	是（%）	总计数量
在职户主	52.0	48.0	402
失业户主	47.2	52.8	411
退休户主	44.7	55.3	329
农民工户主	63.3	36.7	648
城中村	60.1	39.9	789
老街坊社区	51.7	48.3	493
单位社区	45.5	54.5	508

这些邻里依恋和社区参与的不同机制是如何影响受访者长期定居社区的意愿呢？表 3-3 是不同社会群体和社区类型定居意愿的交叉列表分析。农民工户主的居住流动性较高，其定居社区的意愿为 42.2%，而在职户主的定居意愿则最低，为 40.2%。令人意外的是仅 27.3% 的农民工户主明确表示不愿意在社区继续居住（低于在职户主），这与农民工流动性较高的普遍认识相反。退休户主在社区内的居住时间长，57.3% 的退休户主选择留在社区内。总体而言，单位社区的居住稳定性更高，54.4% 的家庭户主愿意继续留在单位社区，而流动性最高的老街坊社区这一比例为 40.4%。表 3-3 中数据显示了邻里依恋、社区参与和居住意愿之间的关系比我们的预期复杂。农民工户主、失业户主和在职户主之间有一有趣的差异：农民工较弱的邻里依恋感不一定导致其居住流动性高。为了探讨两者的内在关系，本研究在运用多元回归模型进行分析时控制了社会经济变量和人口属性变量。

表 3-3 低收入社区居民的定居意愿

分类	不愿意（%）	无所谓（%）	愿意（%）	总计数量
在职户主	30.6	29.2	40.2	405
失业户主	30.9	21.5	47.6	414
退休户主	19.7	23.0	57.3	335
农民工户主	27.3	30.5	42.2	655
城中村	29.5	26.9	43.6	796
老街坊社区	32.1	27.5	40.4	502
单位社区	19.8	25.8	54.4	511
总体情况	27.5	26.8	45.8	1809

第六节 分析结果

本节主要分析邻里依恋、社区参与和定居意愿的多元回归模型结果。

一、邻里依恋

这里我们运用逻辑斯蒂回归模型（logistic regression model）测度哪些要素影响邻里依恋感的形成。研究发现："有一些邻里依恋感"和"有强烈邻里依恋感"两类样本的数量水平难以区分，而且相对于"没有邻里依恋感"的样本而言，前两类样本邻里依恋感的形成机制相似。因此，我们使用多元逻辑斯蒂回归模型对比了"有强烈邻里依恋感"的样本和"没有邻里依恋感"的样本（表3-4）。而户主受教育年限、户主年龄和居住时间都是提高邻里依恋强度的重要因素。人力资本越丰富的居民建立社区内部联系的动力可能越大；"居住时间"越长，居民在社区内认识的人更多；户主越年长，其家庭定居该社区的时间可能越长。户主为男性则其邻里依恋感可能较弱，原因在于男性户主更多的是"赚钱人"而不是"筑家人"，女性户主更倾向于参加社区公共活动。这些人口属性变量在多元回归模型中都受到控制，而社区类型和社会群体变量都被放入多元回归模型进行分析。

表 3-4 邻里依恋感

项目	饱和模型		向前似然比法多元回归模型	
	相关系数	标准差	相关系数	标准差
家庭规模（同住家庭人员数量）	0.034	0.030		
户主受教育年限	0.051	0.019***	0.051	0.019***
户主年龄	0.020	0.006***	0.020	0.006***
居住时间	0.041	0.005***	0.041	0.005***
户主性别（参照组：男性）	−0.384	0.125***	−0.374	0.124***

续表

项目	饱和模型		向前似然比法多元回归模型	
	相关系数	标准差	相关系数	标准差
社区类型（参照组：单位社区）				
城中村	−0.507	0.173***	−0.497	0.173***
老街坊社区	−0.428	0.164***	−0.429	0.163***
社会群体（参照组：在职户主）				
失业户主	−0.524	0.183***	−0.525	0.183***
退休户主	−0.578	0.250**	−0.559	0.249**
农民工户主	−0.203	0.170	−0.183	0.169
Constant	−0.235	0.413	−0.130	0.402
−2 log likelihood		1936.490		1937.823
样本数量		1761		1761
R^2（Nagelkerke）		0.146		0.145

注：Constant 为常数，−2 log likelihood 为最大似然估计值，R^2 为虚拟回归系数，数值越接近 1，模型解释度越高，下同

$*p<0.1$, $**p<0.05$, $***p<0.01$

相比单位社区这个参照组，城中村和老街坊社区培育居民邻里依恋的可能性较低。这个结果稍微令人惊讶，因为社会普遍看法是历史悠久的老街坊社区会存在较强的邻里依恋感和社会稳定性。该发现在多变量回归模型中进行了验证，由于模型中的社会经济和人口属性等变量都已经被控制，所以邻里依恋感较低不是由外来人口或其他人口因素导致的。同样，城中村较低的邻里依恋感不是由“居住时间”决定的，因为回归模型也控制了居住时间变量。从比例来说，25.6% 的失业户主和 25.2% 的在职户主对社区没有邻里依恋感。然而，在多变量背景下，“失业状态”会降低受访者的邻里依恋感。因为在居住时间、户主年龄和社区类型相同的情况下，失业户主比在职户主的邻里依恋感更低。向前似然比法多元回归模型随后分析了影响邻里依恋感的因素。模型结果显示：除了“家庭规模”以外，所有因素都对邻里依恋感的形成有显著影响。因此这些因素不能被简化，体现了邻里依恋感取决于多种因素。简而言之，多元回归模型分析显示：在相同条件下，单位社区的邻里依恋感更强，肯定了学界早前的相关研究（Wu and He, 2005; Forrest and Yip, 2007）。此外，无论居住何处，在职户主是最有可能具有邻里依恋感的社会群体。

二、社会参与

相比之下，受访者参与邻里社交活动的情况受到更少因素影响（表 3-5）。影响社区参与程度的因素很少具有统计意义上的显著性，而明显促进社会参与的“居住时间”显然十分重要。由于“户主受教育年限”有助于提高居民参与社会活动的能力，因此增加了居民社会参与的机会。相比女性户主，男性户主较少参与邻里社交活动。正因城市社区内有家庭主妇互相联系的传统，地域性的社会参与跟户主性别的关联很大。城中村和老街坊社区两个变量都会降低居民社区参与的可能性，尽管其统计意义上的显著性较低。在饱和模型中，没有一个社会群体类别具有统计意义上的显著性。只有向前似然比法多元回归模型呈现出农民工户主参与邻里社交活动可能性较低的显著性。但是，农民工户主较低的社会参与水平是因其受教育程度比城市居民低所致。比较逻辑斯蒂回归模型和交叉列表分析结果，农民工户主和城中村都显示出最低的社会参与水平。我们控制了“户主受教育年限”变量后发现：对比在职户主身份，农民工户主身份没有降低社会参与水平。向前似然比法多元回归模型证明：虽然“居住时间”是决定社会参与水平高低的最重要因素，但农民工户主社会参与水平较低不是因为他们在社区内的居住时间短。

表 3-5　社区活动参与

项目	饱和模型		向前似然比法多元回归模型	
	相关系数	标准差	相关系数	标准差
家庭规模（同住家庭人员数量）	0.024	0.025		
户主受教育年限	0.034	0.016**		
户主年龄	0.007	0.005		
居住时间	0.011	0.004***	0.012	0.003***
户主性别（参照组：男性）	−0.204	0.107*		
社区类型（参照组：单位社区）				
城中村	−0.257	0.151*	−0.303	0.148**
老街坊社区	−0.257	0.136*	−0.294	0.134**
社会群体（参照组：在职户主）				
失业户主	0.097	0.154	0.113	0.146
退休户主	−0.013	0.202	0.109	0.159
农民工户主	−0.254	0.155	−0.317	0.147**

续表

项目	饱和模型		向前似然比法多元回归模型	
	相关系数	标准差	相关系数	标准差
Constant	−0.681	0.357*	−0.068	0.133
−2 log likelihood		2338.006		2346.232
样本数量		1743		1743
R^2（Nagelkerke）		0.051		0.045

三、定居意愿

（一）统计模型分析

表 3-6 是定居意愿多元回归分析模型结果。与参照组“愿意长期在社区内居住”相比，“是否长期在社区内居住无所谓”和“不愿意长期在社区内居住”两类样本的统计特性较为相似。对于“是否长期在社区内居住无所谓”组样本，只有“户主受教育年限”和“邻里依恋”两个变量具有统计上的显著性。“户主受教育年限”和“居住时间”降低了居民的定居意愿。“户主受教育年限”测度的是人力资本，所以分析结果显示了受教育程度越高的居民越倾向于离开低收入社区。居住时间和定居意愿的负相关关系令人意外。而后文的分析（参见表 3-7）则反映了这种负相关关系也适用于农民工户主。男性户主不太可能愿意留下，部分原因在于男性户主更为成熟且不愿意搬入社区。相比“有强烈邻里依恋感”的人而言，“没有邻里依恋感”的住户和“有一些邻里依恋感”的住户倾向搬离社区。但是，“没有邻里依恋感”的住户和“有一些邻里依恋感”的住户搬离社区的发生率分别是 47.4 和 4.8。户主年龄增加了住户定居社区的可能性，反映了住户家庭更为成熟且居住区位更稳定。

令人意外的是，居住时间和定居意愿之间存在负相关关系。这说明低收入社区令人担忧的发展动因：在社区内长期居住的居民不愿意长期定居该社区。这些社区反而得到农民工户主的青睐，即使农民工户主对这些社区依恋感不高。低收入社区的居民社会经济属性变化不仅意味着新居民替换了老居民，而且意味着既有社会网络的消解和老居民向外迁移的意愿更强。

表 3-6　定居意愿总体模型

项目	不愿意长期在社区内居住		是否长期在社区内居住无所谓	
	相关系数	标准差	相关系数	标准差
家庭规模（同住家庭人员数量）	−0.065	0.036*	−0.055	0.035

续表

项目	不愿意长期在社区内居住		是否长期在社区内居住无所谓	
	相关系数	标准差	相关系数	标准差
户主受教育年限	0.072	0.021***	0.047	0.020**
户主年龄	−0.017	0.006***	−0.007	0.005
居住时间	0.014	0.005***	0.001	0.005
户主性别（参照组：男性）	−0.318	0.145**	−0.031	0.141
邻里依恋（参照组：有强烈邻里依恋感）				
没有邻里依恋感	3.856	0.226***	3.210	0.224***
有一些邻里依恋感	1.601	0.189***	1.888	0.179***
Constant	−1.939	0.432***	−2.038	0.412***
−2 log likelihood		3102		
样本数量		1761		
R^2（Nagelkerke）		0.345		

（二）社区类型和社会群体对定居意愿的影响分析

表3-7是对不同类型社区和社会群体定居意愿的分析结果。模型的参照组由“愿意长期在社区内居住”的受访者样本组成。模型控制了人口特征（户主年龄、户主性别和家庭规模）、户主受教育年限和邻里依恋变量。本研究旨在分析哪种类型社区和哪类社会群体更容易离开。以单位社区为参照组，模型显示老街坊社区的居民不愿意长期在社区内居住的想法坚决（$p<0.01$）。尽管城中村居民也倾向于离开社区，但是其统计显著性较低（$p<0.1$）。回归系数也反映了规模上的差别：相比单位社区居民，老街坊社区居民搬离社区的可能性是其1.95倍，城中村居民搬离社区的可能性是其1.42倍。本研究在比较社会群体时选定农民工户主为参照组。模型显示失业户主搬离社区的意愿强烈，而退休户主搬离社区的意愿比失业户主弱，却比农民工户主强。鉴于这些低收入社区的居住环境不理想，居民搬离社区的意愿更强烈。换言之，定居意愿与工作机会的提供关系密切。无论是在非正规就业市场工作的农民工，还是在其他正规部门工作的本地居民，一旦居民拥有工作，他们的定居意愿就会大大提高。而两个弱势社会群体（失业户主和农民工户主）的定居意愿则迥然不同。失业户主和退休户主希望离开社区，而农民工户主却希望长期定居社区内。上述研究发现在控制模型的“居住时间”变量条件下有效，这说明各社会群体的定居意愿存在

差异不是因为农民工户主在社区的居住时间短。控制邻里依恋变量后，我们预测农民工会因其缺乏邻里依恋感而造成其定居意愿低。但是，我们发现农民工的身份没有降低他们在社区内长期定居的意愿。尽管各种障碍使他们成为社区里的“外人”，但是他们仍然渴望长期定居在社区内。

表 3-7　社区类型和社会群体对定居意愿的影响分析

项目	不愿意长期在社区内居住		是否长期在社区内居住无所谓	
	相关系数	标准差	相关系数	标准差
家庭规模（同住家庭人员数量）	−0.051	0.036	−0.056	0.036
户主受教育年限	0.063	0.023***	0.045	0.021**
户主年龄	−0.021	0.007***	−0.010	0.007
居住时间	0.007	0.005	0.001	0.005
户主性别（参照组：男性）	−0.287	0.148*	−0.016	0.143
邻里依恋（参照组：有强烈邻里依恋感）				
没有邻里依恋感	3.796	0.227***	3.205	0.225***
有一些邻里依恋感	1.520	0.190***	1.862	0.180***
社区类型（参照组：单位社区）				
城中村	0.356	0.214*	−0.221	0.204
老街坊社区	0.667	0.193***	0.194	0.181
社会群体（参照组：农民工户主）				
在职户主	0.336	0.215	−0.104	0.207
失业户主	0.513	0.235**	−0.323	0.232
退休户主	0.540	0.303*	−0.020	0.286
Constant	−2.205	0.517***	−1.729	0.491***
−2 log likelihood		3084		
样本数量		1761		
R^2（Nagelkerke）		0.358		

第七节 讨 论

研究表明：相对于组织严密的单位社区及居住于其内的国有企业雇员而言，低收入社区内农民工的地域联系更为薄弱，而且他们的社会网络仍然处于“浮动”状态。农民工受到了劳动力市场的歧视和其居住社区的社会排斥。虽然他们被允许进入低端劳动力市场，但是他们没有被视为城市市民。而他们之所以难以融入社区则是因为其自身贫乏的人力资本妨碍了他们在社区内的社会互动和社区参与。然而，农民工并不是一个被孤立的社会群体，他们基于地缘关系（来自同一个地方）发展了一种“虚拟社区”（“老乡网”）（Ma and Xiang, 1998；Zhang, 2001）。研究发现，约 69.7% 的农民工受到亲戚或老乡的帮助；约 51.1% 的农民工会为其他同乡提供帮助。我们在样本社区中进行田野调查时，受访者告诉我们“他们比其他本地人更了解他们的老乡”。在城中村一些商店是专门为农民工服务的。

尽管被排除在社区事务之外，农民工对城市居民的态度并非完全负面。我们通过调查发现：约 7.1% 的农民工认为城市居民“十分友好”，50.1% 的农民工认为城市居民“友好”，36.5% 的农民工选择了“中立”，5.7% 的农民工认为城市居民“不友好”，约 0.6% 的农民工认为城市居民“非常不友好”。至于农民工对城市的总体印象，我们的调查结果显示：53.9% 的农民工表示“喜欢这座城市”，38.5% 的农民工表示“一般”，6.8% 的农民工表示“讨厌”，只有 0.8% 的农民工表示“非常讨厌”。农民工在迁入地城市内的流动性小，他们更倾向于长期留在一个城市，而不是迁移到另一个城市。在回答“如果你要离开这座城市，你准备去哪里”的问题时，34.9% 的农民工表示他们不知道或者从未考虑过这个问题，46.4% 的农民工表示他们将会回到乡下，只有 5.1% 和 13.6% 的农民工分别表示他们会去同一省份内的其他城市或者是不同省份的其他城市。

本研究调查低收入社区内的农民工反映了：现阶段的农民工与早期涌入城市打工的农民工不同。约 60% 的农民工家庭与其他家庭成员同住，仅有 28.6% 的农民工表示短期内没有计划把家人带到城市共同生活。农民工灵活的家庭组织——人在城市工作，社会基础留在乡村，早已在相关文献中进行了分析探讨（Fan, 2008）。本研究显示农民工的社会参与程度低不是因为家庭成员分散两地，具体原因有待进一步探讨。约 49.3% 的农民工表示他们对社区的人员构成没有特别偏好，只有 5.2% 的农民工表示他们更愿意和其他农民工一起居住。然而，因为农民工缺乏社会援助，“老乡”社会网络对他们的帮助较大，约 37.8% 的农民工选择和“老乡”一起居住，农民工的“聚居效应”由此可见。面对城市社会的排斥，农民工更喜欢住在同一个地方。

上述发现表明：农民工的邻里依恋、社会参与和定居意愿之所以偏离我们的设想是因为中国特殊的住房市场和居住区结构。尽管农民工的邻里依恋感薄弱，但是他们仍希望长期定居社区。因为他们无法融入所居住的社区，他们就发展出基于“老乡”社会网络的生存策略。在我们的访谈中，农民工仍然将本地居民称为“他们”，进而表示“我们不是他们圈子里的人，即使我们认为他们并不是不友善”。此外，低收入社区为农民工提供了低成本的生活环境。正如一个农民工的解释：“我们认为这个地方很方便。你们城里人经常说这里‘脏乱差’，但是你们有没有看到多少人在这里购物和吃饭”。我们曾调查上海一个城中村，居住在这个城中村的农民工都自豪地称之为“小香港”。

相反，正是因为低收入地区的特点，长时间居住在老街坊社区内的城镇居民不愿意继续在社区长期定居。留下来的本地人经常哀叹：“我们的老邻居现在都搬走了”，“很多邻居现在都跟子女住在郊区了”，或者是“现在要跟邻居一起打牌或者打麻将都很难了”。一些本地居民甚至表示“现在越来越多外来人口住在社区，每个人都有不同的生活习惯”。在这样的叙述下，郊区通常被描述为生活条件很好的地方，因此是更好的居住选择。本研究证实了“去工业化”过程带来的工人阶层社区的转变，同时反映了社会团结的下降和居民的边缘化（Wu, 2007b）。

第八节 小　结

社区管治和社会稳定在中国受到了较大的关注（Whyte and Parish, 1985）。中国快速城镇化发展可能会重塑社会主义时期形成的地域联系紧密社区。然而，这些社会变化没有在不同社区进行详细的探讨。早期研究发现新社区内的社会交往强度下降（Wu and He, 2005；Forrest and Yip, 2007）。根据 Putnam（1995）的论证逻辑，上述研究发现是否可论证得出中国城市社区开始“消亡”的观点呢？基于西方学界众多有关邻里依恋和社会参与的研究，学界的普遍认识是居民的邻里依恋感越强，其社会参与的积极性越高，因而更愿意长期定居社区

（Guest and Wierzbicki, 1999；Hays and Kogl, 2007）。这些认识在中国城市的社会经济背景下是否成立呢？本章发现，邻里依恋、社会参与和定居意愿之间的关系并不是一种直接简单的关系，特别就贫困住户和低收入社区而言更是如此。近年来，国家强化了居民委员会作为街道管理组织的功能，社区管治的变化和不同社会群体的融合都会影响居民的社会参与。

有关社区调查发现，居住时间有助于提高居民的社会参与。另一个重要的影响因素是就业状况。在职居民更容易融入社区，特别是在单位社区——由此可能说明经济融合仍然是达到社会融合的一个重要方式，而老街坊社区则存在两种相互融合。虽然失业户主参与了社区活动（特别是在老街坊社区），有强烈邻里依恋感，但他们不愿意继续在社区定居。这对于城市更新和社区本身而言并不是一个好的征兆。这可能是导致居民向郊区主动或被动搬迁的主要原因。相比老城区，郊区或许是居住的首选区域。另外，尽管被排除在社区活动之外，邻里依恋感薄弱，但是农民工更愿意留在社区长期定居。农民工的邻里依恋感薄弱证明了其类似“寄居者”身份的边缘社会地位（Solinger, 1999）。但是，将薄弱的邻里依恋感和定居意愿置于一起分析则发现，松散的地域性联系没有影响农民工长期定居社区的决定。具体而言，尽管定居意愿强烈，但现阶段户籍制度阻碍了农民工积累社会资本和培养邻里依恋。这反映了农民工为了工作选择迁入地城市，而不是为了更好地生活（Zheng et al., 2009）。长期定居社区的意愿是一个基于经济利益进行考虑的结果。有关农民工的民族志研究发现（Wu et al., 2010b），尽管在城市中居住环境恶劣，农民工表示“不愿意回去乡下”，因为“没有希望”和“无法生存”。第二代农民工的社会异化问题更为严峻。因为第二代农民工在 20 世纪 80 年代后出生成长在城市，他们不懂得如何务农。本章揭示了这种社会脱嵌。农民工因特有的制度安排受到社会排斥，但是他们却是城市劳动力市场的一部分。简而言之，城镇居民和农民工表现出不同的特性：前者邻里依恋感强，但是定居意愿弱；后者则相反。

本章提出两项政策建议：第一，针对农民工在迁入地城市的市民化问题。现有政策侧重于改善农民工的工作环境和增加对其的社会保障，这些都是渐进式的改变。本研究结果表明，大多数农民工在迁入地的定居意愿强烈。由于现阶段政策更关注劳动力市场如何利用农民工，对农民工在迁入地的社会融合问题未予以充分重视，从社区治理的角度而言，有必要制定促进农民工社会融合的政策，促进农民工参与社区事务，增强农民工与本地市民的互动。第二，增强居住稳定性和老街坊社区居民的定居意愿。老街坊社区正在经历快速的转变：在拆毁旧建筑的过程中，支付能力高的住户搬迁到郊区，而仍然留在社区的住户定居意愿很低。这些居民居住条件较差，因此在城市拆迁过程中被迁居民大多尽可能为自己争取一个好的拆迁安置补偿方案，而很少考虑如何保留社区既有的社会关系。我们认为，在城市更新时，可为动迁居民集中建设居住小区，以便使动迁居民将原有的社会关系带入新的小区内，这有助于在新建小区快速建立社会关系。

第四章

居住满意度与社会融合

第一节 引　　言

中国城市正在进入一个“移民化”时代：随着常住人口中非户籍人口比例的不断攀升，城市正由普遍的“地方城市”向“移民城市”转型。无论是时下流行的“大数据”分析还是运用传统数据（如国家人口普查数据）进行分析，结果都清晰地表明：外来人口的比例和规模在城市特别是大城市不断增长。同时，“乡—城人口流动”（同时包括空间流动和社会流动）日趋频繁。大规模城镇化以各种资源要素（人、物、资本、信息）的流动为特征，总体上，“移民化”已经成为“后改革时代”中国大城市的“新常态”。在此背景下，中国进入快速城镇化阶段，新型城镇化更是上升到国家战略高度。已有研究表明，进城务工群体对我国城镇化进程贡献巨大，却因传统的“城乡二元体制”无法享有城市发展所带来的红利（国务院研究室课题组，2006）。这些城市中外来人口的城市认同感、归属感低，社会融合程度总体偏低（程新征，2007；周大鸣，2005；王桂新，2005；李强，2004）。由于住房供给渠道缺失，加上人力资本有限及社会资本匮乏，该群体在城市中处于“被动边缘化”的不利地位。

不过，学界在诸多基本问题上尚存在争论。例如，外来人口的定居意愿如何？是否传统意义上的“移民”流入格局仍然成立？外来人口是趋向于定居城市？还是回乡（如近年所谓“逃离北上广”现象）？还是会更倾向于通过“用脚投票”来保持其“流动性”，进而实现个人利益最大？这些基本问题，既是中国特色的移民问题，也是当代城市移民研究本身所面临的新命题。毫无疑问，流动的现代性之下（鲍曼，2002），城市本身的特质正不断指向“流动性”和“移民化”，传统城市研究本身也因此面临重构与转型（吴缚龙，2006）。中国城市的“移民化”表征了中国城市乃至中国运行机制的“正常化”，因为无论是为制度还是市场力量所塑造，人口的常态化流动将突破几千年来固定人口和加以管控的传统力量，或许会给华夏文明带来千年未有的巨变（李志刚和顾朝林，2011）。

仁者乐山，智者乐水。传统中国从维护稳定出发，围绕“仁”治的儒家传统，在管理人口方面有着数千年的积累，而人口常态化“流变”之下的城市管理与管治则充满全新挑战，成为需要应对的新问题。当下之中国面临极为复杂的社会局面：贫富差距加剧、社会底层的不满情绪滋生、城乡二元逐步转化为城市内部的二元化，城镇化的“健康”问题正日趋明显。伴随着贫富差距加大、居住空间分割、福利保障的差异化，城镇化的有序发展受到威胁。中国城市要实现和谐发展，必须打破二元隔离，推动社会融合，尤其是外来人口的社会融合问题。而其前提之一，在于对新移民及其空间进行扎实深入的科学研究，实现科学决策与科学发展。本章将“外来人口社区”界定为“新移民社区”，目的在于强调“外来人口”群体已经具有长久聚居城市的新趋向，尤其是“80后”和“90后”群体，不仅是“新生代农民工”，更是未来城市居民的一大组成部分，这一判断是进行深入研究的前提。任何“身份”建构均具政治意义，典型代表如萨义德的“东方主义”——实际是一个选择性地集体建构“他者”的过程。我们的政治选择，正是在于强调应将城市“新移民”纳入完整的中国城市命题，将其城市融入视为中国城镇化健康发展的重要组成部分。

第二节　移民社区居住满意度与融合概况

社区研究是城市地理学和城市社会学的传统研究领域，如芝加哥学派即以社区为核心研究对象，其中移民社区又是此类研究的最重要方面之一（Park et al., 1925）。例如，传统移民输入国（如英国和美国等）的研究表明，移民社区（实际是跨国移民）兼具“正能量”和“负能量”（Kempen and Ozuekren, 1998）。从正面看，移民社区可以为移民提供维系文化、历史、社会乃至政治认同的“自下而上”的力量，进而为移民提供一个在输入地生存的“缓冲带”或者“孵化器”；同时，族裔移民区还发展出颇具活力的“族裔区经济”，经济能量巨大（Zhou and Logan, 1989）；等等。从负面看，此类空间也易于成为城市问题集聚之地（如非正规就业、低收入、犯罪、帮派团伙等），成为藏污纳垢的城市社会边缘区，进而构筑出固化的、与城市主流社会隔离的灰色空间，进而阻挡或妨害移民的社会融合。

总体上，西方国家城市地理研究的社区研究已形成了以人类生态学、社会学和因子生态学为代表的结构主义视角，以行为研究、种族-文化研究为代表的行为主义视角，以及关注政府行为和制度的制度主义视角（Knox and Pinch, 2000）。例如，人类生态学家将居住格局视为侵入和演替的过程，最终导致特定社会群体居住在城市特定区域，呈现一种“马赛克”式的空间状态。行为主义视角则认为，基于家庭偏好，居住空间的选择和确定取决于一个家庭在家庭生命周期中的位置，涉及家庭成员的数量、年龄构成及住房类型，住房所有权（租住或自有住房）和住房价格等因素。制度主义视角将国家或政府行为（及相关制度）作为居住隔离的主要原因（Marcuse and van Kempen, 2002）。已有研究表明，社会经济地位、种族和生活方式是影响西方国家特别是北美城市移民居住分异的重要维度，而制度因素对居住隔离也有影响（Li and Wu, 2008）。

具体到移民社区及其社会空间隔离和融合的研究，已发展出“同化论”、“多元论”和“族裔经济社区”等理论，移民居住隔离问题一直是其前沿领域。例如，Echazarra（2010）测量了西班牙马德里移民的居住隔离度，分析了 46 个少数种族群体，发现文化和经济因素与隔离度密切相关。Arbaci（2008）对 8 个地中海城市移民居住隔离特征进行分析，发现其低水平的空间隔离掩盖了社会边缘化问题。Iceland 和 Scopilliti（2008）研究了美国城市不同种族移民的空间同化度，发现外国出生的西班牙裔、亚洲人和黑人比本地出生的群体成员具有更高的居住隔离度。Musterd 和 Ostendorf（2009）对荷兰少数种族群体的居住隔离和融合进程进行研究，发现教育和劳动力市场准入机制是移民分异与融合的关键。Sager（2012）分析了移居德国的土耳其等四国移民社区的居住分异状况，发现收入、教育水平、语言能力和所在城市大小可以解释 29%～84% 的居住隔离。

中国城市移民居住空间的研究亦有较大进展。例如，袁媛等（2007）分析了广州 1990～2000 年外来人口空间分布的演化规律，发现其分布与城市产业、就业和投资要素相关，同时受到低成本空间供给的影响，认为户籍的属地差别是产生外来人口居住隔离的根本原因。刘晔等（2012）以广州为例，探讨中国新移民的社会网络和空间分异格局，展现了新生代移民社会网络与老一代移民的空间差异。郭永昌等（2006）对上海闵行区进行研究，分析其外来人口居住特征与空间格局，解析外来人口居住形态与居住空间变动机理。总体上，目前关于中国城市新移民居住空间的研究多注重对新移民的社会空间结构和空间分布特征的描述，以类型划分、空间分布为主，对于新移民居住空间分异的系统研究较少。

就新移民研究而言，研究话题涉及身份融合、“市民化”、城市适应、行为认同、第二代农民工和新移民社区社会融合等（王桂新等，2008；王桂新，2010；梁波和王海英，2010）。研究发现，非精英移民相对于精英移民更容易基于“血缘”和“地缘”亲密纽带形成“乡缘社区”（如“湖北村”和“浙江村”）。乡缘社区有利于新移民更快地融入城市并且有利于其实现“市民化”，是促使新移民融入社会的有效场所（项飚，2000）。相对地，也有学者认为，基于“血缘”和“地缘”的初级社交网络，加上有限的人力资本，原有的乡土社会资本重构乃至固化，不利于其融入城市社会（杨云彦和褚清华，2013；周皓，2012；任远和陶力，2012）。总体上，社区开始被视为促进新移民社会融合的重要手段，新移民沿着跨社区横向融入、垂直发展社会资本，从而实现社会融合。不过，此类研究更多侧重于宏观、中观层面，微观层面较少。

随着近年人居环境水平的不断提升，居住满意度问题正成为此类研究的一大主题（Li and Song, 2009；Salleh, 2008；Gentile, 2005；Amerigo and Aragones, 1990；Galster and Hesser, 1981）。居住满意度一般是指居民预期的居住状况与实际居住状况之间的差距：差距越小，满意度越高。已有居住满意度文献主要关注三方面的问题：居民社会人口特征、住房状况和社区社会空间状况（Lu, 1999）。第一，居民社会人口特征研究涉及年龄、种族、教育水平、性别、婚姻状况、收入等对居住满意度的影响。例如，受教育水平越高，居住满意度可能越高。第二，住房状况涉及住房面积、区位、物权等方面，如较大的房子和良好的内部装修通常意味着较高的居住满意度。第三，就社区社会空间状况而言，如社区设施条件（学校、医院等）、通勤可达性、物业服务及其居民的社会经济构成状况。但是，已有居住满意度研究以西方发达国家城市社区为主，其研究对象多为城市中产阶级，缺乏对底层社区的研究，较少有专门针对中国背景的研究（Fang, 2006；Amerigo and Aragones, 1990；Fried and Gleicher, 1961）。

因此，本章将以已有研究为基础，通过实证调研，对“北上广”和广东东莞等地的典型新移民社区展开研究，以此解析当代中国城市新移民社区的居住满意度及其融合问题。

第三节　研究设计

本章研究主要采用“混合研究法”（mixed research method），作为当今社会学方法的最新趋势，它被称为研究方法的“第三次革命”（Johnson et al., 2007）。

基于实证主义，混合研究法并非新鲜事物。早在20世纪中叶，不同形式的混合研究法就已经开始尝试，如“多元方法”和“三角互证”，同时不局限于“定性-定量”的二元划分为特征，使用至少两种数据类型或数据收集方式，采用多种分析技术或交叉应用多种研究技术，进而形成相互证实或补充（Greene, 2007）。另外，采用多种视角的分析方法也比单一视角能够获得更多更全面的信息。很明显，此方法有利于修正目前城市研究中普遍存在的方法论局限，实现“数据化”和“模型化”的片面实证与民族人类志（ethnography）下深度分析的有机融合，推动城市研究由“方法论”向“本体论”回归（Brenner, 2014）。

具体步骤如下。

首先，采用“北上广”实地调研所取得的第一手问卷和访谈资料，研究新移民社区的居住满意度与融合状况。问卷数据于2010年11～12月在“北上广”同期采集。我们将调研对象确定为城中村。“北上广”城中村均是新移民聚居的典型社区，其中以广州城中村最为典型，上海、北京亦有类似现象。每个城市定额抽样20个村，每村定额抽样20户，每个城市共计400份左右，获得有效问卷1208份[①]。为保证抽样典型性，第一，通过参考资料与访谈信息列出北京、上海、广州所有城中村名录及其所在辖区信息；第二，根据辖区所拥有的村落数，重点考虑空间分布，抽取20～30个村；第三，在初步选出的村样本中，对比历史沿革、区位、代表性，选取近期尚不会被改造的村，最终选定每个城市各自的20个村。具体而言，在北京所选取的城中村可分为两类：第一类为四环内城中村，此类城中村约为100个，但基本已被改造或已列入近期改造计划内；第二类为四环以外城中村，约为243个。除去2010年3月北京制定的“50个城中村改造方案”中所涉及村落，本研究选取少量第一类村，如丰台区后泥洼村和朝阳区十八里店村。第二类村大量分布于四环和五环之间及五环附近，如朝阳区西店村。同时，选取少量远郊村，如昌平区七里渠南北村。上海城中村数量少，且分布不均。经综合分析，确定选取普陀区6个村，徐汇区6个村，闸北区1个村，闵行区7个村，浦东新区3个村。广州存在大量城中村，据统计共有139个；所选城中村样本分布均匀，大体分为三类：第一类为狭义城中村（如海珠区联星村）；第二类为城边村（如黄浦区文冲村）；第三类为少量城郊村（如番禺区都那村）（图4-1～图4-3）。此外，相关分析将结合案例地区各类人口普查数据、统计年鉴、经济社会发展报告等资料。

① 3个城市共多发了8份。

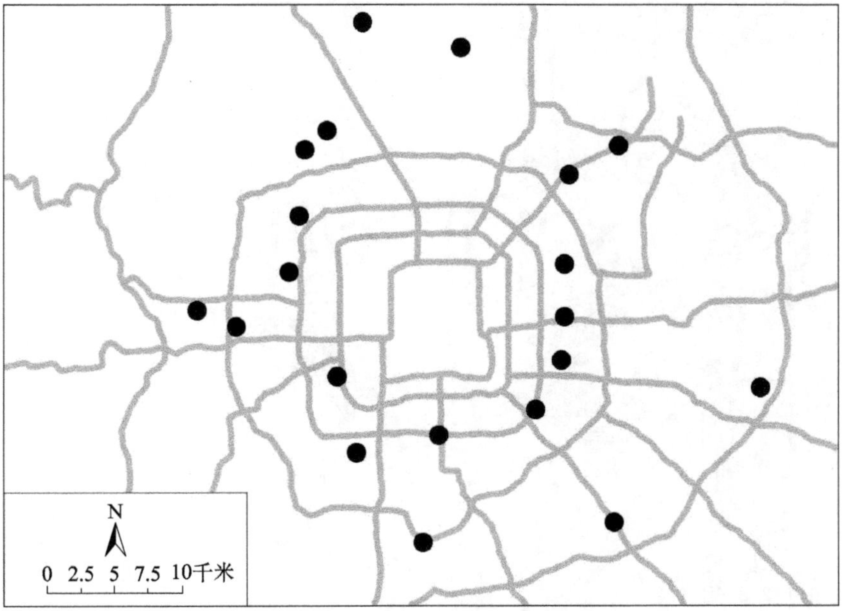

图 4-1 北京调研城中村的空间分布（2010 年）

图 4-2 上海调研城中村的空间分布（2010 年）

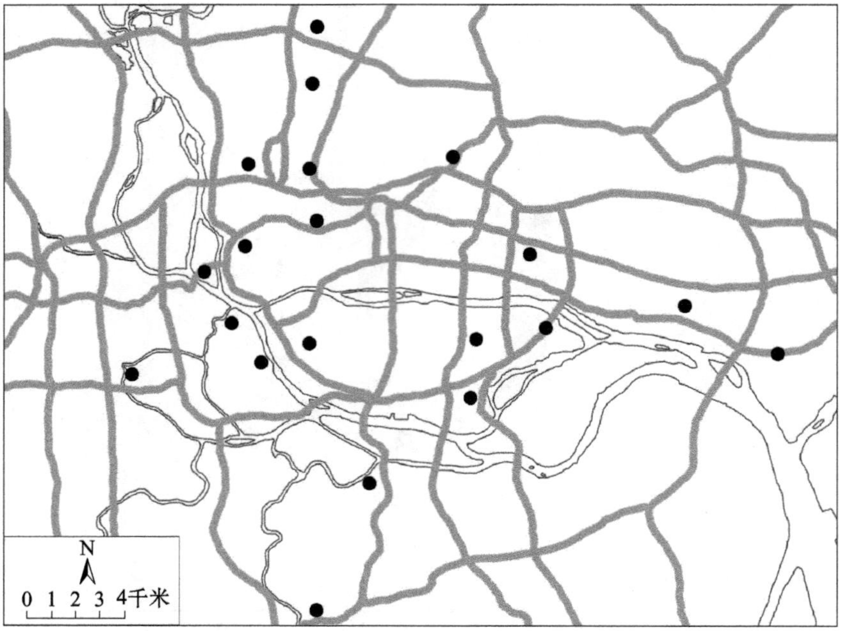

图 4-3 广州调研城中村的空间分布（2010 年）

其次，中山大学地理科学与规划学院调研组在 2013 年 3～4 月分三次在东莞江南社区进行实地考察，特别关注社区环境、居民日常工作生活状态、生活方式，以及社区内部开放的活动场所和活动设施。该社区位于东莞最北面，与广州增城大墩村接壤。社区建成面积为 0.8 平方千米，户籍人口为 2407 人，新移民超 2 万人，是本地居民的近 10 倍。江南社区凭借其毗邻广州增城的区位优势和优美环境，吸引了众多的企业及随之而来的新移民进驻，租赁经济带动了江南社区经济实力的快速发展。直至 2012 年，江南社区集体总资产达 12 323 万元，同比增长 1.72%。其中集体总收入 2001 万元。值得一提的是，与广州增城大墩村接壤的江南社区在增城新塘轰动全国的“6·11”群体事件中未受到任何影响和冲击，展现了一定程度的融合与稳定。那么，江南社区新移民与本地居民融合状态如何？江南社区的管理服务是否对社会融合起促进作用？这是我们想通过调研进一步回答的问题。

具体而言，问卷设计以新移民对社区管理服务感知度为主线，内容包括新移民基本情况、就业、社交和入户情况。问卷调查对象是在江南社区工作生活的新移民。考虑到社区内部新移民的职业构成，问卷调查对象分为在工厂（企业）工作的新移民和在商铺工作的新移民两大部分。由于江南社区新移民以工厂（企业）工作的居多，为了使样本更能反映实际情况，在问卷发放的过程中，工厂新移民部分发 80 份，商铺新移民部分发 50 份，共发放问卷 130 份，最终有效问卷 114 份，有效回收率达 87.69%。就问卷调查形式，对商铺新移民部分，采取面对面形式，调查员协助完成问卷；对工厂新移民部分，由于问卷调查主要在白天进行，考虑到新移民上班的问题，工厂新移民部分问卷调查主要通过工厂负责人将问卷分发给新移民填写，再从负责人处回收问卷。此部分调查人员没有与调查对象存在直接的接触，可能会对问卷的填答质量造成一定的影响。综上所述，本章选取“北上广”城中村和东莞江南社区进行研究。

第四节 实证结果

一、“北上广”新移民社区基本状况

第六次全国人口普查数据表明，“北上广”新移民数量巨大：北京 704 万人，上海 897 万人，广州 476 万人；占常住人口的比例：北京为 35.9%，上海为 39%，广州为 37.5%，三地大致相当。不过，“北上广”新移民社区（即城中村）状况则具有明显差异（图 4-4）。

研究显示，广州城中村散布，且规模较大；上海城中村分布在内环以外的近郊，规模较小；北京城中村主要分布在城市建成区的边缘地带和城乡结合部，如五环附近。这些地区城镇化程度较低，新移民相对集中，市政基础设施匮乏。20 世纪后半期以来，此类地区成为城市新移民聚居的核心场域，均经历明显的“过密化”进程，但其模式存在很大差异（图 4-4）。第一，在形态上，北京城中村呈现一种传统村落形式，村内多为一层或两层平房，每户拥有自己的院落。地下室的利用较为突出，表现为一种“不断下压”的“过密化”。第二，上海在三个案例城市中管治最严，一方面迫于强力监管，另一方面拥有旺盛的住房需求，城中村只能在漫长的“等待拆迁”中通过内部挤压的方式“塞”进更多居民。村内各户楼梯间、厨房、洗手间、院落等多被改造和分隔，表现为一种向内“不断挤压”的“过密化”。第三，广州新移民的大量涌入，带来“城中村”的繁荣发展，相对宽松的管治环境使“向上”加盖作为一种增加面积的自然方式而表现得淋漓尽致，城中村多呈现为一种“不断加建”的“过密化”。

问卷表明，“北上广”新移民的社会经济地位十分相似（表 4-1）。第一，“北上广”新移民中“80 后”和“90 后”的比例约为 30%，其中上海为 23%，北

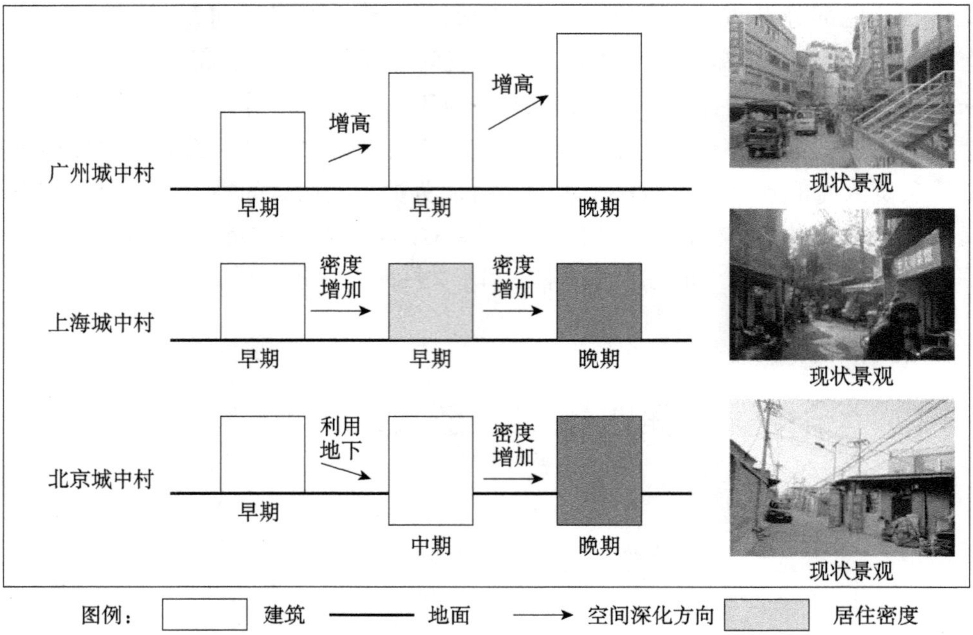

图 4-4 “北上广”新移民聚居区的“过密化”模式

京为 35%，广州为 31%；其主体多为 30～64 岁的劳动适龄人口（67%）；而老年人口比例较低，仅为 3%。这体现这一群体的年轻化、就业化趋向。第二，从表 4-1 可以看出，典型的“北上广”新移民具有如下人口特征：男性占 83%，已婚占 80%，有小孩但多数不在身边，具有大学教育水平的居民占少数，仅为 14%，外地农村户口占 62%，人均月收入在 2000～3999 元的居民占 47%，在私人企业工作的居民占 56%，服务业人员占 50%。同时，表 4-1 数据表明，目前居住在城中村的本地村民占总人口的比例不高，仅为 6%，其中比例最高的北京为 11%，最低的上海仅为 1%。大量村民已通过购房、搬迁等途径在村外居住，借以规避日趋恶化的村内居住环境。表 4-1 数据还表明，新移民社区的聚居人群实际上是一个多元复合的社会群体，包括各社会阶层。例如，在实地调研中发现，部分城中村新移民已经拥有私家车甚至名牌车。

表 4-1 居民社会经济状况

变量		上海		北京		广州		全体	
		人数（人）	比例（%）	人数（人）	比例（%）	人数（人）	比例（%）	人数（人）	比例（%）
户主年龄	0～29 岁	93	23	140	35	125	31	358	30
	30～64 岁	290	73	249	62	264	66	803	67
	65 岁以上	16	4	12	3	11	3	39	3

续表

变量		上海		北京		广州		全体	
		人数（人）	比例（%）	人数（人）	比例（%）	人数（人）	比例（%）	人数（人）	比例（%）
户主性别	男性	343	86	335	82	327	82	1005	83
	女性	57	14	72	18	71	18	200	17
婚姻状况	单身	41	10	97	24	97	24	235	20
	已婚	357	90	310	76	301	76	968	80
子女情况	无子女	234	59	247	61	216	54	697	58
	至少与1子女同住	166	41	161	39	184	46	511	42
大学教育水平	无	358	90	336	82	344	86	1038	86
	有	42	10	72	18	56	14	170	14
户口	外地农村户口	289	72	243	60	217	54	749	62
	外地城市户口	56	14	77	19	71	18	204	17
	本地农村户口	5	1	46	11	23	6	74	6
	本地城市户口	49	13	40	10	89	22	178	15
人均月收入	0～1999元	78	26	125	33	154	39	357	33
	2000～3999元	166	56	179	47	158	40	503	47
	4000～5999元	37	13	54	14	58	15	149	14
	6000～7999元	11	4	10	3	13	3	34	3
	8000元及以上	3	1	13	3	17	3	33	3
户主职业	国有企业	17	5	33	9	22	6	72	6
	集体企业或其他	52	15	56	14	39	10	147	13
	私人企业	203	58	201	52	228	58	632	56
	退休	4	1	3	1	1	0	8	1
	其他	76	22	95	24	106	26	277	24
户主行业	经理人	2	1	11	3	8	2	21	2
	技术员	35	10	46	13	52	15	133	13
	一般职员	41	12	15	4	23	7	79	8
	产业工人	41	12	57	16	39	11	137	13
	服务业人员	177	53	167	47	175	51	519	50
	农民	12	4	16	4	6	3	34	3
	其他	29	9	46	13	39	11	114	11

表4-2呈现了村民、新移民等的住房状况，不同群体的住房条件存在明显差异。就居住时间而言，新移民在城中村居住时间较短，50.7%的人不超过3年，村民则多已居住30年以上（占78.9%）。与村民不同，99.3%的新移民租房居住，

且存在较为普遍的“合租”和“群租”现象（占 13.5%）。相对的，村民的自用住房面积达 116.74 米²/ 人，而新移民仅为 20.26 米²/ 人。具体而言，村民拥有两卧室、三卧室和其他的占比为 79.7%，而新移民的这一比例仅为 17.3%。类似城中村与城市正规空间的二元对立，城中村内部实际也存在二元结构，村民享受村集体或城市所提供的各项福利，具有较好的居住条件。新移民则身处社会空间的另一端，住房条件较差。因此，我们可以假设，新移民与村民两群体存在较大的满意度差异，村民的居住满意度比新移民的满意度高很多。

表 4-2 住房基本情况

变量		新移民		村民		其他		全体	
		比例（%）	数量（人）	比例（%）	数量（人）	比例（%）	数量（人）	比例（%）	数量（人）
居住时间	0～3 年	50.7	483	1.4	2	23.2	23	42.4	508
	3～10 年	29.6	282	3.4	5	7.1	7	24.5	294
	10～30 年	9.3	89	16.3	24	17.2	17	10.9	130
	30 年及以上	10.4	98	78.9	116	52.5	45	22.2	266
产权	租房	99.3	938	4.8	7	37.1	36	82.6	981
	拥有住房	0.7	7	95.2	138	62.9	61	17.4	206
住房使用	自用	86.5	817	94.3	132	90.7	88	87.8	1037
	合用	13.5	127	5.7	8	9.3	9	12.2	144
住房面积（均值）（米²/ 人）		20.26		116.74		61.06		35.78	
住房类型	一卧室	82.7	705	20.3	27	38.9	37	71.2	769
	两卧室	13.6	116	36.1	48	41.1	39	18.8	203
	三卧室	2.8	23	19.5	26	9.5	9	5.4	58
	其他	0.9	8	24.1	32	10.5	10	4.6	50
住房建成时间	1949 年以前	0.7	6	1.4	2	6.1	6	1.3	14
	1950～1980 年	14.5	124	13.7	20	10.2	10	14.0	154
	1980～1999 年	54.7	468	63.0	92	54.1	53	55.8	613
	2000～2010 年	30.1	257	21.9	32	29.6	29	28.9	318

表 4-3 显示了新移民社区的居住设施条件。第一，调研显示，“北上广”新移民社区几乎拥有城市居民所拥有的各项居住设施，但其设施指数仅为 35（满分 100），得分较低，说明设施条件较差。第二，三地对比，广州新移民社区的设施条件高于北京，而北京高于上海。例如，广州的设施指数为 53，北京为 30，而上海仅为 23。具体而言，广州新移民社区中 71.1% 的居民拥有“独立厨房”，北京为 16.8%，上海仅为 9.8%。其他设施如“独立卫生间”、“洗浴设施”、“空调”和“互联网”等均存在类似情况。第三，比较新移民设施状况与所在社区全体

居民平均水平，同样是广州得分最高，北京次之，而上海最低。例如，就“独立卫生间”的配置而言，广州的设施水平比得分为 0.99，说明新移民与本地村民几乎没有差距，而北京为 0.61，上海为 0.45，差距很大（表 4-3）。据此，可进一步假设：广州新移民社区的满意度最高，北京次之，上海最低。

表 4-3 居民拥有设施情况

变量	上海			北京			广州			全体		
	M	*A*	*M*/*A*	*M*	*A*	*M*/*A*	*M*	*A*	*M*/*A*	*M*	*A*	*M*/*A*
独立厨房（%）	9.8	20.8	0.47	16.8	28.9	0.58	71.1	77.1	0.92	30.7	42.2	0.73
独立卫生间（%）	7.8	17.5	0.45	13.0	21.3	0.61	87.5	88.7	0.99	33.6	42.5	0.79
洗浴设施（%）	5.2	13.5	0.39	7.0	17.0	0.41	74.6	79.6	0.94	26.8	36.7	0.73
煤气（%）	76.9	77.0	1.00	40.3	47.1	0.86	82.9	85.9	0.97	66.6	70.1	0.95
空调（%）	13.9	23.8	0.58	14.0	23.9	0.59	21.6	33.9	0.64	16.3	27.2	0.60
取暖设备（%）	0.0	0.8	0.00	47.1	52.5	0.90	2.8	3.5	0.79	16.5	18.8	0.88
互联网（%）	15.9	21.5	0.74	38.2	42.4	0.90	41.5	48.0	0.86	31.0	37.2	0.83
设施指数（均值）	17	23	0.74	23	30	0.77	48	53	0.91	28	35	0.80

注：① *M*= 新移民设施指数，*A*= 聚居区全体居民设施指数；②设施指数 =$\sum$IF / 7×100，其中 IF 为各类设施所有情况得分（有 =1，无 =0）的总和

由此，我们得到以下两个假设。

假设 1：作为差异化群体，村民和新移民之间存在较大差异，村民居住满意度比新移民高。

假设 2：“北上广”居住满意度存在很大差异，其排序由高到低为：广州、北京、上海。

采用所得数据库展开计量分析，对上述两个假设进行实证检验。

二、新移民社区的居住满意度

分析四个维度的居住满意度：住房、卫生、安全和社区（表 4-4），这四个维度是居住满意度的代表性维度，可细化“北上广”新移民居住满意度。研究表明，“北上广”新移民社区的居住满意度为 2.97，属一般水平，其中住房满意度为 3.04，卫生满意度为 2.71，安全满意度为 3.17，社区满意度为 2.97。尽管城中村一向被视为治安问题滋生地，居民的安全满意度却并不低，甚至高于社区满意度和住房满意度。值得注意的是，新移民的安全满意度（3.21）高于本地村民（*M*/*A*=1.01）——新移民对安全状况的预期较低，因而更容易获得满足感。

具体而言，对比村民和新移民，新移民在卫生、安全和社区满意度方面并不比村民低（$M/A \geqslant 1$）；但在住房满意度方面，村民高于新移民（$M/A=0.96$）。对比假设 1 所做判断，村民与新移民在居住满意度方面呈现较为复杂的局面，说明新移民社区的居住满意度可能并不仅由社会经济条件或设施配置水平决定，还存在其他更具影响力的因素。对比三地情况，广州新移民社区无疑具有最高的满意度。例如，广州新移民社区的住房满意度为 2.98，北京为 2.91，上海仅为 2.89。这就验证了假设 2：形成广州、北京、上海居住满意度由高到低的基本序列。值得注意的是，上海和北京新移民的满意度普遍高于本地村民（$M/A>1$），广州新移民的满意度则多低于本地村民（$M/A<1$）。这从一个侧面说明广州城中村村民在较为宽松的管治环境下获得丰厚利益，进而拥有了高于新移民或其他各城市村民的满意度。因此，我们可假设新移民社区居民满意度与其所在城市的管治强度具有相关性。

表 4-4 “北上广”新移民聚居区的居住满意度

变量	上海			北京			广州			全体		
	M	*A*	*M/A*	*M*	*A*	*M/A*	*M*	*A*	*M/A*	*M*	*A*	*M/A*
住房	2.89	2.94	0.98	2.91	3.07	0.95	2.98	3.10	0.96	2.92	3.04	0.96
卫生	2.59	2.52	1.03	2.72	2.68	1.01	2.84	2.94	0.97	2.71	2.71	1.00
安全	3.19	3.15	1.01	3.15	3.06	1.03	3.31	3.31	1.00	3.21	3.17	1.01
社区	3.04	3.02	1.01	2.74	2.75	1.00	3.08	3.15	0.98	2.96	2.97	1.00

注：① *M*= 新移民，*A*= 聚居区全体居民；②得分为 1～5，1= 很不满意，5= 很满意

表 4-5 进一步分析了居民的社区归属感。针对表 4-5 所列 12 个问题，收集样本打分（1～5，代表“同意”程度）以获取社区归属感指数（1～5，指数越大代表归属感越强）。总体上，三地社区归属感的平均指数约为 3.00，属中上水平，说明三地居民的社区归属感的水平一般。就具体观点而言，“本社区成员对我家人很友好”的打分最高（3.60），“我和家人参与本社区的公共活动”的打分最低（2.39），反映普遍存在的实际情况。对比总体水平与新移民水平，则可发现新移民的社区归属感指数低于所在社区平均水平。例如，对于“我感觉自己属于这个地方”这一观点，社区全体居民平均指数为 2.92，新移民仅为 2.65。因此，可假设较强的社区归属感将带来更高的居住满意度，反之则满意度较低。

表 4-5 新移民聚居区居民的社区归属感

问题	全体			新移民		
	N	均值	SD	*N*	均值	SD
本社区成员对我家人很友好	1191	3.60	0.77	942	3.55	0.76

续表

问题	全体			新移民		
	N	均值	SD	N	均值	SD
本社区成员都有相同的观念和习惯	1193	3.19	0.86	943	3.10	0.81
我能从邻里得到帮助	1194	3.25	0.94	943	3.20	0.93
我认识社区的很多人	1196	3.31	0.99	946	3.18	0.96
很多邻居认识我	1198	3.36	1.00	947	3.22	0.97
我感觉自己属于这个地方	1195	2.92	1.14	944	2.65	1.00
我在乎邻里怎么看我	1199	2.86	0.98	948	2.82	0.96
我和家人参与本社区的公共活动	1192	2.39	0.99	942	2.30	0.94
社区成员会共同解决问题	1192	2.76	0.98	942	2.68	0.95
成为社区一员对我很重要	1195	2.92	1.00	945	2.80	0.96
社区成员相互关心	1195	3.12	0.91	944	3.05	0.90
我愿意在本地长久居住	1196	3.20	1.14	945	3.04	1.07

注：1= 非常不同意，5= 非常同意

由此，我们又得到以下三个假设。

假设 3：新移民社区的居住满意度并不仅由其社会经济条件或设施配置水平所决定，还存在其他更具影响的因素。

假设 4：新移民社区居民的满意度与其所在城市对此类社区的管治强度具有相关性。

假设 5：新移民社区的居住满意度与社区归属感正相关：较高的归属感将带来更高的居住满意度，反之则满意度较低。

为验证以上假设及探析居住满意度机制，在此采用线性回归方法以检验各因素对新移民社区居民满意度的影响。首先将问卷所采集 14 项满意度评价得分（1～5）求和，计算出每个样本的满意度得分，以此作为回归分析因变量。根据已有文献所确定的满意度影响因素，确定 11 个控制变量：户主年龄、女性（虚拟变量）、已婚（虚拟变量）、与至少 1 子女同住（虚拟变量）、教育水平、人均月收入、租金、职业、居住时间、居住面积和住房建成时间。

为检验前文所提出的研究假设 3～假设 5，在此建立 6 个模型考察居住满意度决定因素（表 4-6）。模型 1 对户口进行检验，发现户口因素对因变量的影响不具有统计意义，各类户口地位对居民满意度并无影响。模型 2 对居民的股民进行检验，考察集体股份公司分红能否带来更高居住满意度，但统计结果同样否定这一影响的存在。模型 3 对住房所有权进行检验，同样并未发现其影响。获取住房并非新移民的预期目标，对其居住满意度的影响不大。模型 4 对各类设施进行检验，发现几类设施对居住满意度具有重要统计意义：独立厨房、独立卫生间、空调和暖气。普通设施如空调的配置可以带来更高的居住满意度。模型5将社区归属感纳入回归方程，发现极为明显的统计意义，且其统计影响大大降低了各类设施的影响度。同时，社区归属感的相关系数（0.388）大大高于其他因素，说明社区归属感是提升满意度的决定性因素。模型6进一步分析城市对居住满意度的影响，同样发现了很强的统计影响——北京的满意度低于广州（系数为-0.219）。在模型6中，社区归属感的标准化系数最大（0.390），是最为重要的影响因素。此外，模型1～6的回归结果还表明，控制变量中的"人均月收入"与"居住面积"两项指标是决定居住满意度的决定性因素，而其他社会经济指标如职业、住房状况（居住面积和住房建成时间）等均无影响。人均月收入越高，居住面积越大，满意度越高。同时，人均月收入影响主要在于中等收入人群（6000～7999元），而不是低收入人群。此外，住房建成时间对居住满意度也有一定影响。模型1～6的回归分析表明，社区归属感、城市、人均月收入和各类设施（如空调）是影响新移民居住满意度的决定性因素。

表4-6　居住满意度线性回归模型

变量	模型1：户口	模型2：股民	模型3：住房所有权	模型4：各类设施	模型5：社区归属感	模型6：城市
	标准系数	标准系数	标准系数	标准系数	标准系数	标准系数
户口（参考：外地农村户口）						
本地城市户口	0.044	0.044	0.044	0.028	0.004	0.000
本地农村户口	−0.051	−0.051	−0.051	−0.048	−0.039	−0.044
外地城市户口	0.004	0.004	0.004	0.000	−0.024	−0.034
股民※		−0.002	−0.002	−0.006	−0.017	−0.022
住房所有权※			0.000	0.001	−0.017	−0.011
独立厨房※				0.124**	0.072	0.074
独立卫生间※				0.001	0.083	0.011
洗浴设施※				0.120**	0.081	0.050
煤气※				0.029	0.044	0.017
空调※				0.096**	0.074*	0.078*
暖气※				−0.089*	−0.058	0.017
互联网※				−0.015	0.016	0.022
社区归属感					0.388***	0.390***
城市（参考：广州）						
上海						−0.092
北京						−0.219***
控制变量						

续表

变量	模型 1：户口	模型 2：股民	模型 3：住房所有权	模型 4：各类设施	模型 5：社区归属感	模型 6：城市
	标准系数	标准系数	标准系数	标准系数	标准系数	标准系数
户主年龄	0.034	0.033	0.033	0.026	0.017	0.017
女性※	0.016	0.016	0.016	0.016	0.019	0.014
已婚※	0.008	0.010	0.010	0.024	0.017	0.029
与至少 1 子女同住※	0.044	0.043	0.043	0.024	0.009	0.009
教育水平（参考：大学及以上）						
小学及以下	−0.043	−0.044	−0.044	−0.064	−0.053	−0.063
高中	−0.012	−0.012	−0.012	−0.052	−0.061	−0.068
人均月收入（参考：8000 元以上）						
0～1999 元	−0.003	0.000	0.000	−0.034	−0.053	−0.046
2000～3999 元	−0.096	−0.093	−0.093	−0.131	−0.137*	−0.123
3999～5999 元	−0.132*	−0.130*	−0.130*	−0.171**	−0.141**	−0.131**
6000～7999 元	−0.112**	−0.111**	−0.111**	−0.122**	−0.096**	−0.090*
租金	−0.011	−0.010	−0.010	−0.002	−0.036	−0.018
职业（参考：其他）						
经理	0.041	0.041	0.041	0.036	0.020	0.021
技术人员	−0.005	−0.006	−0.006	−0.017	−0.046	−0.046
一般职员	0.055	0.055	0.055	0.029	−0.012	−0.022
产业工人	−0.023	−0.024	−0.024	−0.016	−0.019	−0.014
服务业	−0.035	−0.036	−0.036	−0.044	−0.043	−0.045
农民	−0.041	−0.042	−0.042	−0.035	−0.033	−0.035
居住时间（参考：30 年以上）						
0～3 年	−0.052	−0.056	−0.056	−0.018	0.041	0.053
3～10 年	−0.076	−0.081	−0.081	−0.066	−0.054	−0.045
10～30 年	−0.084	−0.087	−0.087	−0.084	−0.077	−0.085
居住面积	0.232	0.232	0.232	0.094	0.098	0.080
住房建成时间（参考：2000 年以后）						
1949 年以前	0.036	0.036	0.036	0.038	0.049	0.040
1950～1980 年	0.067	0.066	0.066	0.061	0.012	−0.011
1980～1999 年	0.076	0.075	0.075	0.067	0.050	0.045
数量（*N*）	1208	1208	1208	1208	1208	1208
自由度	27	28	29	36	37	39
自由度（*F*）	3.657	3.511	3.386	4.406	8.980	9.117
残差（调整后的 R^2）	0.075	0.074	0.073	0.123	0.257	0.270

※ 虚拟变量；* 显著性水平为 5%；** 显著性水平为 1%；*** 显著性水平为 0.1%

三、新移民社区的融合与推动机制

东莞江南社区基层组织在推动融合方面的手段主要包括以下四个方面。

第一，构建新移民与本地居民交往平台：增设完善社区活动设施和场所，免费对外开放，组织（协办）丰富多样的社区活动。

第二，社区服务方面：树立服务理念，完善服务机制并做好便民服务工作。

第三，宣传教育方面：完善社区信息平台，借用各种形式加强宣传教育，加强新移民和本地居民的思想道德水平和现代化水平，特别是村民思想教育方面。社区强调本地居民与新移民互为经济依赖的密切关系，强调新移民外出工作的艰辛，强调和谐共处。

第四，社区治安方面：完善治安防范网络，为企业居民提供和谐安定的工作生活环境。

这些措施的效果如何？采用多元线性回归分析方法，建立新移民社会融合与其影响因素的关系模型，计量分析所得的模型分为控制变量模型（模型 1～模型 3）和测度模型（模型 4 和模型 5）。因变量为社会融合度。结果表明：个人特征方面的年龄、在江南社区居住时间、粤语掌握程度、教育水平、经济收入，社会网络方面的参与党团组织和工会、主要交往对象为本地居民，以及政策制度方面的户口，为江南社区新移民社会融合的影响因素（表 4-7）。

表 4-7 东莞江南社区新移民社会融合影响因素的多元回归分析

变量		模型 1	模型 2	模型 3	模型 4	模型 5
		相关系数	相关系数	相关系数	相关系数	相关系数
个人特征	性别（男性）	-0.046	0.038	0.086	0.090	0.028
		(-0.429)	(0.406)	(0.877)	(0.918)	(0.324)
	年龄（岁）	-0.251*	-0.267**	-0.243*	-0.268*	-0.154
		(1.707)	(-2.048)	(-1.779)	(-1.903)	(-1.272)
	教育水平（年）	-0.153	-0.208*	-0.209	-0.233*	-0.362***
		(-1.324)	(-1.893)	(-1.625)	(-1.751)	(-3.157)
	经济收入	0.166	0.235**	0.198*	0.186*	0.289***
		(1.565)	(2.211)	(1.825)	(1.693)	(2.922)
	家庭特征					
	婚姻状况（未婚）	-0.116	-0.170	-0.207	-0.210	-0.115
		(-0.816)	(-1.258)	(-1.520)	(-1.538)	(-0.982)
	子女进城	-0.092	-0.032	-0.054	-0.054	-0.065
		(-0.810)	(-0.311)	(-0.472)	(-0.469)	(-0.648)

续表

变量		模型 1	模型 2	模型 3	模型 4	模型 5
		相关系数	相关系数	相关系数	相关系数	相关系数
个人特征	在江南社区居住时间	0.336**	0.238*	0.253*	0.277**	0.082
		(2.541)	(1.844)	(1.937)	(2.053)	(0.690)
	粤语掌握程度	0.187*	0.163*	0.153	0.183	-0.077
		(1.819)	(1.785)	(1.102)	(1.261)	(-0.588)
社会网络	政党组织参与情况（对照组是无）					
	党团组织		-0.295***	-0.329***	-0.317***	-0.218**
			(-3.077)	(-3.401)	(-3.224)	(-2.480)
	老（同）乡会		-0.127	-0.096	-0.074	-0.196*
			(-1.233)	(-0.898)	(-0.672)	(-1.961)
	工会		-0.140	-0.120	-0.122	-0.173**
			(-1.600)	(-1.375)	(-1.396)	(-2.087)
	主要交往对象（对照组是无交往）					
	家人及同乡		-0.018	-0.029	-0.037	0.001
			(-0.109)	(-0.179)	(-0.223)	(0.007)
	工友		-0.062	-0.121	-0.138	-0.077
			(-0.379)	(-0.738)	(-0.827)	(-0.516)
	本地居民		0.515***	0.499***	0.493***	0.344***
			(3.879)	(3.753)	(3.693)	(2.630)
政策制度	社保状况					
	是否享有社保（是）			0.008	-0.031	0.125
				(0.079)	(-0.275)	(1.148)
	就业单位是否承担部分（全部）费用			-0.131	-0.108	0.112
				(-1.043)	(-0.829)	(0.942)
	户口					
	户口所在地（在本地）			0.019	-0.019	0.074
				(0.113)	(-0.107)	(0.475)
	户口类型（城市）			0.201**	0.198**	0.128
				(2.193)	(2.147)	(1.578)
市民对新移民的态度和行为	社会歧视（有）				-0.082	0.084
					(-0.747)	(0.862)

续表

变量		模型 1	模型 2	模型 3	模型 4	模型 5
		相关系数	相关系数	相关系数	相关系数	相关系数
社区助推手段	社区交往					
	交往频率					0.342*** (2.881)
	交往心理感知（正面）					0.220* (1.917)
	新移民城镇化水平					0.141 (1.556)
	社区管理服务评价					0.141 (1.481)
R		0.338	0.605	0.637	0.640	0.773
R^2		0.114	0.366	0.406	0.410	0.598
F		1.331	3.501	3.176	3.037	5.226
置信水平		0.224	0.000	0.000	0.000	0.000
样本人数（人）		114	114	114	114	114

注：因变量是居民社区归属感测度指标

* 显著性水平为 5%；** 显著性水平为 1%；*** 显著性水平为 0.1%

个人特征："年龄"与因变量呈负相关，反映新生代新移民具有更强的市民化倾向，以及城市就业和社会保障体系对高年龄新移民的制度排斥，在一定程度上佐证了"新移民"概念。"在江南社区居住时间"与因变量呈正相关，反映新移民的社会融合是动态、渐进的。粤语掌握越好，越能更好地实现与当地居民的日常交流，更容易接触到城市的文化和价值观念。"教育水平"与因变量呈负相关，反映新移民受教育程度越高，社会网络受空间分隔作用越不明显。高学历新移民也可在实现经济融合的同时，仍坚守其原有的文化观念和价值。再加上工作方面选择性更强，不需因在某城市形成的就业和信息网络而固守于此，流动性相对较强，不需主动融入社区，社区地方感和归属感较弱。"经济收入"与因变量呈正相关。当经济收入随着其所在行业的经验积累得以提升时，新移民流动性减弱，愿意花更多时间和精力实现全方位融入所在城市。

社会网络："主要交往对象为本地居民"与因变量正相关程度最强，反映新社会网络（即与城市市民建立的社会网络）相对基于"血缘"和"地缘"的社会网络，在促进新移民社会融合的作用更大。"参与工会"与因变量呈负相关。工会成立旨在保护劳工利益的团体。然而江南社区主要行业工会的骨干人员都是各工厂领导，非工人选举产生。江南社区的工会更像是对工人的管理和控制机构。工会的不作为加重新移民对社会组织的排斥，加深新移民对“乡缘”网络的依赖和与城市主流社会的疏离。

政策制度：“户口所在地（在本地）”与因变量呈正相关。城乡系统的长期分割，无论是经济方面还是生活方式、价值观等方面，差异较为明显。再加上农村户籍使新移民长期排除在城市资源之外，形成相对剥夺感，新移民城市归属感、认同感较低。

在此基础上，模型 4 融入控制性指标（如个人特征等）和社区助推手段量化指标作为测度性模型，对新移民社会融合影响机制做进一步的深化探讨。研究发现，社区助推手段对新移民社会融合具有正向促进作用，特别是体现在“交往频率”和“交往心理感知（正面）”两个指标上。江南社区增设社区设施场所（特别是活动设施场所的免费开放），组织（协办）丰富多样的社区活动，大大提高了新移民与本地居民的交往频率。新移民与本地居民交往日趋频繁，新社会网络形成并呈复杂化发展。社区地方感日趋强烈的同时，现代的生活方式、价值观也潜移默化地影响着新移民，促进新移民行为、文化、心理层面全面的社区融入。在村民教育（教育水平）方面，江南社区强调与新移民互为经济依赖的密切关系，强调和谐共处的重要性。这也可以从“交往心里感知（正面）”这一指标中得以体现。另外，将模型 4 与控制变量模型进行比较，发现在模型 4 中，“年龄”和“户口”不再是新移民社会融合的负向影响因素。这说明社区的介入，尤其是在促进本地居民和新移民相互理解和交往方面，加强了新移民对社区的自我认同，使其在角色、身份、生活模式、归属感和认同感方面能对“城乡二元体制”实现渐进性超越，社会融合得以全方位的实现。

第五节 小　　结

中国城市正在逐步进入“移民化”时代，随着常住人口中非户籍人口比例的不断攀升，城市正普遍由“地方城市”向“移民城市”转型。城市的新移民空间分异程度和集中程度差异较大。与“市场转型论”（Nee, 1989，1996）相关，市场和空间要素正在取代制度要素成为影响中国城市新移民聚居的重要维度，而制度因素的影响正逐步减小。

就居住满意度的状况而言，第一，“北上广”新移民社区的居住满意度属一般水平，并非十分低下。第二，非本地户籍的新移民并不一定比本地村民满意度低；而回归分析亦表明户口并非居住满意度的决定因素。新移民对于城市居住状况的预期较低，易于接受较差的生活条件（当然，这并不表示他们应该承受这种恶劣的居住环境）。第三，收入是居住满意度的重要影响因素，但其影响主要在于中等收入人群，而不是低收入人群。第四，普通设施（如独立厨房、洗浴设施和空调）等对居住满意度的影响较大，对此类设施条件的改善可以视为未来城中村居住条件改善和提升的重点。第五，对居住满意度影响最大的因素是居民的社区归属感，相较前面提到的所有因素，社区归属感的提升将直接重塑新移民社区的居住满意度。新移民被动的“无根”状态恰恰带来这一群体对地方认同感和归属感的强烈追求，在满足基本物质生活条件的基础上，地方归属感所带来的安全感可以弥补其他社会经济地位（包括户口）的不足，进而提升居住满意度。这也说明，当前部分新移民社区因为地方排斥而导致本地人与外地人之间出现剧烈冲突，缺乏地方认同感和归属感是重要原因。增加地方归属感将有助于新移民改变生存状况。此外，对新移民这一特殊群体而言，地方融合与归属感的构建非常有意义。单纯的物质环境改善不会带来居住满意度的提升，更不能期望通过拆除城中村解决新移民居住问题。本章的实证表明，应代之以营造社会融合，建立地方归属感的新目标，营造新型社会空间方能实现新移民社区的满意和谐。

实证表明，影响新移民社会融合的因素是多维度的，包括年龄，教育水平，经济收入，社区居住时间及本地语言掌握程度，社会网络中的参与党团组织和工会，主要交往对象为本地居民，政策制度中的户口，社区助推手段中的交往频率和交往心理感知（正面）。不同因素对新移民社会融合产生不同的影响。在因素影响的社会融合基础上，利用社区影响手段，特别是推动新移民与本地居民交往，可有效抑制因年龄和户口的差异对新移民社会融合产生的消极影响。社区借助其管理服务，通过改变新移民对社区的自我认同，从而在以身份为根本的各方面朝着逐渐超越城乡二元体制的方向迈进。

因此，基层政府应主动为新移民的城市融合过程提供帮助与支持。除了自下而上的融入机制（主要体现在新移民个人特征方面的影响因素，如年龄、教育水平、经济收入等），也要强调自上而下的助推机制（结构性制度层面和社区管理服务层面），这些助推机制不仅包括结构性制度层面的户籍体制改革、公共服务特别是社会保障供给，还包括地方政府和社区通过引导新移民与本地居民的交往，促进社区社会支持、强化社会互动等方面。

在空间对策方面，鼓励社区参与是新移民城市融合的主要途径。市民化并不是简单地把外来人口身份转化为市民，因为市民自身的社区归属感也在下降，而户口转化是必要因素但不是充分因素。强调社区事务的公共参与，以此培育新移民的社会资本并促其“本地化”。特别是在社区层面，加强社区建设是强化社会融合的基本策略。同时，集聚和隔离也可能限制新移民和本地居民之间形成社会网络关系。为此，需要推行混居策略。但是，混居应考虑不同阶层社会适应能力的差别。中产阶级是重要的稳定因素，是混居主体，应重点考虑推动中产阶级与其他阶层的混居。

第五章 城市新移民的定居意愿

第一节 引　言

在中国快速城镇化发展过程中，大批农村人口涌入沿海城市打工。进入21世纪，1980年后出生的新生代移民逐渐成为城市外来人口的主体（王德，2004；鲁奇等，2005）。和早期外来人口相比，新生代移民融入迁入地社会的意愿更强烈，其落叶归根的观念也更为淡薄（廉思，2009；国务院研究室课题组，2006）。然而，由于城乡分割、户籍藩篱、社会排斥和歧视的存在，以及迁移者自身人力资本和社会资本的不足，新移民普遍采取"循环流动"的社会经济策略，频繁往返在流出地和迁入地之间（Yue et al., 2010）。目前，新移民在迁入地处于暂居状态，尚不能顺利转变为迁入地城市的永久居民。此外，近年来"蜗居"、"蚁族"和"逃离北上广"等话题受到社会各界的高度关注（张辛，2007；廉思，2009）。而这些社会舆论普遍反映了新移民在大城市定居的意愿。新移民在大城市定居的意愿是个人在中国城市发展格局背景之下基于自身人力资本和未来发展预期所做出的选择。探讨新移民的定居意愿有助于了解快速城镇化过程中城市社会格局对个人空间迁移选择的影响机制。因此，学界有必要探讨新移民在大城市定居的意愿及其影响机制。

长久以来，农村发展让位于城市发展，农村居民和进城务工人员的社会福利保障一直低于城市居民福利保障水平。近年来，随着社会经济转型的开展，进城务工人员的主体也日益多元化，除了"乡—城"移民还包括"城—城"移民。在以人为本的新型城镇化建设中，提高进城务工人员的生活质量和社会福利保障水平是关键措施之一。例如，在公共服务上对进城务工人员进行居住、就业、教育、医疗卫生、养老、低收入群体补贴和失业救济等公共服务均需追加投入，在制度上也需要让进城务工人员转变身份成为市民。然而，注重物质补贴和城市基础设施建设的相关新型城镇化建设举措能否真正地促进日渐多元化的城市新移民融入迁入地城市呢？凭借“定居意愿”这一理论视角，本章尝试探讨影响新移民融入迁入地意愿的因素，从而为新型城镇化建设提供一定的参考。

为此，本章将以广州、东莞、沈阳、成都、杭州、郑州六个城市为例，基于大规模问卷调查所获数据，探讨新移民的定居意愿及其影响机制。本章将尝试回答以下问题：有多少新移民愿意在迁入地城市定居？其定居意愿受什么因素影响？不同类型新移民的定居意愿及其影响机制是否存在差异？

第二节 研究进展

对比 20 世纪八九十年代的第一波移民，当前中国国内人口迁移的主体呈现出多元化和异质性的特征。就社会经济特征而言，新移民的受教育程度和职业技能有所提升，其职业分层和职业声望逐渐提高（Yue et al.，2010）。就外出目的而言，新移民从纯粹的赚钱养家糊口走向多元化，更多地考虑到个人发展、生活水准及家庭整体利益等因素（王春光，2001；国务院研究室课题组，2006；廉思，2009）。就迁移模式而言，“回乡发展”、“定居迁入地”与以往的“循环流动”共同构成了新移民的主要迁移模式（Wang and Fan, 2006）。就社会网络而言，新移民的社会网络呈现出成分多样化、关系现代化和空间分散化的趋势，不再囿于传统的血缘、亲缘和地缘关系，逐渐延伸至迁入地社会各个阶层（王春光，2001；王龙龙，2009；李志刚和刘晔，2011）；就身份认同而言，新移民的身份认同逐渐模糊化，过去强烈的“农民”身份认同逐渐淡化，“非农民和非市民”的身份认同逐渐强化（Zhu and Lin, 2014）。

对于中国城市外来人口主体日益多样化的趋势，已有研究根据户籍获取、代际差异或资本占有程度等标准对外来人口进行内部划分，进而进行深入的分析探讨（Sun and Fan, 2011；Zhu and Lin, 2014；Cao et al., 2015）。例如，根据本地户籍的获取状况，城市外来人口可划分为永久性和暂时性移民（Sun and Fan, 2011）；以成长年代和生活经历为标准可划分为第一代移民和第二代移民（Zhu and Lin, 2014）；根据对生产资料的占有程度，城市新移民可分为雇员、自雇和雇主（Cao et al., 2015）。但已有研究多采取单一维度的划分标准，难以深入、相对全面地反映目前中国国内外来人口的社会经济特征和迁移模式等问题。鉴于新一代外来人口的背景已不限于农民工，高学历、城镇户口背景的外来人口有所增加，本章以“新移民”取代“外来人口”和“新生代农民工”等传统概念，将城市新移民划分为劳力型新移民、智力型新移民和投资型新移民，以强调迁移人口内部在社会经济特征、流迁模式、迁移机制等方面出现的分化。

外来人口在迁入地的定居意愿一直受到学界的广泛关注。社会学、人口学和地理学的研究视角常将定居意愿具体化为若干个测度指标，其中较为常用的指标有“出售老家房产”、“落户城市”和“长期定居城市”等（鲁奇等，2005；张文宏和雷开春，2009；He and Jin, 2008）。研究发现，希望在迁入地定居的外来人口占调查对象总数的14%～27.4%（朱宇，2004；蔡禾和王进，2007）。但也有一部分外来人口在定居决策方面仍然举棋不定。例如，朱宇（2004）的调查结果显示，高达25.9%的外来人口“对未来归属地难以决定”。

就影响外来人口定居意愿的因素而言，已有研究认为受个体特征、家庭特征、政策制度、社会网络和社会认同等多重因素的共同影响。首先，研究显示，女性、未婚、高学历、高收入、从事正规职业、在迁入地购房及以家庭为单位迁移的外来人口有更强烈的定居意愿（任远和戴星冀，2003；夏怡然，2010；李志刚和刘晔，2011）。其次，户籍壁垒是阻碍外来人口在迁入地定居的重要因素（任远和戴星冀，2003；鲁奇等，2005）。然而，有学者指出，在市场化程度不断提高、人口流动日益频繁的背景下，户籍对新移民定居意愿的影响正逐渐弱化，市场和外来人口自身因素日益凸显（李志刚，2011）。最后，倘若外来人口在迁入地拥有丰富的社会资本，其定居的能力会有所增大，从而提高其长期定居的意愿（姚俊，2009；Fan, 2011）。此外，对迁入地强烈的认同感和归属感也能强化外来人口的定居意愿（叶鹏飞，2011；朱竑等，2012）。然而，大部分的前人研究仅局限于中下层次的农民工群体，忽略了外来人口内部日益明显的分化。事实上，到异地求职和经商的大学毕业生及经营者的数量正迅速增多，其迁移特征和机制与农民工群体相比有较为明显的区别。因此，有必要针对新移民这一更广泛的社会群体进行定居意愿的研究。

第三节　数据收集和研究方法

本研究基于问卷调查所搜集的一手资料，采用描述性统计和逻辑斯蒂回归模型分析数据。课题组[①]于2008年11月至2009年4月在广州、东莞、沈阳、成

① 2007年度教育部哲学社会科学研究重大课题攻关项目“城市新移民问题及其对策研究”（批准号07JZD0025）课题组。

都、杭州、郑州六个城市组织问卷调查。案例城市的选取主要基于以下两方面的考虑：一方面，上述六市分别为华南、华东、东北及中西部地区的典型城市，也是各地区主要的新移民集中地；另一方面，结合调查开展的现实条件，如是否有当地合作者等。问卷含 82 条问题，涵盖住房、就业、社保、社会生活、城市管理、社会认同和个人基本状况七个方面。本调查的新移民样本为在案例城市定居两年或以上的外来迁移者，不包括公务员及国有企事业单位的正式职工。调查对象分为三类：智力型新移民、劳力型新移民和投资型新移民。智力型新移民指受过高等教育（大专或本科教育），现在本市工作的大学毕业生；劳力型新移民指没有受过高等教育（高中学历或以下），在制造、商贸、流通等劳动密集型产业打工的外来务工人员，即传统意义上的农民工群体；投资型新移民指拥有小企业、小作坊、商铺、饭馆等产业的小业主。本研究采用“是否愿意在所在城市长久定居”这一指标测量定居意愿。

课题组采用配额抽样方法进行抽样调查，每个城市收集样本 550 份；智力型新移民、劳力型新移民、投资型新移民配额为 150∶200∶150①；调查共派发问卷 3300 份，回收 3234 份，获得有效问卷 3168 份，问卷有效率 96%。课题组采用滚雪球法寻找受访者，即通过既有调查对象寻找新的调查对象，每个调查对象最多推荐 3 位新的调查对象，依次滚动，并尽量避免样本过分集中在某个年龄段、性别及职业类别。滚雪球法的缺点为样本对总体的代表性不足，优点为能在短时间内找到大量具有相同社会经济特征的研究目标，因此适用于本次调查。

调查样本的基本特征为（表 5-1）：平均年龄为 28 岁，其中智力型新移民和劳力型新移民的平均年龄分别为 26 岁和 27 岁，即大多数于 1980 年以后出生，而投资型新移民平均年龄为 32 岁。智力型新移民和劳力型新移民以未婚者居多，而投资型新移民大部分已婚。三类新移民的本市户籍持有率差异较大，劳力型新移民和投资型新移民的本市户籍持有率很低，其中前者仅为 3.55%，而智力型新移民的本地户籍持有率达到了 26.70%。智力型新移民的教育水平为大专及以上，劳力型新移民的教育水平为高中（包括中专）和初中及以下，投资型新移民介于两者之间。职业方面，新移民的职业层次较低，大多从事其他等类型的工作，三类群体的职业结构差别不大。收入方面，新移民的个人收入主要在 1001～3000 元 / 月，其中投资型新移民的收入水平高于智力型新移民，而智力型新移民高于劳力型新移民。就住房状况而言，新移民以租住为主，投资型新移民的住房自有率最高。

① 50 份为备份样本，没有算入配额比。

表 5-1　六市新移民的基本特征

变量		全体新移民	智力型新移民	劳力型新移民	投资型新移民
样本数量（个）		3168	984	1320	864
年龄（岁）	均值	28	26	27	32
性别比（%）	女	50.2	51.0	51.7	47.1
	男	49.8	49.0	48.3	52.9
在本市生活的时间（年）		3.44	3.18	3.37	3.78
婚姻状况（%）	未婚 / 离婚 / 丧偶	59.12	80.79	61.09	31.45
	已婚	40.88	19.21	38.91	68.55
户口（%）	非本市户籍	88.05	73.30	96.45	91.66
	本市户籍	11.95	26.70	3.55	8.34
教育水平（%）	初中及以下	31.50	0.00	48.03	41.78
	高中（包括中专）	30.52	0.00	51.97	34.72
	大专及以上	37.98	100.00	0.00	23.50
迁移经历（曾工作过的城市：个）		1.53	1.46	1.34	1.58
职业（%）	专业人士	9.01	4.82	12.13	9.83
	个体商户 / 自雇	25.34	35.23	17.62	15.32
	管理人员	4.12	2.83	5.32	3.72
	其他人员	61.53	57.12	65.03	71.13
个人收入（%）	无收入	1.00	1.05	1.32	0.30
	≤1000 元 / 月	13.63	7.01	22.52	7.71
	1001～3000 元 / 月	65.82	67.03	73.63	52.92
	3001～5000 元 / 月	13.23	18.81	2.02	23.74
	≥5001 元 / 月	6.32	6.10	0.51	15.3 3
住房状况（%）	自有住房	11.45	13.67	6.21	17.18
	非自有住房	88.55	86.33	93.79	82.82

第四节　分 析 结 果

调查结果显示，高达 58.80% 的新移民同意或非常同意“我愿意在这个城市长久定居”的说法，显示出强烈的定居意愿（表 5-2）。相对而言，选择“不同意”或“完全不同意”的新移民只占新移民总数的 18.72%，表示难以做出决定的新移民比例仅为 3.10%。就三类不同类型的新移民而言，高达 64.47% 的投资型新移民愿意在所在城市长久定居，智力型新移民次之（62.71%），劳力型新移民的定居意愿最弱（52.19%）。同样地，23.72% 的劳力型新移民不愿意在所在城市定居，高于投资型新移民（17.82%）和智力型新移民（12.71%）。

表 5-2 新移民对"我愿意在这个城市长久定居"说法的认同程度（单位：%）

分类	非常同意	同意	一般	不同意	完全不同意	说不清	合计
全体新移民	9.31	49.49	19.38	15.56	3.16	3.10	100
智力型新移民	10.98	51.73	22.85	9.86	2.85	1.73	100
劳力型新移民	8.33	43.86	20.00	20.08	3.64	4.09	100
投资型新移民	8.91	55.56	14.47	15.16	2.66	3.24	100

根据吉登斯的结构化理论，新移民从外出就业到定居城市是一个主体和结构二重化的过程（吉登斯，1998；文军，2001；李强和龙文进，2009）。在迁移者自身能动性与外部结构因素的共同作用下，新移民在定居城市、循环迁移或最终返乡三者之间做出选择，继而付诸行动。定居城市是新移民出于生存理性、经济理性和社会理性做出的迁移决策，隐含了选择主体对定居城市能力的评价（李志刚，2012）。因此，我们对新移民对其自身定居能力的主观评价进行了测度。数据显示，38.19% 的新移民认为自己有能力在所在城市定居，低于有意愿在所在城市定居的新移民的比例。其中，50.30% 的投资型新移民和 46.10% 的智力型新移民认为自己有能力在所在城市定居，这一比例远远高于劳力型新移民（23.74%）。然而，Spearman（斯皮尔曼）相关分析的结果显示，新移民的定居能力和定居意愿的相关性较弱，相关系数仅为 0.35。其原因可能是：一方面，大部分新移民渴望定居城市但是缺乏定居能力，匮乏的人力资本和社会资本使新移民无法在城市立足；另一方面，有部分新移民具备定居能力却又不愿意定居城市，反映了制度、社会和文化壁垒的制约。

第五节 新移民定居意愿的影响因素分析

为分析影响新移民定居意愿的因素，我们参照前人研究，将全体新移民划分为定居者和非定居者两个组别（任远和戴星冀，2003；李志刚和刘晔，2011；Fan, 2011）。具体而言，对于问卷中"我愿意在这个城市定居"的说法，选择"非常同意"和"同意"的受访者划归为定居者，选择"一般"、"不同意"

和“完全不同意”的受访者划归为非定居者，选择“说不清”的受访者被剔除出模型。我们将从人口学特征、社会经济特征、迁移经历、制度因素、社会网络、社会认同、生活满意度和地理因素八个方面比较定居者和非定居者的差别（表5-3）。

表5-3 定居者与非定居者特征分析

变量		定居者	非定居者
人口学特征			
性别（%）	男	47.2	53.7
	女	52.8	46.3
年龄（岁）		28.4	27.8
婚姻状况（%）	未婚/离异/丧偶	59.2	60.0
	已婚	40.8	40.0
社会经济特征			
教育水平（%）	初中及以下	28.6	34.6
	高中和中专	29.4	32.2
	大专及以上	42.0	33.3
职业（%）	专业人士	8.9	9.5
	个体商户/自雇	27.0	23.0
	管理人员	3.7	4.7
	其他人员	60.4	62.9
个人收入（%）	1000元/月以下	13.7	15.8
	1001～2000元/月	45.2	51.1
	2001～3000元/月	18.9	17.7
	3001元/月以上	22.1	15.4
住房产权（%）	居住在自有住房内	14.7	7.1
	居住在非自有住房内	85.3	92.9
迁移经历			
	在本市定居时间（年）	3.5	3.3

变量		定居者	非定居者
制度因素			
户籍（%）	本市户籍	15.5	6.8
	外地户籍	84.5	93.2
与本地人的公共福利差异（%）	基本一致	43.2	33.7
	有很大差异	56.8	66.3
社会网络			
居住在本市内的好朋友数量（个）		2.0	0.0
与本地人的交往状况（%）	至少有一个好朋友是本地人	11.4	7.0
	没有本地人朋友	88.6	93.0
社会认同			
对本地语言的熟悉程度（%）	能听又能说	75.6	61.3
	能听不能说	21.1	31.3
	不能听又不能说	3.2	7.4
与本地人生活方式的差异（%）	大致一致	14.8	5.7
	不一致	85.2	94.3
对自己身份的看法（%）	本地人	15.4	3.2
	非本地人	84.6	96.8
与本地人相比是否平等（%）	平等	47.3	28.0
	不平等	52.7	72.0
生活满意度（满分100）		57.9	51.8
地理因素（%）	东部城市（广州/东莞/杭州/沈阳）	57.1	42.9
	中西部城市（郑州/成都）	67.9	32.1

和非定居者相比，定居者以女性为主（52.8%），教育水平较高（大专及以上学历达到42.0%），收入水平较高（月收入在3001元以上者达22.1%），住房自有率较高（14.7%）。就制度因素而言，定居者在本市户籍拥有率（15.5%）及

本地公共福利享有率（43.2%）方面均高于非定居者。就社会网络而言，有意向定居的新移民在迁入地城市有更丰富的社会资本，不仅在本地拥有更多的好朋友（2.0 个），与本地人的交往也更为密切（11.4% 的定居者和本地人成为好朋友）。本章从语言、生活方式、身份认同和社会地位四方面探讨社会认同感对定居意愿的影响作用。定居者对本地语言的熟悉程度较高，75.6% 的定居者对本地语言“能听又能说”，高于非定居者（61.3%）。相对于非定居者（5.7%），定居者（14.8%）的生活方式和本地人更接近。身份认同方面，15.4% 的定居者认为自己是本地人，只有 3.2% 的非定居者认为自己是本地人。社会地位方面，47.3% 的定居者认为自己与本地人平等，远高于非定居者（28.0%）。由此可见，定居者在迁入地的社会融合状况明显优于非定居者。生活满意度方面，定居者（57.9）的评分高于非定居者（51.8）。地理因素方面，67.9% 的以中西部城市为迁入地的新移民希望能够长期定居，远高于东部城市的新移民（57.1%）。

我们进一步采用逻辑斯蒂回归模型探讨新移民定居意愿的影响机制，并依新移民的类型分别建立四个模型。选取受访者的定居意愿为因变量，如果受访者“愿意或非常愿意在所在的城市定居”则赋值为 1，否则赋值为 0。模型的自变量涵盖表 5-3 所示的八大类 18 个指标，回归分析的结果如表 5-4 所示。

在个人特征方面，年龄、性别、教育水平和个人收入对全体新移民的定居意愿有显著影响。“年龄”与定居意愿呈显著正相关，反映年龄越大，定居意愿越强。这可能是因为年龄较大的新移民外出时间更长，不仅适应了所在城市的生活环境，也积累了一定的资金和人脉。其中，投资型新移民的分析模型明显受到年龄因素影响。“性别”与定居意愿呈显著负相关，男性的定居意愿仅为女性的 77.6%。而这种变量关系同样存在于智力型新移民和投资型新移民的模型中。“教育水平”与定居意愿存在较弱的正相关，“大专及以上”样本的定居意愿是“初中及以下”样本的 1.219 倍。教育水平的影响作用在模型四中尤为明显，“大专及以上”和“高中和中专”样本的定居意愿分别为参照组的 2.257 倍和 1.525 倍。“个人收入”与定居意愿呈显著正相关。与参照组相比，当新移民个人收入达到 3001 元 / 月以上，其定居意愿达到 1.540 倍。当控制其他变量时，“婚姻状况”、“职业”和“住房产权”对全体新移民定居意愿的影响作用不显著，这可能是因为新移民已婚率、职业层次和住房自有率普遍较低。例外的是，劳力型新移民的定居意愿受到“职业”和“住房产权”的显著影响：个体商户 / 自雇的定居意愿是其他职业从事者的 1.451 倍，而房产拥有者的定居意愿是租房者的 2.219 倍。

在制度因素方面，“户籍”与全体新移民的定居意愿呈显著正相关，拥有本地户籍新移民的定居意愿是没有本地户籍新移民的 1.475 倍。同样地，智力型新

表 5-4　新移民定居意愿的逻辑斯蒂回归分析

因变量（愿意 =1，不愿意 =0）	模型一：全体新移民定居意愿模型			模型二：智力型新移民定居意愿模型			模型三：劳力型新移民定居意愿模型			模型四：投资型新移民定居意愿模型		
	B	SE	Exp	*B*	SE	Exp	*B*	SE	Exp	*B*	SE	Exp
年龄	0.015**	0.007	1.015	−0.025	0.025	0.976	0.008	0.010	1.008	0.031**	0.013	1.032
性别（参照组：女）	−0.254***	0.083	0.776	−0.444***	0.156	0.641	−0.045	0.127	0.956	−0.370**	0.175	0.691
婚姻状况（参照组：未婚 / 离异 / 丧偶）	−0.042	0.115	0.959	−0.019	0.238	0.981	0.039	0.176	1.040	−0.141	0.230	0.869
教育水平（参照组：初中及以下）												
高中和中专	0.067	0.105	1.070				−0.061	0.131	0.941	0.422**	0.192	1.525
大专及以上	0.198*	0.114	1.219				−0.392	0.424	0.676	0.814***	0.252	2.257
职业（参照组：其他人员）												
专业人士	0.060	0.141	1.061	−0.278	0.345	0.757	0.240	0.190	1.271	−0.066	0.280	0.936
个体商户 / 自雇	0.104	0.098	1.110	−0.129	0.159	0.879	0.372**	0.162	1.451	0.171	0.229	1.186
管理人员	−0.086	0.202	0.918	−0.320	0.435	0.726	0.084	0.274	1.088	0.022	0.430	1.022
个人收入（参照组：1000 元 / 月以下）												
1001～2000 元 / 月	0.078	0.122	1.081	0.371	0.282	1.449	0.015	0.157	1.015	−0.228	0.316	0.796
2001～3000 元 / 月	0.203	0.147	1.225	0.244	0.310	1.277	0.098	0.232	1.103	0.186	0.334	1.204
3001 元 / 月以上	0.432***	0.155	1.540	0.564*	0.327	1.758	−0.175	0.405	0.839	0.254	0.325	1.289
住房产权（参照组：居住在非自有住房内）	0.171	0.148	1.187	−0.368	0.247	0.692	0.797***	0.301	2.219	0.103	0.276	1.108
在本市定居时间	0.092**	0.038	1.097	0.112	0.074	1.118	0.101*	0.057	1.106	0.087	0.077	1.091
户籍（参照组：外地户籍）	0.389**	0.153	1.475	0.368*	0.193	1.445	0.303	0.430	1.355	1.094**	0.473	2.987
与本地人的公共福利差异（参照组：有很大差异）	−0.039	0.089	0.962	−0.286*	0.163	0.751	−0.027	0.134	0.973	0.237	0.197	1.267
居住在本市内的好朋友数量	0.115***	0.037	1.121	0.048	0.073	1.049	0.417**	0.246	1.518	0.281***	0.075	1.324

续表

因变量（愿意 =1，不愿意 =0）	模型一：全体新移民定居意愿模型			模型二：智力型新移民定居意愿模型			模型三：劳力型新移民定居意愿模型			模型四：投资型新移民定居意愿模型		
	B	SE	Exp	*B*	SE	Exp	*B*	SE	Exp	*B*	SE	Exp
与本地人的交往状况（参照组：没有本地人朋友）	0.327**	0.147	1.387	0.583**	0.274	1.791	0.077	0.057	1.081	−0.224	0.273	0.799
对本地语言的熟悉程度（参照组：不能听又不能说）												
能听不能说	0.364*	0.195	1.439	0.435	0.348	1.545	0.559*	0.328	1.749	0.273	0.372	1.314
能听又能说	0.751***	0.191	2.120	0.855**	0.346	2.351	0.850***	0.322	2.340	0.890**	0.363	2.434
与本地人生活方式的差异（参照组：不一致）	0.366**	0.153	1.441	−0.043	0.262	0.958	0.620**	0.244	1.859	0.517	0.329	1.677
对自己身份的看法（参照组：其他，包括不清楚）	0.953***	0.189	2.593	1.070***	0.270	2.915	1.063***	0.355	2.896	0.666	0.443	1.947
与本地人相比是否平等（参照组：不平等）	0.395***	0.088	1.485	0.495***	0.165	1.640	0.425***	0.136	1.529	0.139	0.179	1.149
生活满意度	0.082***	0.008	1.085	0.144***	0.018	1.155	0.057***	0.013	1.059	0.063***	0.016	1.065
地理因素（参照组：中西部城市）	−0.375***	0.095	0.687	−0.179	0.183	0.836	−0.337**	0.146	0.714	−0.508**	0.198	0.602
Constant	−4.167***	0.426	0.016	−5.540***	1.780	0.004	−3.425***	0.615	0.033	−4.005***	0.839	0.018
Model Chi-Suqare	478.651***			198.295***			160.302***			177.587***		
−2 log likelihood	3634.144			1067.564			1584.826			887.126		
Percentage Correct（%）	67.4			72.6			64.1			72.6		
样本量	3069			967			1266			836		
自由度	24			24			24			24		

注：*B* 为相关系数；SE 为标准差；Exp 为结果出现概率的变化倍数

*、**、*** 分别代表 $P<0.1$、$P<0.05$、$P<0.01$

移民和投资型新移民的定居意愿也受户籍因素的显著影响，但劳力型新移民不受户籍因素的影响。“与本地人的公共福利差异”对全体新移民、劳力型新移民和投资型新移民的定居意愿没有显著影响，仅与智力型新移民的定居意愿存在较弱的负相关。这说明智力型新移民考虑更多公共福利方面的因素。

在社会网络方面，“居住在本市内的好朋友数量”和“与本地人的交往状况”均能显著地提高新移民在本市的定居意愿。对于所有新移民而言，在本市内每增加一位好朋友，其定居意愿提高 12.1%。如果好朋友中有本地人，其定居意愿更会提高 38.7%。社会网络在其余三个模型中均发挥显著作用。其中，劳力型新移民和投资型新移民的定居意愿主要受“居住在本市内的好朋友数量”的影响，而智力型新移民则主要受“与本地人的交往状况”的影响。可见，前者在城市的社会关系偏重于基于血缘、亲缘和地缘的传统社会网络，与本地人之间仍存在社会隔阂（Zhu and Chen, 2010），后者则致力于与本地人交往，通过本地化社会网络的建立，实现在迁入地扎根。

在社会认同方面，四组变量均与全体新移民的定居意愿呈显著正相关，反映社会心理因素是新移民迁移决策所考虑的重要因素。模型一显示，新移民对本地语言越熟悉，其生活方式越接近于本地人，越具有本地人的身份认同及拥有本地人的社会地位，其在本市定居的意愿则越强烈。相对而言，社会认同因素在模型二和模型三中也十分显著，而在模型四中仅有“对本地语言的熟悉程度”一项与因变量有显著关系，反映投资型新移民的定居意愿较少受社会认同感的影响。

我们进一步探讨新移民的定居意愿是否存在地理因素的影响。结果显示，对全体新移民而言，东部城市样本的定居意愿仅为中西部城市的 68.7%。这可能是因为广州等东部城市的房价和生活成本都很高，获得当地户口的难度很大，与中西部城市相比具有更高的进入门槛。不少新移民到这些城市只是抱着一种打工的心态，有一定积蓄后便回到家乡或去其他生活成本更低的城市。相对于劳力型新移民和投资型新移民而言，智力型新移民的定居意愿较少受地理因素的影响。这可能是因为他们拥有相对较高的支付能力和人力资本，而且也更容易获得当地户口。此外，东部大城市在文化娱乐和时尚消费等方面领先于中西部城市（韦江绿和罗震东，2012），智力型新移民在这方面的需求更高，因此更偏好于在东部城市定居。

其他方面，“迁移经历”与因变量呈正相关，随着新移民在本市定居的时间增加，其定居意愿也不断提升。但是，这种变量关系仅存在于模型一和模型三中。在四个模型中，“生活满意度”与新移民定居意愿均呈显著正相关，即新移民对所在城市的生活满意度越高，其在迁入地定居的意愿越强烈。

综上所述，研究表明，女性、高学历、高收入、在本市居住时间较长、拥有本地户籍和当地社会资本、具有本地的身份和文化认同、生活满意度较高、以中西部城市为迁入地的新移民有更强烈的定居意愿。其中，个人收入、户籍、社会网络、社会认同和地理因素等自变量的标准化回归系数较高，反映了它们是影响新移民定居意愿的主要因素。三类新移民定居意愿的影响机制已出现分化。就智力型新移民而言，性别、与本地人的交往状况和社会认同等因素对定居意愿的影响最突出，而个人家庭特征、迁移经历、制度因素及地理因素等的作用相对较弱。这是因为智力型新移民具有较高的人力资本和文化适应能力，更容易获得本地户口及与本地人建立社会关系，对其个人发展的前景也较为乐观，因此在定居决策时更偏重于迁入地的人文环境和社会包容性，对当前的户籍状况和经济状况相对不太重视。就劳力型新移民而言，职业（尤其是“个体商户”）、住房产权、居住在本市内的好朋友数量、社会认同及地理因素等方面的作用最为突出。这反映了对于低学历的外来人口而言，可利用的资源和融入城市的途径十分有限。通过进城打工及亲友老乡的帮助积累原始资金和经验，然后创业当老板并最终在本市购房入户是他们实现在迁入地永久定居的唯一方法（吉登斯，1998；李志刚等，2011；Zhu and Chen, 2010）。就投资型新移民而言，对其定居意愿起决定性作用的是年龄、性别、教育水平、居住在本市内的好朋友数量、户籍、地理因素等，而受社会认同的影响相对较小，表明投资型新移民选择在迁入地城市定居，所考虑的并非文化心理方面的因素，而是其自身人力资本和社会资本的拥有量，以及户籍壁垒等制度性因素。

第六节 小　　结

实证表明，中国大城市新移民定居意愿及其影响因素存在下述特点：①新移民的定居意愿较高，超过一半的新移民希望在迁入地长期定居。就其内部而言，投资型新移民的定居意愿最强，智力型新移民次之，劳力型新移民的定居意愿最弱。②新移民的个人定居能力与定居意愿呈弱相关，反映了定居能力与定居意愿的不匹配：希望定居的新移民不一定具备定居能力，而具备定居能力的新移民却不一定愿意留在所在城市。③女性、高学历、高收入、在本市居住时间较长、拥有本地户籍和地方性社会资本、具有本地的身份和文化认同、生活满意度较高、以中西部城市为迁入地的新移民有更强烈的定居意愿。其中，个人收入、户籍、社会网络、社会认同和地理因素等是影响新移民定居意愿的决定性因素。④由于智力型新移民、劳力型新移民和投资型新移民遵循不同的路径融入迁入地社会，影响其定居意愿的因素也不尽相同。对智力型新移民而言，与本地人的交往状况和社会认同是影响其定居意愿的主要因素；对劳力型新移民而言，职业、住房产权、居住在本市内的好朋友数量、社会认同和地理因素的作用最为突出；对投资型新移民而言，制度因素的作用较强而文化心理因素的作用较弱，人力资本、社会网络、户籍和地理因素是影响其定居意愿的决定性因素。⑤实证表明，城市新移民作为一个多样化的群体，其定居意愿及影响机制正逐渐分化。

城市新移民日益差异化的定居意愿影响机制也说明了不同类型新移民通过不同的路径融入迁入地社会。对于智力型新移民和投资型新移民而言，他们可以依靠自身的人力资本、社会网络的再生产实现在迁入地的社会经济融合。而劳力型新移民则需通过提升职业声望和购买固定房产融入迁入地社会。此外，在中央和地方分权化的背景下，地方政府往往将积分入户制度作为争夺拥有经济资本和人力资本的智力型新移民和投资型新移民的常用手段，教育水平低及专业技能差的劳力型新移民则被排除在外。受到市场和制度双重排斥的劳力型新移民最有可能逐渐沦为迁入地底层。因此，在新移民定居城市问题的政策应对上，各级政府应逐步消除制度壁垒，帮助新移民重塑市民身份，促进新移民在迁入地城市实现政策融入和身份融入，以实现新型城镇化的顺利进行。同时，应针对不同类型新移民的实际需求，有针对性地制定社会与空间政策，为新移民提供更为多元化的城市融合路径。

第六章
北京、上海和广州城中村的社会融合

第一节 引 言

中国日渐成为“移民”国家。在过去的30年中，数百万农民工移居大城市，如北京、上海和广州。根据国家统计局所发布的《2017年农民工监测调查报告》，近年全国农民工规模持续增大，已由2011年的2.5亿人增加到2017年的2.8亿人。在全国人口普查中，在城市居住半年以上的农村外来人口按城镇常住人口进行登记。因此，2011年在中国历史上第一次出现城市人口数量超过农村人口数量。

然而，居住在大城市的农民工还是在不断地“流动”。例如，在2011年年初出版的部分书籍、杂志和报纸均登载了主题为“逃离北上广”的文章，强调大城市生活的缺点，如较高的生活成本、激烈的竞争等（Su and Min, 2010）。另外，迁入地城市居民和外来人口之间也存在双向接纳和融合的问题。外来人口会顺利融入迁入地社会吗？或者，他们会遭受到怎样的社会和空间隔离？本章将以北京、上海和广州三个吸引了数百万外来人口的中国大城市为案例，运用在2010年进行的大规模社会调查的60个城中村所收集的数据，尝试回答上述研究问题。本研究选择城中村作为抽样社区主要基于以下两个原因：第一，城中村是外来人口在城市最明显的聚集地。例如，广州三元里村，当地人口只有8985人，而外来人口则有4万人（Project-team, 2007）。城中村是研究外来人口日常生活的典型社会空间。第二，城中村是外来人口开始自己城市生活的“第一站”，即外来人口融入迁入地城市的起点。

本章首先梳理国际移民融合和同化理论，以及现有中国外来人口在迁入地城市社会融合的相关文献；其次，尝试发现中国城中村和外来人口社会融合的现状；再次，分析北京、上海和广州的城中村调查分析资料和实证研究结果；最后，讨论本次研究的影响，并进行总结。

第二节　外来人口社会融合理论

西方国家研究移民融入或同化的理论众多。“融合”和“同化”是学者用来强调“移民接收地”和“移民”关系的两个主要词汇。“融合”通常被认为与“同化”的意思一致，尽管后者主要是在美国的相关实证研究中广泛使用，而前者已成为加拿大和欧洲国家（如荷兰）相关研究的关键词之一（Portes and Zhou, 1993; Alba and Nee, 2003）。“同化”的概念与美国的“大熔炉”融合理论有关，源于20世纪20年代的芝加哥学派（Alba and Nee, 2003）。帕克和伯吉斯用它来形容“移民和当地居民通过分享自身的经验和文化历史，与所在城市相互适应，汇入一种共同的文化生活，是一个相互渗透和融合的过程”（Park et al.，1925）。“同化”是建立符合东道主国家社会价值观的过程（Gordon, 1964；Alba and Nee, 2003）。相比之下，“融合”指的是更具体的方面，如移民在多大程度上融入东道主国家的社会和经济领域，如劳动力市场、教育、社会和文化领域。此外，“融合”强调移民和当地居民之间的互动程度。因此，本章将“融合”作为核心概念界定中国城市外来人口和本地居民的互动关系。

已有研究认为，社会融合是一个多维度的理论建构。例如，Gordon（1964）提出“七维度”社会融合理论，他认为社会融合应包括文化、行为、结构、婚姻、身份、态度、公民同化。该理论认为社会融合是一个线性过程，移民在这个过程中获得“上向”的社会流动。在该理论模型中，社会融合的起点是文化融合，学习迁入地的语言、价值观和文化风俗；通过异族通婚降低移民的“外形识别度”进而完全融入当地社会。然而，这一理论因其“盎格鲁-撒克逊优秀论”的意识形态及其对社会融合的错误理解（社会融合是一个线性过程）备受批判。换言之，移民和当地居民之间的相互作用应为双向而非单向，并且这个过程会重塑两个群体。因此，移民人口特征和社会融合模式将是多样化的（Portes and Zhou, 1993；Alba and Nee, 2003）。

具体而言，社会融合的两个维度，即社会经济维度和空间维度是最为重要的。职业流动和经济地位的提升是移民经济融合的两个主要方面。迁入地工作机会的增加是体现移民在迁入地发生“上向”社会流动概率增加的关键指标，而融入主流社会的社会经济领域则是移民融入迁入地社会的主要动机。社会经济的“上向”流动性将创造有利于移民其他方面融合的社会条件，因为它会带来不同群体之间更进一步的接触。从本质上讲，社会融合是建立在移民具有与本地居民相同的权利去提升个人社会经济地位的前提之上，可以通过如教育、职业和收入等指标进行测定（Alba et al.，1997）。当移民在迁入地劳动力市场务工时，社会经济融合可能上升到移民的待遇平等问题，即移民应具有与本地居民平等的机会去追求享有较高社会地位的职业和接受高等教育。然而，社会经济融合会出现“区隔”同化现象（Portes and Zhou, 1993）：部分劳工移民，如墨西哥人，最终可能会成为社会阶层秩序中的下层人物，而人力资本丰富的移民，如亚洲人或俄罗斯的犹太人，可能会实现较快的“上向”社会流动。这表明，移民的社会经济融合状况视种族而定并存在一定的历史偶然性，各个移民群体可能会出现不同的社会融合结果。移民实现在迁入地的社会经济融合存在多种路径选择：适应处于主导地位的白人社会中产阶级价值观，沦为社会阶层中的底层人群，或是在提高社会经济融合的同时保持与自身种族社区及相应价值观的紧密联系。

此外，移民的社会融合也存在空间性。换言之，移民的社会融合包含一个重要维度：空间维度。解释移民社区形成的三大理论框架包括：空间同化模式、地方分层理论和选择理论（Logan, 2006；Brown and Chung 2008）。根据空间同化理论，居住隔离或集中与居民的社会经济地位密切相关。在迁移的早期阶段，移民因处在社会底层租金支付能力较低而聚集在迁入地的贫困社区内，同时在贫困社区内建立了基于亲属关系和相同迁出地的社会网络。当移民获得更多的经济资源后，他们通过搬离少数族裔聚居区，搬入当地居民数量较多的社区以获得更高质量的住房、社区环境和配套设施，这就是空间同化的过程（Massey and Denton, 1985）。但是，空间同化绝不是一个单向升级的过程，种族歧视可能通过住房市场、政府行为和社会价值等方面保持少数族裔隔离状态（Logan et al.，2002）。换言之，当地居民可能更愿意维持自己和移民之间的社会距离。因此，地方分层理论指出，处于有利位置的社会群体通过各种歧视性做法约束和限制移民的居住选择（Alba and Nee, 2003）。这意味着除了收入和其他社会人口特征，群体身份也会影响移民的融合过程。选择理论突出移民选择邻居时偏好选择来自同一种族的邻居：移民可能更愿意留在移民聚居的社区；当地居民可能更倾向于远离移民。因此，居住隔离延续下来（Schelling, 1971；Clark, 1991）。该框架进一步凸显种族偏好的影响。例如，Logan 等（2002）发现，住在纽约和洛杉矶富人社区的非洲和拉丁美洲裔移民往往不需要经过文化同化的过程，如学习语言技能。他们认为，这些富人社区是由移民个人偏好和居住选择带动形成的种族聚居社区，而不是受经济和文化等因素制约形成的移民“飞地”。在这个意义上说，种族内部的吸引力会产生隔离或聚居，甚至在移民已经在迁入地社会实现社会经济融合和空间融合后该情况仍会发生。

因此，移民“飞地”的功能存在争议（Kempen and Ozuekren, 1998）。一方面，移民“飞地”是社会隔离较严重的地方，可能会使移民陷入穷困的经济状况；另一方面，少数族裔聚居区也具有优势，如丰富的社会资本、非正式就业机会和较高的生产效率。更确切地说，移民“飞地”代表了少数族裔的喜好、共同的利益、社会网络和文化宗教的需求，成为移民融入主流社会的基础。因此，移民“飞地”是自愿隔离的一种形式，而不是迁入地社会种族歧视的产物。此外，也有学者认为社区在人们日常生活中的作用正在递减，当代社会关系的空间尺度不断扩大（Bolt, 2002）。人们现在可以在不同的社会网络中发挥自己的作用，物理距离和空间障碍不再限制人们的社会互动。社会关系和经济机会不再附着或局限于社区内。因此，移民“飞地”对移民在迁入地的社会经济融合影响减弱。

总之，移民的融合不仅取决于迁入地的社会经济状况、文化氛围和空间环境，移民的主观选择也影响了移民的社会融合状况。此外，移民“飞地”的人口构成、空间性和功能多种多样。因此，要了解移民的社会融合，学界应该更多地关注迁入地当地的情况。不过，上述有关移民社会融合的研究主要集中在发达国家大城市，而有关发展中国家的研究较少，有关转型经济体的移民社会融合情况的研究则更少。此外，西方国家的大部分研究侧重于国际移民，不太关注国内人口的迁移流动。因此，探讨在其他社会经济背景下移民的社会融合，如中国大城市外来人口的社会融合就具有特殊的意义。

第三节 理解中国城市非正规居住社区和外来人口社会融合

过去30多年间，中国城市研究学者对非正规居住社区（如城中村）和外来人口两者的关系进行了深入的探讨。例如，如Xiang（1999）、Gu和Kesteloot（2002）调查了北京的“浙江村”，研究了社区内的居民、社会网络和社区内部经济。这种外来人口集聚的特殊空间表明：在改革开放后，成千上万的农村人口纷纷涌入东部城市的工厂、商店、公司、餐馆、酒店等场所打工，特别是在沿海的一些大城市，如上海、广州和深圳集聚了大量来自农村的外来人口（Fan, 2008）。这些外来人口凭借住房、就业和教育等方面的“自我组织生存策略”在迁入地社会立足（Lin et al.，2011），而修建在集体所有土地之上的城中村成为外来人口集中居住的经济实惠的住房（Zhang, 2011）。Tian（2008）对广州的案例研究发现：城中村保留集体土地所有权为外来人口提供了租金低廉的住房，但在维持城中村集体土地所有权的同时也产生了高昂的社会和经济成本。就此而言，城中村对迁入地既有正面又有负面的影响（Liu et al.，2010；Song and Zenou, 2012）。

在相当长的一段时间内，城中村是城市政府管理中较少顾及的外来人口集聚的"飞地"（Zhang, 2011）。为了节省经济和生活成本，大部分外来人口宁愿租住在其经济能力能够负担但空间狭小的住房内。在北京外来人口聚居区进行的一项社会调查显示，虽然外来人口愿意在每单位居住空间上支付与本地居民相同或更高的租金，但实际上他们的住房通常比当地居民的住房更小（Zheng et al.，2009），因为外来人口更倾向于将工资节省下来。换言之，外来人口认为城市是一个工作的地方，而不是一个适宜居住的地方。此外，城中村村民为了最大限度地扩大出租空间的面积，一方面增加违章建筑；另一方面有可能通过分割住房以提高出租房的密度。在很多城中村，住房出租已成为城中村村民收入的主要来源。

外来人口的社会融合一直受到中国城市研究学者的关注。由于受户籍制度的限制，农村人口流入沿海大城市后在很长一段时间内未享有与市民同等的基本社会保障，如子女的义务教育、非正规就业者的社会保障等。姜作培（2002）率先提出市民化的概念，他指出"所谓农民市民化，指的是在我国现代化建设过程中，借助于工业化的推动，让世世代代生活在农村的广大农民，离开土地和农业生产活动，进入城市从事非农产业，其身份、地位、价值观念及工作方式和生活方式向城市市民转化的经济社会过程"，并认为要从战略高度认识农民市民化，以帮助农村外来人口融入城市社会。王桂新等（2008）认为，社会融合意味着外来人口获得与城市居民相同的身份和权利。Ren 和 Qiao（2010）把社会融合看作是不同的人相互交流的过程。Ma 和 Tong（2008）认为社会融合是将外来人口转变为城市居民的过程，即将他们的住房、工作和价值观念等方面转变为与城市居民状况相一致的过程。他们认为外来人口的社会融合有三个阶段：在第一阶段，外来人口和城市居民相比，两者在诸如社会福利、就业、娱乐、消费、住房和心理状态等方面的情况具有明显差异，外来人口和城市居民聚居的社区是一个"二元"社区。然后，外来人口和城市居民之间的互动使得两者之间的交流和相互理解日渐加深，社区的发展将进入第二阶段，两个群体之间的互动日益频繁。在第三阶段，外来人口将获得正式的城市户口和市民权利，真正实现社区融合。

有多个变量可能对外来人口在中国城市的社会融合产生影响。例如，Zhu（2002）特别关注社会融合的经济、社会和心理层面，认为社会融合是一个从融合程度低到融合程度高的循序渐进的过程。张文宏和雷开春（2008）对上海的案例研究发现，外来人口对自己身份的看法仍然是“农村人”，几乎没有人把自己看作“上海人”，可能是由于外来人口居住的流动性高，只有少数愿意定居在上海。Fan 等（2011）探讨了北京外来人口中采取“分离家庭”策略的人口，他们在比较单身移民、移民夫妇和家庭迁移三种迁移策略后发现：外来人口选择将孩子留在家乡或把孩子带在身边一起外出打工——两种不同的家庭组织方式，是取决于孩子的年龄及外来人口的父母是否有能力帮忙照看孩子。他们强调将来自农村的外来人口的循环迁移纳入国内人口迁移研究范畴的重要意义，并认为外来人口在城市的家庭成员数量对其社会融合水平没有影响。Zhang 和 Wang（2010）认为给予外来人口城市户籍应主要根据其对城市的贡献，而不是他们在迁入地城市居住生活的时间。地方政府以市民权利作为吸引拥有丰富人力资本和金融资本的外来人口定居的重要工具和手段，从而提高地方经济竞争力。

然而，这些研究大多集中在外来人口融合的社会层面，而很少注意空间的影响。特别是，很少研究会探讨在某一类型社区中社会融合的情况，如城中村。然而，目前学界对于微观尺度下的社会融合过程研究还有待深入，若仔细研究这些社会空间内外来人口社会融合的过程，可能会揭示出耐人寻味的社会融合机制。例如，基于广州城中村的实地调查，Liu 等（2012）研究了广州外来人口社会网络的社会空间模式，并发现新一代外来人口在寻求帮助时更倾向借助跨越社会阶层、非“血缘”和非“地缘”的社会网络。他们认为，新一代外来人口建立的“业缘”关系和朋友关系超越了外来人口聚居区（外来人口“飞地”）的地理边界。从本质上说，迄今有关外来人口社会融合和城中村的研究在很大程度上是相互独立的。近年来，空间维度逐渐受到少数研究外来人口在城市社会融合状况学者的关注。而有关城中村的研究主要关注居民的人口特征、土地使用、产权和社会网络等方面，而外来人口在他们聚集的“飞地”的社会融合状况则鲜为人知。总之，作为中国“城乡二元”性的特定社会空间产物，城中村为剖析外来人口和当地居民之间的动态关系，破解外来人口在迁入地城市的社会融合机制，深化我们对中国城镇化进程的认识提供了一个独特的机会。

首先，作为中国城市内部的“非正式”居住社区，城中村在某种程度上类似欧美国家的种族社区，为外来人口融入城市社会铺平了道路。例如，数千名湖北籍人口聚居在广州海珠区的“大塘村”。他们从事服装生产制造，享受便捷的“种族飞地”式经济，如主营湖北菜的餐厅，由湖北籍司机提供的物流服务，为湖北籍人口提供服务的中介公司，等等。就这方面而言，城中村不仅可以为外来人口提供其经济能力能够负担的住房，而且提供了促进外来人口城镇化的便捷途径。最先到达迁入地城市的外来人口使后来者更容易找到适宜的社会生存环境。外来人口凭其“血缘”和“地缘”社会网络可以在抵达迁入地后不久即可找到容身之所。此外，外来人口聚居区也为当地村民创造了重要的发展机遇。外来人口在城中村聚居给当地村民带来了大量租金收入。例如，广州三元里村每年的租金已经达到约 100 亿元（Project-team, 2007）。外来人口在城中村的聚居不仅有利于其自身在迁入地的社会融合，也增加了当地村民的经济收入。

其次，城中村实际上是一个“二元”社区，因其主要居民（外来人口和当地村民）是隔离的。特别是，当地村民的身份建立在其村民委员会基础上，村集体为其成员提供集体经济分红和社会福利。城中村村民往往也同时持有城镇户口，他们可以同时享受城市市民的福利，如养老金和医疗保险等。城中村村民享受了城市政府和农村集体为他们提供的福利。相比之下，外来人口在很大程度上已被这两个机构忽略，他们无法享受当地任何一项社会福利。此外，虽然聚居在城中村的外来人口比本地村民的数量更多，但是城中村的所有管理人员都是本地村民；没有外来人口能在城中村村民委员会任职。在这一点上，外来人口和地方政权之间的关系较弱，这可能会影响他们融入城中村。此外，城中村村民和外来人口有不同的人口特征。许多选择“留守”村内的村民大多数是老年人，而外来人口则是未成年人或是适龄劳动力人口。探讨外来人口中的年轻一辈，即“80 后”和“90 后”的外来人口（新一代外来人口）与本地村民之间的差异，结果显示两者之间的差异更加显著。在许多情况下，城中村的村民和新一代外来人口甚至居住在不同的城市社区内。新一代外来人口聚集在出租屋内，好几户人租住一个房子，而村民家庭可能居住在出租屋的顶楼，享受宽敞的生活空间，甚至全家搬出城中村。这两个群体会享用不同的设施，城中村村民可能拥有汽车、装备精良的私人厨房和浴室等，而外来人口的生活条件只是刚刚满足其生存需求。外来人口会融入城中村吗？外来人口和当地村民之间的关系如何？哪些因素将影响外来人口的社会融合？本章将对上述问题进行逐一解答。

根据已有文献，外来人口在社区内的社会融合状况可能与他们的人口特征相关，如籍贯、年龄、教育水平等，同时也可能受到外来人口自身社会经济地位的影响，如收入、就业状况或职业部门。例如，不同年龄层的外来人口可能会在社区内出现不同的社会融合状况。突破现有的研究，本研究认为外来人口的社会融合在很大程度上取决于迁入地当地的社会环境和条件。换言之，为了理解外来人口社会融合机制，我们需要同时考察当地的社会环境、外来人口和社区。例如，在中国社会经济背景下，有两个因素可能是决定社会融合的关键因素，即户口和财产权利（拥有或租用房屋，有无签订正式住房合同）。此外，不同的城市对外来人口迁移的控制强度不同也将影响社会融合的结果。从这个意义上讲，不同的城市或城中村，其外来人口的社会融合程度和机制都会有所不同。为了检验这些假设，我们需要深入的实证研究，下面将北京、上海和广州作为案例研究，测度外来人口在城中村的社会融合状况。

第四节　北京、上海和广州的案例研究

本研究选择北京、上海和广州作为案例研究，主要原因在于以下几个方面：第一，这三个城市是外来人口的主要目的地。根据 2010 年第六次全国人口普查数据，北京、上海和广州的外来人口数量分别达到 704 万人、897 万人和 476 万人。此外，学界对这三个城市的外来人口已进行了广泛研究，包括外来人口聚居区，如“浙江村”（Ma and Xiang, 1998）。第二，三个城市的城中村大部分已被重建为高密度住宅，而相互之间还存在明显差异。在广州，城中村内的高层“握手楼”建筑物都超过五层。在上海，很多家庭仍住在“群租”的出租屋内。在北京，地下空间被作为私人住房出租给外来人口。第三，这三个城市的社会经济发展模式存在较大差异。例如，广州通过著名的以市场为导向的模式快速发展成为华南地区社会经济中心（Xu and Yeh, 2003）。上海仍然受到“遗留”的中央计划经济特色影响，对外来人口的管理更加规范严格。在经济发展模式方面，北京则兼有广州和上海两者的特色。结果是，广州的城中村代表了高度发达的农村集体经济，而上海的城中村经济发展薄弱，没有能力给村民提供任何集体经济分红。这些案例研究可为研究中国城中村提供深入的学术认识和理解。

中山大学所组织的城中村调查于2010年同时在北京、上海和广州三地开展。本次调查通过面对面的访谈形式完成结构式问卷，其中问卷内容包括：社会人口属性、收入和支出、住房特点、就业状况和社区功能等。抽样方法具体是将该城市全部城中村列表作为抽样框，每个城市随机选择 20 个村；接着以随机地址为起点，用固定的地址间隔随机地从每个村中选择 20 户。因为外来人口没有固定的名单，因此这个以地址为基础的随机抽样方法已经被广泛应用于中国的家庭调查。本次调查共收集 1208 份有效问卷。本次调查的优势在于规模大、代表性强，涉及多个城市和多个城中村。而城中村列表在此次调查中则至关重要。

北京和广州两地的地方政府计划将重建城中村作为城市发展的重点，有关城中村的普查工作已相应完成。通过联系北京和广州的地方政府，我们获取了城中村的“官方”名单。而上海的调查则是在当地城市规划局对城中村进行初步普查的过程中开展的，城中村的名单是将上海各辖区的城中村名单进行合并后得到的。

城中村是从列表中随机选取的，所以它们的分布反映了各个城市城中村的一般特点（图 4-1～图 4-3），大多位于城市郊区。在北京，四环以内的城中村将很快被拆除，大多数城中村（80% 以上）都位于四环线和六环线之间。在上海，城中村的数量较少，主要集中在少数几个地区，如普陀、徐汇、闵行、闸北和浦东。相比上海，广州的城中村更广泛地分布在城市中心地区。

第五节 测度外来人口社会融合

社会融合指数（简称指数）的计算公式为：社会融合指数 $=\sum S_i/60\times 100$，其中 S 为问卷指标得分。如表 6-1 所示，总体样本的指数平均值约 61.54；本地居民的指数平均值为 69.80，而外来人口的指数平均值为 59.41。首先，三个城市中，本地居民融入本地社会的程度比外来人口更深。例如，在上海本地居民的指数平均值为 67.07，而外来人口的指数平均值仅仅为 62.61。其次，根据实地调查观察，外来人口在上海的生活条件远比北京和广州恶劣。广州指数的预期值可能会比上海高。但是，对比实证结果发现：上海的指数平均值（62.61）比广州的指数平均值（57.79）要高，而北京的指数平均值最低（52.26）。“外来人口生活条件影响其社会融合程度”的假设可能因此被拒绝，因为外来人口生活条件的改善对其在迁入地社会融合的促进作用不明显。这一问题会在第六节的回归模型中进行更深入的探讨。最后，进一步比较新一代外来人口和老一代外来人口的指标。所有老一代外来人口的指数平均值比新一代外来人口的指数平均值高。部分文献认为，相比老一代外来人口，新一代外来人口更适应城镇化，更倾向于留在城市，更容易融入城市社会（Zhang and Lei, 2008）。然而，这并不意味着新一代外来人口的社会融合水平比老一代外来人口高。具体而言，在北京和上海，老一代外来人口的指数平均值相比新一代外来人口的指数平均值高。然而，广州的老一代外来人口的指数平均值仅仅是 50.19，而新一代外来人口的指数平均值则高达 57.31，这正说明了外来人口在社区内的社会融合水平更高。这三个城市之间的差异表明，外来人口有可能通过不同的机制分别融入这三个城市中。

表 6-1 总体样本的社会融合程度

项目	北京		上海		广州		总体	
	均值	标准差	均值	标准差	均值	标准差	均值	标准差
所有样本	60.44	0.75	63.22	0.50	61.01	0.67	61.54	0.37
本地居民	72.04	1.45	67.07	1.53	69.57	1.17	69.80	0.79
外来人口	52.26	0.76	62.61	0.52	57.79	0.73	59.41	0.39
老一代	57.61	1.09	63.40	0.59	50.19	1.02	60.30	0.51
新一代	56.84	1.08	61.04	1.04	57.31	1.04	58.17	0.62

注：社会融合指数分值为 0～100，分值越高，社会融合程度越高

第六节 影响外来人口社会融合的因素

本研究共选取了 18 个变量，探讨其对外来人口的社会融合影响。首先，是人口特征变量，如年龄、性别、婚姻状况和子女状况。例如，假设外来人口在城市建立家庭将有助于其融入迁入地社会。其次，为了研究制度因素对社会融合的影响，本研究还测度了户籍状况对外来人口社会融合的影响。例如，拥有城市户口可大大提高外来人口社会融合的程度。再次，本研究考察了部分社会经济变量对社会融合的影响，如教育水平、职业状况、就业状况、工作合同、工作稳定性、社会福利（社会福利指数）和月人均收入。因为外来人口社会经济地位的提升可能会对其社会融合程度有显著影响。最后，居住时间也是影响社会融合的重要因素，而它往往会促进外来人口的社会融合。此外，本研究还测度了部分有关住房的变量，如产权、自用空间、住房修建时间、设施条件（设施指数）和租金水平，因为一般研究认为拥有住房产权或改善住房条件可以提高外来人口的社会融合水平。

表 6-2 显示了测量影响外来人口（总体样本）社会融合因素的线性回归结果。首先，为了减少数据共线性的影响，本研究采取了 SPSS 中“向前”（forward）的回归方法。重要的是，对全体外来人口而言，只有少数变量影响社区层次的社会融合程度，如婚姻状况（已婚），就业状况（在职人员），收入（4000～5999 元、6000～7999 元），居住时间（0～3 年），住房修建时间

（1950～1979 年建设），租金水平。部分研究结果证实了已有文献中的论断。例如，在迁入地的家庭扩张将明显推动外来人口的社会融合，已婚外来人口的社会融合水平可能会比未婚外来人口高。其次，成功的"上向"社会流动也将有助于社区层次社会融合的进行，如成为企业员工或白领、收入增加，以及租金水平提高。最后，长期居住在迁入地城市也将有助于社会融合。总之，实证研究结果确认了外来人口社会经济地位的成功提升将明显促进其在迁入地社会的融合。

表 6-2　"北上广"社会融合影响因素线性回归分析

变量	总体		老一代		新一代	
	B	*t*	*B*	*t*	*B*	*t*
（常数）	57.43	51.88	58.59	63.52***	58.37	58.72***
年龄						
女性（虚拟变量）						
已婚（虚拟变量）	2.69	2.68**				
养育小孩（虚拟变量）					5.05	3.54***
户籍状况（参照组：外地农村户口）						
本地城市户口						
本地农村户口						
外地城市户口						
教育水平（参照组：本科及以上）						
小学及以下						
中学						
就业状况（参照组：其他）						
国有企业						
集体企业						
私营企业						
退休						
职业状况（参照组：其他）						
管理层						
技术人员						
行政人员	4.47	2.96**	5.42	2.74**		
产业工人						
服务业从业人员						
农民					−12.17	−2.15*
工作状况						
工作合同（虚拟变量）			3.18	2.99**	−2.75	−2.17*
工作稳定性（虚拟变量）						

续表

变量	总体		老一代		新一代	
	B	t	B	t	B	t
社会福利指数						
人均月收入（参照组：8000 元及以上）						
0～1999 元						
2000～3999 元						
4000～5999 元	−3.11	−2.75**	−3.27	−2.21*		
6000～7999 元	−5.77	−2.39*	−6.32	−2.12*		
居住时间（参照组：30 年以上）						
0～3 年	−2.69	−3.31**	−2.55	−2.52*		
4～10 年						
11～30 年						
住房状况						
住房所有权（虚拟变量）						
住房自用空间						
住房修建时间（2000 年后）						
1949 年前						
1950～1979 年	3.71	3.19**	3.91	2.81**		
1980～1999 年						
租金水平	0.00	2.92**	0.00	2.87**		
设施指数						
R^2	0.81		0.11		0.06	

注：回归的因变量为社会融合指数。B 为相关系数，t 为显著度检验值，下同

* 显著性水平为 5%；** 显著性水平为 1%；*** 显著性水平为 0.1%，下同

原有假设认为户籍状况、社会福利指数、产权（住房所有权）和设施条件（设施指数）变量影响外来人口的社会融合程度，而这些影响在本研究的实证结果中并不显著。首先，这表明制度因素，即户籍状况及捆绑在其中的迁入地社会福利体系，对外来人口的社会融合状况影响减少。市场经济改革和户籍制度改革削弱了户籍身份和社会福利之间的关系，户籍制度强加到在城市谋生的外来人口身上的体制性障碍已被消除。相反，市场因素，如人均月收入、消费和就业状况，日渐取代制度安排成为影响外来人口社会融合的关键因素。其次，产权和设施条件对社会融合状况没有显著影响。因此，改革开放后外来人口在中国城市的社会融合实质上是一个“流动”的过程，也是一个社会的进程，这个过程可能无法附着到任何特定的空间里。

此外，老一代外来人口和新一代外来人口社会融合的决定因素并不相同（表 6-2）。影响老一代外来人口社会融入的因素包括就业状况（在职人员）、工作合同、人均月收入（4000～5999 元、6000～7999 元两个区间）、居住时间（0～3 年）、住房修建时间（1950～1979 年修建的住房）、租金水平。相比之下，决定新一代外来人口的社会融合程度只有三个变量：人口特征（有一个或多个子女）、职业状况（农民）和工作合同。在迁移的早期阶段，只有少数的社会经济变量，如就业状况可能影响外来人口的社会融合。随着外来人口在迁入地居住时间的增加，新的因素开始影响其社会融合状况，如收入、住房状况和租金水平。

需要注意的是，部分原有假设中认为影响外来人口社会融合状况的因素在实证结果中并不显著，说明过去强加到外来人口身上的制度障碍正在消除。户籍状况对外来人口在社区层次的社会融合状况没有显著影响，说明户籍身份已不再是影响外来人口社会融合的显著因素。同理，社会福利和“设施指数”对外来人口社会融合状况的影响也不显著，这表明生活条件的改善不会直接促进外来人口的社会融合。

第七节　北京、上海和广州的差异

实证研究表明，三个城市皆出现了制度因素（如户籍状况）对社会融合的重要性日渐减弱的趋势，而市场因素（如人均月收入、就业状况和住房状况）的重要性则不断增加。然而，三个城市的外来人口社会融合机制出现了明显的差异（表 6-3～表 6-5）。上海的发展模式更多的是国家主导，广州则主要是市场导向，而北京则兼有两者特色。不同的城市发展模式对当地外来人口的社会融合机制具有显著影响。影响外来人口在上海的社会融合状况的决定因素相比北京和广州更加多样化（表 6-4）。人口特征、户籍状况、就业状况和居住时间是影响外来人口在上海的社会融合的重要因素。例如，拥有城市户口的外来人口比拥有农村户口的外来人口的社会融合程度更高；企业职员比其他行业的外来人口更容易融入迁入地社会。制度因素和市场因素都是影响外来人口社会融合的因素。

表 6-3　北京外来人口社会融合影响因素线性回归分析

变量	总体		老一代		新一代	
	B	t	B	t	B	t
（常数）	53.20	39.36***	53.86	36.08***	54.08	40.15***
年龄						
女性（虚拟变量）						
已婚（虚拟变量）						
养育小孩（虚拟变量）	3.40	2.12*			7.99	3.27**
户籍状况（参照组：外地农村户口）						
本地城市户口						
本地农村户口						
外地城市户口						
教育水平（参照组：本科及以上）						
小学及以下						
中学						
就业状况（参照组：其他）						
国有企业						
集体企业						
私营企业						
退休						
职业状况（参照组：其他）						
管理层						
技术人员						
行政人员						
产业工人						
服务业从业人员						
农民						
工作状况						
工作合同（虚拟变量）						
工作稳定性（虚拟变量）						
社会福利指数						
人均月收入（参照组：8000 元及以上）						
0～1999 元					5.71	2.15*
2000～3999 元						
4000～5999 元						
6000～7999 元						
居住时间（参照组：30 年以上）						
0～3 年						
4～10 年						

续表

变量	总体		老一代		新一代	
	B	t	B	t	B	t
11～30 年						
住房状况						
住房所有权（虚拟变量）	29.53	2.48*	27.55	2.28*		
住房自用空间	0.19	3.26**	0.23	3.05**		
住房修建时间（2000 年后）						
1949 年前						
1950～1979 年						
1980～1999 年						
租金水平						
设施指数						
R^2	0.08		0.12		0.12	

注：回归的因变量为社会融合指数；没有数据说明的变量表明其被排除到线性回归分析模型外，下同

表 6-4　上海外来人口社会融合影响因素线性回归分析

变量	总体		老一代		新一代	
	B	t	B	t	B	t
（常数）	58.00	25.00***	63.50	86.82***	38.78	4.50***
年龄	0.17	3.12**			1.19	3.63***
女性（虚拟变量）	−3.72	−2.27*				
已婚（虚拟变量）						
养育小孩（虚拟变量）						
户籍状况（参照组：外地农村户口）						
本地城市户口						
本地农村户口						
外地城市户口	5.32	3.63***			5.39	2.05*
教育水平（参照组：本科及以上）						
小学及以下						
中学						
就业状况（参照组：其他）						
国有企业						
集体企业						
私营企业	−2.73	−2.48*				
退休						

续表

变量	总体		老一代		新一代	
	B	*t*	*B*	*t*	*B*	*t*
职业状况（参照组：其他）						
管理层						
技术人员						
行政人员	4.93	2.83**	8.79	4.65***		
产业工人						
服务业从业人员						
农民						
工作状况						
工作合同（虚拟变量）					−5.31	−2.50*
工作稳定性（虚拟变量）						
社会福利指数						
人均月收入（参照组：8000 元及以上）						
0～1999 元						
2000～3999 元						
4000～5999 元						
6000～7999 元						
居住时间（参照组：30 年以上）						
0～3 年	−2.87	−2.68**	−3.06	−2.47*		
4～10 年						
11～30 年						
住房状况						
住房所有权（虚拟变量）						
住房自用空间					−0.56	−2.23*
住房修建时间（2000 年后）						
1949 年前						
1950～1979 年						
1980～1999 年						
租金水平						
设施指数						
R^2	0.15		0.11		0.27	

表 6-5 广州外来人口社会融合影响因素线性回归分析

变量	总体		老一代		新一代	
	B	*t*	*B*	*t*	*B*	*t*
（常数）	50.42	25.71***	54.12	33.02***	47.13	15.63***

续表

变量	总体		老一代		新一代	
	B	*t*	*B*	*t*	*B*	*t*
年龄						
女性（虚拟变量）						
已婚（虚拟变量）						
养育小孩（虚拟变量）						
户籍状况（参照组：外地农村户口）						
本地城市户口						
本地农村户口						
外地城市户口						
教育水平（参照组：本科及以上）						
小学及以下						
中学						
就业状况（参照组：其他）						
国有企业						
集体企业						
私营企业						
退休						
职业（参照组：其他）						
管理层						
技术人员						
行政人员						
产业工人						
服务业从业人员						
农民						
工作状况						
工作合同（虚拟变量）			5.96	2.71**	−6.18	−2.81**
工作稳定性（虚拟变量）						
社会福利指数						
人均月收入（参照组：8000 元及以上）						
0～1999 元						
2000～3999 元						
4000～5999 元	−5.23	−2.74**	−8.57	−3.37**		
6000～7999 元	−13.50	−3.43**	−11.07	−2.45*	−16.26	−2.13*
居住时间（参照组：30 年以上）						
0～3 年						
4～10 年						
11～30 年	4.18	2.09*	5.03	2.24*		

续表

变量	总体		老一代		新一代	
	B	*t*	*B*	*t*	*B*	*t*
住房状况						
住房所有权（虚拟变量）						
住房自用空间						
住房修建时间（2000年后）						
1949年前						
1950～1979年						
1980～1999年						
租金水平	0.00	2.88**				
设施指数	1.50	3.31**			3.06	4.23***
R^2	0.13		0.16		0.20	

对外来人口在北京和广州的社会融合状况有显著影响的变量较少（表6-3和表6-5）。首先，相对于上海，住房状况和人均月收入是影响外来人口在北京和广州社会融合状况的最重要因素。其次，北京与另外两个城市之间的差异表明，外来人口社会融合状况与住房变量相关，如住房所有权、住房自用空间等。具体而言，拥有住房所有权将大大提高外来人口在北京的社会融合。对于新一代外来人口而言，家庭的扩张和收入的增加也很重要，而老一代外来人口的社会融合主要取决于他们的住房状况。再次，广州外来人口的社会融合过程受到市场化的影响更深，收入是影响社会融合程度的决定性因素之一。较高的收入将大大加深老一代外来人口和新一代外来人口的融合程度。此外，租金上涨，即租金水平的提高也将有助于社会融合。最后，生活条件的改善（设施指数）对于促进新一代外来人口的社会融合有明显作用。

第八节 小　　结

外来人口在迁入地社会融合的问题得到越来越广泛的关注。本研究探讨了北京、上海和广州三大城市的外来人口在城中村内的社会融合状况。结果发现，总体样本的社会融合指数平均值为61.54（分值为0～100），这表明外来人口在城中村内的社会融合程度并不低。实证研究肯定了城中村为外来人口提供了让其更好地融入城市的机会。此外，制度性因素（如户籍状况）的影响并不显著，而市场因素（如收入和租金水平）的影响都在加深，这表明市场因素日益取代制度因素成为影响外来人口在城市融合状况的决定因素。制度障碍的消退可能为未来外来人口融入城市铺平道路。

然而，社会融合进程将是一个渐进的、艰难的过程，而且这个过程必须置于城市社会经济发展的背景中进行考虑。例如，外来人口在迁入地的居住时间对其社会融合的影响在三个城市之间有明显差异。相比广州，在北京和上海的老一代外来人口比新一代外来人口的社会融合程度更深。此外，老一代外来人口和新一代外来人口的社会融合机制也有较大差别。老一代外来人口的社会融合程度受到很多因素的影响，如收入和租金水平。然而，只有少数的社会经济变量，如就业状况会影响新一代外来人口的社会融合。这可能表明，老一代外来人口的社会融合途径是多种多样的，而新一代外来人口的社会融合途径是有限的。从这个意义上讲，外来人口融入迁入地社会的可能性正在下降。

此外，本研究的案例分析表明，决定外来人口的社会融合因素大部分是社会经济变量，即社会因素，而不是空间因素。这表明，外来人口在城中村的社会融合缺乏空间影响。近年来的城中村改造使这一问题变得更为严重。例如，Li 和 Li（2011）研究了深圳两个城中村改造案例中的“权力关系”，由此证实了正式的城市联盟在地方发展中起到的决定性作用。Lin 和 Meulder（2012）研究了城中村改造过程中各个利益主体的角色及其相互之间的合作关系，研究发现外来人口在此过程中几乎没有任何作用或影响。结果是当地政府采取的城中村拆迁和重建措施将对外来人口和城市劳动密集型经济部门带来毁灭性的影响（Hao et al., 2011）。

本研究证实了外来人口的社会融合在很大程度上是一个本地化的过程。三个案例城市外来人口的社会融合状况和机制存在巨大差异。具体而言，决定上海外来人口社会融合的因素包括制度因素和市场因素两方面，而北京主要是住房状况，广州主要是人均月收入。显然，外来人口的社会融合有不同的机制。此外，户籍状况是影响外来人口融入上海的重要因素。普遍认为，地方政府给予外来人口合法的地方身份有助于其在本地的社会融合，然而许多地方政府在制定相关措施以促进外来人口融入城市时，往往对这项策略“视而不见”。本研究表明，社会融合政策应该关注不同城市社会经济背景的差异与变化，从而将社会融合的地方特性也纳入政策制定的考虑范围内。

第七章
城中村外来人口的生存状况与社会融合：基于上海的调查

第一节　引　　言

中国城市外来人口规模庞大，且越来越多的外来人口举家迁入城市，在城市中居住的时间趋长。据第六次全国人口普查统计，2010 年年底全国外来人口达 2.42 亿人，其中约 1.5 亿人是乡—城迁移人口。根据现行的城市人口统计方法，乡—城迁移人口是我国新增的城市人口主力军，属于统计意义上的城市人口。然而长久以来中国城乡分治，导致外来人口游离于城市系统之外，使该群体难以像普通市民一样享受城市社会保障与社会服务（李培林和李炜，2010；汪明峰等，2012），并在流入城市中遇到种种制度性或非制度性排斥（陈映芳，2005；顾海英等，2011）。

学界对外来人口的研究主要集中在外来人口“乡—城”流动的原因、过程、机制及效果和政策方面，而对该群体进入城市后如何融入城市社会的研究还不算多。对城镇化微观行为主体，特别是农民工的意愿和行为研究刚刚展开，还有众多值得探究的议题。近年来，越来越多的学者从不同的研究视角对农民工的社会融合问题进行了探究，以期促进农民工快速转化为新市民。由于研究视角的不同，对外来人口社会融合的认识不尽相同，尚未形成统一的理论分析框架及可供比较的测量指标体系。

绝大部分的社会融合研究针对外来人口或外来人口的整体展开分析，但已有学者指出外来人口中不同群体在城市中的需求和对生活的满意度存在显著差异（郭星华等，2011）。事实上，城市中的社会融合还存在明显的空间差异性（罗仁朝和王德，2008）。由于大部分外来人口在城市中的社交范围和活动空间普遍较小，他们所居住的社区或周遭环境对于这一群体融入城市至关重要（李志刚和刘晔，2011；马西恒和童星，2008）。因此，针对特定聚居区的外来人口展开调查，分析其居住条件和社区融合状况，可以更为准确地反映其中的问题。本章针对上海的城中村展开调查，从城镇化的视角审视外来人口在城中村这一中国特有城市社会空间中的生存状况和社会融合进程，以期为当前城市建设和社会管理提供有益的政策参考。

第二节　理论背景与研究进展

一、社会融合的概念及发展

早期，社会融合被看作一种社会整合力量。"社会融合"一词最早由西方社会学家 Durkheim（1897）提出，其在《自杀论：社会现象的研究》中认为社会融合是影响自杀率的重要因素，但并没有给出社会融合的明确定义。此后，Park 针对移民问题，将"融合"推广到移民研究领域，指出融合是一种相互同化和文化认同的过程，即"个体或群体相互渗透和融合的过程，在这个过程中，某个群体逐渐形成对其他群体的记忆、情感和态度，通过共享经历和历史，各个群体最终融汇到共同的文化生活中"（Park, 1928）。Park 此前已在《社会科学百科全书》中将"社会融合"定义为：一种或一类社会过程，通过这类社会过程，出身于各种少数族裔和具有不同文化背景的人最终共同生活在一个国家，使文化整合的水平至少能够维持一个国家的存在（Park and Burgess, 1921）。

20 世纪末，社会融合变成了一种社会包容性发展的目标，成为一个社会政策性术语。背景是国际移民在流入国由于身份的不同往往成为弱势群体，加大了成为贫困人口的风险。20 世纪 80 年代欧盟开始制订反贫困计划，其政策研究者发现，贫困者受到的社会排斥不仅限于经济领域。反贫困计划更需呼吁建立一个人人共建、人人共享的强大且具有凝聚力的社区（嘎日达和黄匡时，2009）。由于社会融合正具有这样的内涵，因此受到政府机构和学者的广泛关注，并逐渐发展成一个具有可操作性的概念。欧盟社会保护委员会 (Social Protection Committee, 2003）在其社会融合联合报告中给予的定义是：社会融合是这样的一个过程，它确保具有风险或被社会排斥的群体能够在迁入地获得必要的机会和资源，通过这些资源和机会，他们能够全面参与经济、社会、文化生活，以及享受正常的生活和社会福利。

近几年，针对中国外来人口的社会融合，任远和邬民乐（2006）认为社会融合是不同个体、群体或文化相互配合、适应的过程，也是一个逐步同化和减少排斥的过程，是对城市未来的主观期望和城市的客观接纳相统一的过程，是本地人口和外来移民相互作用和构建相互关系的过程（任远和乔楠，2010）。魏万青和陆淑珍（2012）将城市外来人口的社会融合描述成在经济适应的基础上，社会和文化层面依次递进的过程。杨菊华（2009）则指出研究外来人口社会融合时不能一概而论，要明确外来人口具有多元化特征，并强调社会融合是一个动态的、逐渐式、多维度、互动的概念。

综合上述研究成果，可知社会融合具有以下内涵：①社会融合是一种社会包容性发展的目标，也是一个动态发展的过程；②需要社会融合的对象是有陷入贫困风险或被排斥的弱势群体；③社会融合是一个多维度的概念，涵盖了经济适应、社会公共服务接纳、行为适应、身份认同等多维度，各维度之间的关系复杂，互相依存、互相影响。

二、社会融合的测量维度

在社会融合的维度评估体系研究中，欧盟的移民融合政策指数（migrant integration policy index，MIPEX）是目前使用范围最广、影响力最大的评估体系。该指数是欧盟成员国和部分北美国家用来监测促进移民融合政策成效的评估体系，主要将社会融合的维度分为七个领域，包括劳动力市场流动性、家庭团聚、教育、政治参与、长期居住、入籍和反歧视（British Council and Migration Policy Group, 2011）。

国内学者对于社会融合的维度探讨有很多。其中，大部分学者或借鉴国外理论体系或根据已有数据主观上选取社会融合的测量维度，虽然评价的维度不尽相同，但几乎所有学者都从经济、社会、文化、心理方面去探讨（周皓，2012）。早期，田凯（1995）认为外来农民工要真正适应城市生活，经济适应是基础，社会层面以生活方式为主，但只有通过社会层面的交往才可能达到观念的转变和文化认同及心理上的归属感。王桂新和罗恩立（2007）从经济、政治、公共权益和社会关系四个维度对上海外来人口的社会融合现状进行了实证分析。也有学者从居住与生活、健康与安全、就业与收入、满意度和信息五个维度分析外来人口的社会融入情况（刘建娥，2011）。李树茁等（2008）则强调行为融合和情感融合两个维度。黄匡时（2011）借鉴欧盟的实践，结合中国国情构建了外来人口社会融合指数，提出外来人口社会融合的测量应该从城市层面和个体层面两方面进行测量。另外，少数学者运用统计方法构建了社会融合的维度，如张文宏和雷开春（2008）利用探索性因子分析方法得出上海白领新移民的社会融合，包括经济融合、文化融合、心理融合和身份融合四个维度；余运江等（2012）采用因子分析方法对新生代“乡—城”外来人口社会融合结构维度进行划分，具体分为经济适应、社会接纳、文化和心理融合四个维度。

综上所述，关于“社会融合具有多维度特征”（王桂新和罗恩立，2007）的观点，学者普遍赞同。目前，争议主要在于各维度的方向性及维度与维度之间的关系。Gordon（1964）提出的社会融合测量维度曾因“文化融合”的单向性假设而遭到挑战。后来，Berry（1974）提出文化融合的双向模型，认为文化融合具有两极：一是保留家乡文化；二是融入迁入地的社会文化。国内对外来人口的研究也多从单向维度考虑，大多以迁入地本地居民或迁入地城市居民为参照对象而选取指标。宋月萍和陶椰（2012）在融入与接纳双向融合视角下选取指标，考察了城市居民对外来人口的接纳意愿及外来人口融入迁入地的主观融入和客观融入状况。对于维度与维度之间的关系，早先国内学者认为各测量维度间的关系是递进关系（田凯，1995），此观点逐渐被否定。尽管学者都不否认社会融合各维度间存在相互影响，正如杨菊华（2009）所述，“进程却未必同步，维度间会有重叠，亦会出现不同的序次”。

第三节　研究设计与调查方法

本研究数据来源于2010年年底和2011年年初开展的“中国快速城镇化进程中的移民村落发展”研究项目的调查数据。该项目由英国卡迪夫大学与华东师范大学、中山大学合作进行，对上海城中村进行了大规模的住户抽样调查。由于城中村研究开展时间不长，但研究视角众多，目前还未形成统一的严格定义。本调查对城中村的界定主要基于空间视角，即城中村在空间位置上处于城市发展用地范围内，仍然存在一部分村建设用地，被城市用地所包围或与城市用地互相交错（魏立华和阎小培，2005）。根据这一标准，在调查初期通过咨询有关政府机构和实地查访，掌握了上海中心城区现存的绝大多数城中村的基本情况，并建立了城中村的名录。然后，在名录中根据各区分布的城中村数量同比例抽样，最终确定23个城中村作为调研目标[①]。

---

① 鉴于城中村的规模差异较大，本调查将城中村分为两类。其中，规模较小的一般村有20个，包括普陀区的小俞家弄、后陆宅、李家宅、费家宅、居家宅；徐汇区的东湾村、夏泰浜、吴家宅、（接下页）

调查过程中，在每个城中村根据家庭地址使用等距抽样方法选择住户。问卷调查采用面对面访谈方式进行，调查对象为户主，问卷涉及户主及其家庭住户成员的基本情况、家庭收支状况、居住状况、户主就业状况等信息。根据各城中村的规模大小，问卷发放数量有所区别。其中，20 个一般村各发放 20 份问卷，3 个重点村各发放 100 份问卷。最终，共计回收 700 份家庭问卷，其中包括外来人口家庭 600 份。此外，本研究中采用的相关对比数据来源于《中国统计年鉴 2011》和《上海统计年鉴 2011》。

第四节　城中村外来人口的生存状况分析

一、分析框架

在考察城中村的社会融合状态之前，我们先借助问卷调查获取的数据对外来人口的生存状况做一梳理。借鉴已有研究成果，我们从三个层面入手分析，即从经济层面考察城中村外来人口的经济生活状况，从社区层面分析该群体在城中村这一非正规社区的行为意愿状况，以及从制度层面分析被调查者的公共权益享有状况。

（一）经济层面

经济因素常被看作外来人口在城市立足的基础，只有稳定的经济收入才能使外来人口更有能力、信心与其他居住群体进行深层次的交往，促进其他方面的融合（田凯，1995）。本研究将从外来人口的就业状况和收支状况透析此类群体在城市中的经济生活状况。

（二）社区层面

外来人口离开家乡进入城市，农村社会关系网络弱化和对家乡的归属感逐渐淡漠成为必然，是否在流入城市建立了良好的社会关系网络及归属感成为外来人口群体融入城市社会的关键。因此，不少学者都强调社区融合在外来人口

（接上页）长桥南街、徐家桥；闸北区的西钱塘村；闵行区的王前村、虹二村、行南村、朱行村、友谊村、沪星村；浦东新区的八一村、新东街、李家宅。规模较大的重点村有 3 个，包括徐汇区的高家浜、普陀区的老真北地块、闵行区的九星村。

城市融合中的基础性作用（黄匡时和嘎日达，2010）。本研究将从社区参与、社会邻里及社区归属感分析外来人口在心理、文化层面的状况。

（三）制度层面

一直以来，社会保障和公共服务的城乡居民供给差异是城乡制度性分割的主要表现之一（杨翠迎，2004）。因此，在制度层面，本研究采用公共权益的享有与否考察被调查者在流入城市是被接纳还是被排斥，从劳动权益保护、社会保障及子女受教育情况分析城中村外来人口在城市中享有的公共权益状况。

二、分析结果

（一）经济生存状况

随着上海经济结构的转型，第三产业对外来人口的吸纳能力扩增。此次被调查者主要集中在商业批发零售业（32.8%），次之是社会服务业、交通运输与仓储业（均为 14.5%），其后，依次为工业（11.7%）、餐饮业（9.9%）、建筑业（6.4%）（图 7-1）。从外来人口隶属的单位看，外来人口多半是被城镇个体或私营企业雇佣的人员，在国有经济单位和城镇集体经济单位上班的职工寥寥无几，即使是在国有经济单位上班也属于非正式人员（如保安、维修工等）。值得注意的是商业批发零售业，有相当一部分外来人口的就业是依托城中村或周边区域人员的消费需求，如在城中村或附近开设零售小店（卖日用品、电话卡、地摊服装等）。

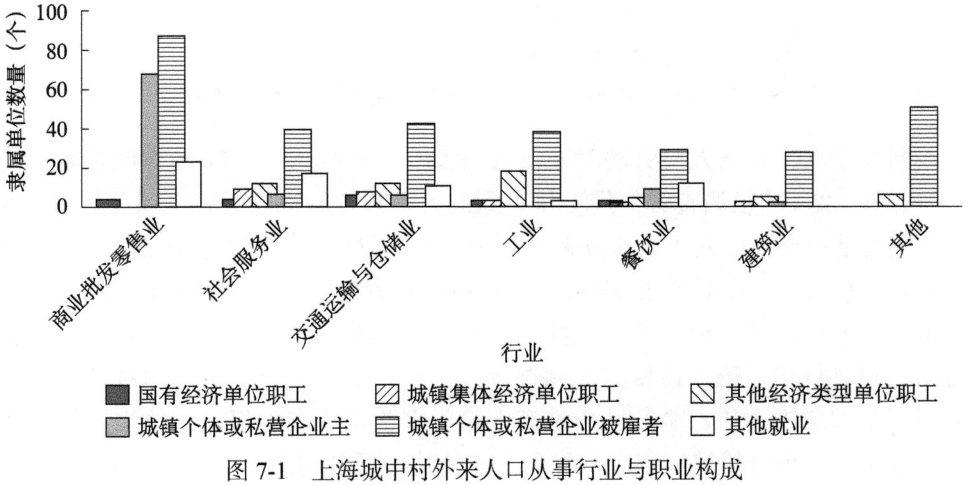

图 7-1　上海城中村外来人口从事行业与职业构成

稳定的工作能让人在一个地方安定生活，结成较为固定的人际关系网络，更有利于融入当地的工作与社会环境。因此，工作的稳定性一直是研究外来人口问题所关注的重点之一。对城中村外来人口近3年内更换工作的次数的调查显示，城中村外来人口多数没有换过工作，少有更换3次以上的。具体来说，具有固定工作的外来人口基本不会更换工作，最多换过1次；合同类型是短期合同或为临时工的外来人口有更大的概率会更换工作；个体户或私营企业主是城中村外来人口中最少换工作的人群（图7-2）。由此可见，城中村外来人口的工作相对稳定。针对更换工作的原因，调查中68.9%的人回答“原工作工资低”，离职是为了改善收入；10%的人表示原来的工作太脏、辛苦或危险，为改善工作环境而离职；8.9%的人表示为了就近就业；7.2%的人表示下岗或合同到期；还有5.0%为其他原因。可见，影响城中村外来人口更换工作的主要原因仍然是经济因素。

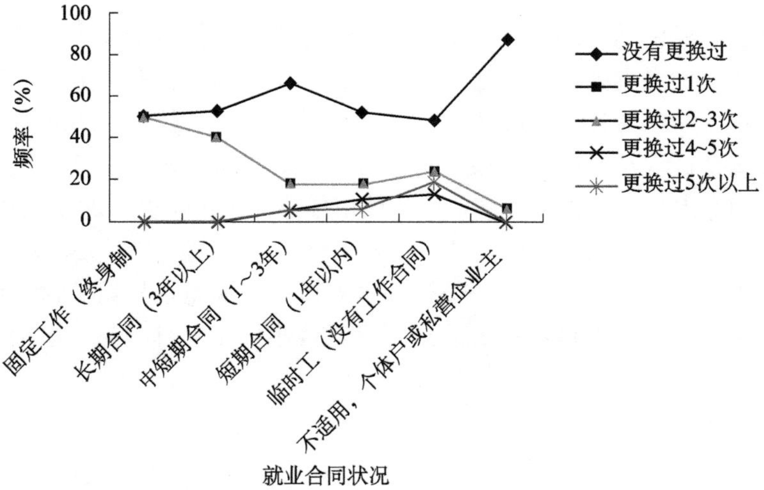

图7-2 上海城中村外来人口工作合同类型与更换工作频率

调查显示，外来人口劳动时间较长，多就近上班。仅25%的被调查者一周工作五天，4%的被调查者一周工作不到五天，37%的被调查者全周无休，34%的调查者是一周工作六天。从每天工作时间看，43%的被调查者每天正常工作8个小时，超过8个小时的占53%，4%的被调查者每天工作少于8个小时，平均工作时间为9.53个小时。从上班使用的交通工具看，约57%的被调查者表示骑助动车和自行车上班，15%的被调查者表示步行上班即可，23%的被调查者是坐公交车和地铁上班，少数开小汽车上班的多为出租车司机、个体批发商。从通勤时间看，步行的被调查者从家到工作地途中所耗时间均在30分钟以内；骑助动车或自行车上班的被调查者中有 46% 表示 15 分钟内可以从家到工作地；开小汽车上班的被调查者表示 15～30 分钟可到工作地的占 41%，30 分钟以上的占 13%；坐公交车和地铁上班的被调查者上班途中所花时间均在 30 分钟以上，平均通勤时间约 35 分钟，可见城中村外来人口倾向于就近上班。

由以上调查可知，上海城中村外来人口主要是低端劳动市场的非正规就业。尽管“自我创业”占一定比例，但多属于小商、小贩类型。更换工作频率较低，其中更换工作频率较高的多是临时工，更换原因多为改善收入状况。外来人口工作时间超过 8 小时较普遍，劳动强度较大，多就近上班，闲暇时间较少。

城中村外来人口的收入较低，但内部存在较大的分化，既存在低收入群体，也不乏收入较高的群体（表 7-1）。城中村外来人口户主月收入主要集中在 2000～4000 元，户主平均月收入为 3034 元。考虑到在此居住的家庭人口规模，家庭人均月收入主要集中在 1000～1999 元和 2000～2999 元，所占比例分别为 42.0% 和 29.0%，家庭人均月收入为 2087 元。而 2010 年，上海城市居民人均可支配收入为 2653 元[①]，略高于外来人口的家庭人均收入。

表 7-1 城中村外来人口的收入状况

户主月收入（*N*=479）	频数	百分比（%）	家庭人均月收入（*N*=479）	频数	百分比（%）
1 万元及以上	8	1.7	1 万元及以上	1	0.2
5000～9999 元	45	9.4	5000～9999 元	17	3.5
4000～4999 元	44	9.2	4000～4999 元	16	3.3
3000～3999 元	150	31.3	3000～3999 元	65	13.6
2000～2999 元	167	34.9	2000～2999 元	138	29.0
1000～1999 元	63	13.0	1000～1999 元	201	42.0
1000 元以下	2	0.5	1000 元以下	40	8.4

注：*N* 为问卷样本数

从消费状况看，大部分城中村外来人口的人均月消费支出低于 1000 元，占比为 57.4%，在 1000～1999 元的占比为 36.1%，而在 2000 元及以上的仅占 6.5%。城中村外来人口的人均消费支出为 934 元 / 月，而上海城市居民的人均消费支出为 1933 元 / 月。总体来看，城中村外来人口家庭消费结构中，主要用于储蓄

① 根据《中国统计年鉴 2011》，全国城镇居民家庭人均可支配收入为 1585 元 / 月，农村居民人均月纯收入为 493 元。根据《上海统计年鉴 2011》，2010 年年底上海城市居民家庭人均可支配收入为 2653.2 元 / 月。本调查中，城中村外来人口家庭人均月收入为 2087 元，其中绝大部分家庭的人均收入高于全国农村居民人均纯收入，有 61% 的家庭人均收入高于全国城镇居民可支配收入，有 22% 的家庭人均收入超过了上海城镇居民可支配收入。考虑到本调查对城中村家庭人口数的统计仅包含在本居所居住的人口，因此其家庭实际收入水平可能低于调查数值。

（33%）、食物（24%）、住房（19%）三方面支出，而在子女教育（3%）、娱乐（1%）、社会保障（1%）、医疗（1%）等方面的支出普遍较少。由调查可知，娱乐方面，城中村外来人口劳动时间普遍较长，可供娱乐的时间较少，另外被调查者多选择不需要支付娱乐费用的活动，如在住所打牌、看电视等；社会保障方面，由于城中村外来人口多是外地农村户口，在农村有养老保险和基础医疗保险，加上流动性较大，多数收入较低，无力、无心了解和购买社会保险；医疗方面，由于城中村外来人口多为青年、中年人，身体素质较好，所以医疗支出较少；子女教育方面，城中村外来人口有子女的比例较高，但学龄子女在身边的仅占 1/3，且属于义务教育阶段，所以教育支出较少也较为合理。

总体来看，城中村外来人口的消费较为理性，以生活消费为主。外来人口除去维持家庭日常生活必需的住房、食物消费，多是以储蓄为主，很少花费在娱乐、衣着方面。特别是低收入群体，其收入支出近半数是为了维持日常生活开销，如食物、住房；而高收入群体则以储蓄为主。综上所述，该群体的文化娱乐活动缺乏，业余生活相对单调。

（二）社区生活状况

外来人口参与社区公共活动的情况不太理想。表 7-2 显示多数人对参与社区公共活动的态度表示“一般”，不参加（即比较不愿意和绝对不愿意之和）的人数比例（36.2%）高于参加（即绝对愿意和比较愿意之和）的人数比例（13.1%）。访谈中我们了解到城中村社区公共活动较少，另外多数外来人口也表示不清楚是否有社区公共活动，而且认为只有本地人才能参加。对于是否会参与解决社区问题，比较愿意或绝对愿意的人也少于不愿意的人。这从一个侧面反映了城市社区并没有完全将外来人口视为社区成员。

表 7-2 城中村外来人口的社区参与状况 （单位：%）

项目	绝对愿意	比较愿意	一般	比较不愿意	绝对不愿意
参与社区公共活动	0.8	12.3	50.7	28.2	8.0
参与解决社区问题	1.3	17.6	52.0	24.3	4.8

外来人口的邻里状况相对较为和谐（表 7-3）。有 41.8% 的被调查者表示“我认识社区很多人”，仅 15.2% 的受访者表示不同意此看法；有 61.8% 的受访者表示很赞同“社区的人对我家很友好”，持反对态度的仅 3.0%；对于“我能从邻里得到帮助”，有 41.3% 的人表示较容易得到邻里帮助，11.5% 的人反对此观点。由于城中村以外来人口为主，因此，邻里状况多代表外来人口与外来人口的交往状况。

表 7-3 外来人口在城中村居住的邻里交往状况 （单位：%）

分类	绝对同意	比较同意	一般	比较不同意	绝对不同意
我认识社区很多人	4.5	37.3	43.0	14.5	0.7
社区的人对我家很友好	2.3	59.5	35.2	3.0	0.0
我能从邻里得到帮助	2.0	39.3	47.2	10.2	1.3

调查中，大多数外来人口对于自我身份的认识较为模糊（表 7-4）。对于“属于这个地方”的观点，不同意此看法的外来人口近 40%，同意者仅占 16.6%。在居住意愿上，该群体的回答出现分化。其中，愿意在城中村长期居住的调查者占 30.5%，表示不愿意的占 41%，表示一般的占 28.6%。

表 7-4 外来人口在城中村居住的社区归属状况 （单位：%）

项目	绝对同意	比较同意	一般	比较不同意	绝对不同意
属于这个地方	1.8	14.8	43.8	33.5	6.0
愿意在这长期居住	4.0	26.5	28.6	21.5	19.5

（三）公共权益享有状况

与用工单位签订劳动合同是保护劳动者权益不受侵犯的重要举措。大多数城中村外来人口签订的是中长期合同，占比为 30.3%，次之是短期合同，占比为 14.6%，终身制合同、长期合同占比分别为 0.7%、5.4%，有 17.9% 的被访者表示没有签订劳动合同，属于临时工，而没有合同的个体户或私营企业主占比多达 23.5%。

调查发现，城中村外来人口整体参保率不高。所调查的医疗保险、养老保险、工伤保险、失业保险、住房公积金五个项目中，外来人口在上海参加最多的是医疗保险和养老保险，占比分别为 47.8%、46.6%，次之是工伤保险（30.0%），而参加失业保险或住房公积金的人员则寥寥无几，有 50.7% 的被调查者未参加任何保险。问及不参保的理由，多数人回答缴了社保不知未来政策如何。拥有前三项保险的外来人口多是具有外来人员综合保险。上海在 2002 年 9 月推出《上海市外来从业人员综合保险暂行办法》，规定凡符合条件的单位和个人必须办理综合保险，保险涵盖工伤、住院医疗和老年补贴。但这一制度仍存在一些问题，如用工单位缴费的积极性低，有不少企业为了节约成本不愿为员工投保；外来人口群体多为年轻力壮人口，生大病概率低，“住院医疗”排斥了农民工群体享有门诊医疗服务的权利，而养老补贴也形同虚设。在问卷调查过程中，也有不少被访问者表示不清楚社会保险政策，这也是制约他们参加保险的重要原因之一。

留守儿童问题是当前社会关注的重点问题之一。调查发现，城中村外来人口的学龄子女中多半是留守儿童，在家乡学校就读比例达 54.6%，在上海普通公立学校就读比例为 27.3%，在上海私立民办学校就读比例为 6.6%。这说明外来人口学龄子女中有 1/3 是和上海居民子女接受同样的教育（表 7-5）。子女在上海上学的被访问者表示，子女在上海入学并不困难，也不需要额外费用；而子女在家乡入学的则认为是自身经济能力所限。此外，我们注意到仍有 10.5% 的适龄儿童没有上学。

表 7-5 城中村外来人口学龄儿童的就读地情况

就读地	频数（N=304）	百分比（%）
上海普通公立学校	83	27.3
上海私立民办学校	20	6.6
上海外来人口子弟学校	3	1.0
家乡学校	166	54.6
没有上学	32	10.5

第五节 城中村外来人口的社会融合测度

一、测量方法

本小节进一步采用计量方法对外来人口的社会融合状况进行测度。我们从城镇化的角度，界定外来人口社会融合的概念，即指在城市社会中，外来人口与城市居民在各方面差异的消减过程。城中村的外来人口正处于常住化向市民化阶段转变的过程中①，但社会融合程度如何，需要首先解析各维度上的融合状况。

借鉴国内外学者对移民社会融合的研究基础，本研究共设计 11 项指标。根据田凯（1995）的“再社会化说”，本研究选取收入高低程度、职业稳定程度和职业阶层三个经济层面的指标。外来人口适应城市生活必须具备相对稳定的职业、足够的经济收入及一定的社会地位（田凯，1995；秦昕等，2011）。鉴于不少学者强调社会网络和社区中社会关系对外来人口社会融合的重要性（悦中山

① 王桂新和张得志（2006）根据社会融合度，曾将外来人口的城镇化过程划分为集中化、常住化和市民化三个阶段，并指出城市外来人口社会融合的最终目的是消除城乡差异达到城乡同质。

等，2012；刘建娥，2011），本研究选取社区交友范围、社区成员友好度、邻里支持程度、社区成员观念和习惯相似度衡量外来人口在社会层面的融合。当前外来人口成为常住“外来人口”或候鸟式“迁徙人”的主要原因是对迁入地没有归属感（杨菊华，2009）。这种身份认同的问题主要来源于国家或城市政府的制度安排和社会建构（陈映芳，2005）。但对于个体而言，唯有真心愿意留在城市打拼和长期生活，外来人口才有可能真正融合到城市生活中（沈千帆，2011）。因此，本研究也将社区成员身份认同程度、社区长久居住意愿度作为衡量社会融合的指标。此外，有学者认为流动经历和城市生活经验对一个普通农民完成其从传统向现代的转变过程具有重要作用（周晓虹，1998）。长期居住在城市，必然受到城市文化影响，而城市文化包括现代工业文明和区域文化（悦中山等，2012）。根据多元文化论的观点，本研究只考虑外来人口接受现代工业文明的情况，选取互联网使用状况和法律意识进行衡量。汪明峰（2005）指出了互联网使用技能的城镇化属性，因此，本研究尝试从互联网使用方面来窥视该群体的现代化技能提高程度。此外，外来人口进入上海最需解决的就是住的问题，具有房租廉价、交通方便等特点的城中村是他们的首选（汪明峰等，2012），但在租房过程中常常遇到房东乱涨价的情况，因此签订租房合约是外来人口法律意识提高的表现。

上述指标的具体操作化定义如下。

收入高低程度（X_1）。城市外来人口经济融合的目标是提高该群体的社会经济地位，缩小城乡居民的收入差距。因此，本研究将城中村外来人口的人均收入高低程度的参照组分为四组：若是低于农村居民人均纯收入则为 1；若是介于农村居民人均纯收入和全国城镇居民可支配收入之间为 2；若是高于全国城镇居民可支配收入但低于上海城镇居民可支配收入为 3；若是高于上海城镇居民可支配收入则为 4。

职业稳定程度（X_2）。本研究用签订的就业合同类型反映外来人口的职业稳定程度，并将职业稳定程度分为四类：拥有固定工作和长期合同的赋值为 4，中短期合同的赋值为 3，不适用的（私营企业主或个体户）赋值为 2，临时工和不工作的赋值为 1。

职业阶层（X_3）。职业阶层可以反映外来人口的社会经济地位。本研究将从事非体力劳动的赋值为 3，具体包括国家机关党群组织、企事业单位负责人、专业技术人员、办事人员和有关人员；自雇的商贩类型赋值为 2；从事体力劳动的赋值为 1。

社区交友范围（X_4）。通过问卷中“我认识社区的很多人”和“多数邻居都认识我”两个题项进行测量。同意程度的赋值分别为“5 绝对同意，4 比较同意，3 一般，2 比较不同意，1 绝对不同意”。社区交友范围为两个题项的得分之和。

社区成员友好度（X_5）、邻里支持程度（X_6）、社区成员观念和习惯相似度（X_7）、社区成员身份认同程度（X_8）、社区长久居住意愿度（X_9）五个指标均采用问题问答形式，赋值也是“5 绝对同意，4 比较同意，3 一般，2 比较不同意，1 绝对不同意”。互联网使用状况（X_{10}）和法律意识（X_{11}），则分别通过题项“您的住房是否拥有互联网设施”（1 有互联网设施，0 无互联网设施）和“您和房主是否有租房合约”（2 有书面合约，1 有口头合约，0 没有任何合约）进行测度。

在本次调查回收的 600 份外来人口问卷中，根据上述指标要求，剔除相关信息空缺的问卷，最终得到有效问卷 475 份，有效率约为 79%。从统计描述结果来看（表 7-6），城中村外来人口在城中村与社区其他成员相处相对融洽。由于城中村居住的人口以外来人口为主，被访问者在社区中接触的多是和自己一样的外来人口，同质性较强。但是，调查结果也显示，城中村外来人口对自我社区身份的认同和长久居住的意愿评价较低，且差异较大。在访谈中，我们也了解到很多城中村传闻将被拆迁，这可能降低了外来人口长久居住的意愿。

表 7-6　社会融合指标的描述统计

指标名称	取值范围	均值	标准差
X_1 收入高低程度	1～4	2.83	1.041
X_2 职业稳定程度	1～4	2.64	1.065
X_3 职业阶层	1～3	1.70	0.917
X_4 社区交友范围	1～10	6.57	1.575
X_5 社区成员友好度	1～5	3.60	0.580
X_6 邻里支持程度	1～5	3.31	0.731
X_7 社区成员观念和习惯相似度	1～5	3.24	0.678
X_8 社区成员身份认同程度	1～5	2.55	1.121
X_9 社区长久居住意愿度	1～5	2.79	1.133
X_{10} 互联网使用状况	0～1	0.14	0.344
X_{11} 法律意识	0～2	1.14	0.423

互联网使用状况和法律意识的均值较低，表明城中村外来人口的现代化技能和意识均有待提高。调查显示，仅有 14.0% 的外来人口家庭使用互联网，这与上海 2010 年年底的家庭宽带入户平均普及率 61.8% 存在很大的差距，与全国平均水平 38.3% 也存在差距。事实上，农民工的社会融合是一个漫长的过程，

不是第一代移民容易实现的事情（杨菊华，2009）。本研究的调查也发现，新一代移民的现代性要远高于第一代移民，年龄越小的外来人口越会接触和使用互联网（程红和汪明峰，2012）。从租房合同来看，大多数（80.2%）是口头约定，说明只有少部分人会运用法律手段维护自身利益。

为避免使用过多的指标，本研究沿用有关学者的方法对维度结构采用因子分析方法进行归并（张文宏和雷开春，2008；余运江等，2012）。以上述 11 个测量指标为基础，采用因子分析的方法构建社会融合的主要结构因子，这几个主要因子代表了原来因子的大部分信息，同时展示了城市外来人口社会融合的结构维度。找出主因子后，以主因子方差贡献率为权数，按标准分转换成 1～100，计算综合得分，同时新因子用同样的方法进行转换得出各维度具体分值。因子分析主要表达公式如下：

$$X_i=\mu_i+\alpha_{i1}F_1+\alpha_{i2}F_2+\alpha_{i3}F_3+\cdots+\alpha_{im}F_m+\varepsilon_i$$

式中，X_i 表示原来的指标变量；μ_i 表示变量均值；$F_1, F_2, F_3, \cdots, F_m$（$m<i$）表示不可观测的潜在因子，综合了原来 i 个指标信息；ε_i 表示不被包含的信息部分，作为特殊因子。

二、测度结果

在采用因子分析方法构建社会融合的结构维度之前，首先对 11 项社会融合指标进行皮尔逊（Pearson）相关性分析检测，发现各项指标均显著相关，说明所选指标无须剔除。对 11 项指标进行因子分析，得到 KMO（Kaiser Meyer Olkin）检验值为 0.708，巴特利特球度检验（Bartlett test of sphericity）的近似卡方为 1029.98，显著水平为 0.00。两项检验均说明以上 11 项指标适合因子分析模型。

经计算，城中村外来人口的社会融合结构维度有四个（统计学上一般选取特征值大于 1 的因子作为主成分）。用 F_1、F_2、F_3、F_4 表示主因子，特征值分别为 2.662、1.863、1.499、1.069。由于 F_3、F_4 的特征值与 F_1 的差距较大，使得因子命名缺乏解释性，因此采用方差极大化方法对因子载荷进行正交化旋转，旋转后的载荷值如表 7-7 所示。由表 7-7 可知，所有因子的共同度均在 0.5 以上，其中 X_8 社会成员身份认同程度的共同度最大，说明身份认同因子的作用最稳定；X_{10} 互联网使用状况和 X_{11} 法律意识共同度较小，说明这两个因子作用最游离。四个主因子的累积方差贡献率达 63.75%（大于 60%）。由检验结果可知，因子分析方法可以用来构建城中村外来人口社会融合的维度构成。

表 7-7 社会融合维度指标的因子载荷

自变量	F_1	F_2	F_3	F_4	共同度
X_1 收入高低程度	−0.022	0.787	−0.101	0.191	0.666
X_2 职业稳定程度	0.035	0.761	0.007	0.072	0.585
X_3 职业阶层	0.015	0.781	0.116	−0.125	0.639
X_4 社区交友范围	0.729	−0.044	0.293	−0.012	0.619
X_5 社区成员友好度	0.781	0.031	−0.023	0.030	0.612
X_6 邻里支持程度	0.764	−0.078	0.255	−0.018	0.655
X_7 社区成员观念和习惯相似度	0.744	0.117	−0.153	−0.062	0.594
X_8 社区成员身份认同程度	0.450	−0.070	0.801	−0.009	0.887
X_9 社区长久居住意愿度	0.253	0.111	0.793	−0.028	0.705
X_{10} 互联网使用状况	0.151	0.122	−0.139	0.693	0.537
X_{11} 法律意识	−0.195	−0.015	0.104	0.725	0.575
特征值	2.662	1.863	1.499	1.069	
方差贡献率（%）	23.62	17.31	13.54	9.28	
累积方差贡献率（%）	23.62	40.93	54.47	63.75	

将 F_1、F_2、F_3 和 F_4 四个主因子分别命名为社会关系融合、经济融合、心理融合和文化融合。具体主因子命名的解释如下。

F_1 社会关系融合因子。“社区交友范围”、“社区成员友好度”、“邻里支持程度”和“社区成员观念和习惯相似度”四项指标对 F_1 的因子载荷值最高，分别为 0.729、0.781、0.764 和 0.744。从指标表达的内容看，主要涉及外来人口在社区中的社会人际关系。

F_2 经济融合因子。主要由“收入高低程度”、“职业稳定程度”和“职业阶层”三项指标组成，载荷值分别为 0.787、0.761 和 0.781。很明显，这三项指标反映了外来人口的经济地位。

F_3 心理融合因子。主要由“社区成员身份认同程度”和“社区长久居住意愿度”代表，二者的载荷值分别为 0.801 和 0.793。这两项指标反映了外来人口在心理上对自我身份的看法和内心中对城中村作为住所选择的意愿度。

F_4 文化融合因子。“互联网使用状况”和“法律意识”的载荷值分别为 0.693 和 0.725。这两项指标代表城中村外来人口的现代化水平高低，说明其受到城市生活经验影响的程度，也代表着人的“城镇化”程度。

四个主因子中，社会关系融合因子的方差贡献率最多，为 23.62%；其次是经济融合因子，为 17.31%；然后是心理融合因子，为 13.54%；最后是文化融合因子，为 9.28%。这四个因子代表着城中村外来人口社会融合的四个维度。

目前对于社会融合程度测量尚没用统一的标准，已有文献中较多将融合因子等权重或将因子方差贡献作为权重处理（张文宏和雷开春，2008；余运江等，2012）。本研究将社会融合程度以各主因子的方差贡献率为权数，按照标准分转换到 1～100，4 项新因子得分也作同样的转换（表 7-8）。结果表明，上海城中村外来人口的社会融合总体水平并不高。从各个主要维度因子来看，城中村外来人口的社会关系融合程度最高，其次是心理融合程度，而文化融合程度和经济融合程度均较低。这说明上海外来人口在城中村中与其他成员的相处较为融洽；心理方面适应也较快，但存在的差异性最大，说明外来人口内部在心理适应方面存在较大的分异；文化融合程度低于整体社会融合程度；而经济融合程度最低，说明城中村外来人口的经济地位较低，反映在经济收入、职业稳定性和职业阶层的分布上。但经济融合的差异性是四个维度中最小的，说明外来人口在经济方面产生的分异性相比其他维度的差异并不显著。

表 7-8 社会融合及其结构维度因子得分

项目	F_1 社会关系融合	F_2 经济融合	F_3 心理融合	F_4 文化融合	社会融合程度
均值	59.54	25.76	53.03	32.74	45.51
标准差	16.84	16.00	19.27	16.89	16.47

第六节 小 结

本研究基于上海城中村居民的实地调查数据，分析了城中村作为中国大城市中一个特殊的社会空间，其中外来人口的生存状况和社会融合。实证研究主要包括两个部分：一是梳理问卷调查获取的数据，考察了外来人口的经济生存、社会生活和公共权益享有状况；二是通过因子分析法，分解了城中村外来人口社会融合的构成维度。

本研究的主要结论包括：从经济层面来说，城中村外来人口职业社会地位较低，以非正规就业为主，但职业相对稳定；群体内部收入出现分层，消费总体较为理性，以生活消费为主。从城中村社区层面来看，外来人口与本地人口之间存在社会隔离，影响到外来人口在城市中的社会融合状况。调查显示，外来人口的社区参与度普遍不高，但这并不是其没有意愿参加，而是社区公共服务设施和公共活动比较缺乏，或者并未将外来人口纳入其服务活动范围内。城中村中外来人口的社区邻里状况较为和谐，对邻里状况满意度较高，但是对城中村的归属感普遍较低。在社会制度层面上，外来人口在劳动权益保护和子女受教育权利上已有所改善，但社会保障拥有水平仍是城市接纳外来人口的一大障碍。进一步的计量分析发现，城中村外来人口的社会融合由社会关系融合、经济融合、心理融合、文化融合四个因子构成。其中，社会关系融合因子主要反映城市外来人口在居住区内与其他成员的社会关系程度；经济融合因子反映该群体在城市居住的经济地位状况；心理融合因子反映该群体对在城中村长久居住的意愿度和自身成员身份的认同程度；文化融合因子则反映该群体在城市中居住的现代化程度高低。根据因子得分来看，城中村外来人口的社会融合程度总体水平并不高，半数以上的外来人口社会融合状况欠佳，只有少数部分人融入了当地社区。从各主因子看，城市外来人口从社会关系融合、心理融合、文化融合到经济融合的程度依次降低。

基于理论和实证研究，我们得出如下政策启示。

首先，除了提高经济收入之外，迁入地在制度设计方面向外来人口更加开放，提供属地化的社会公共服务和保障，是促进外来人口经济融合的重要路径。从经济融合因子看，大部分外来人口职业已相对稳定，经济状况与农村相比有所改善。调查中，半数以上外来人口的收入水平达到全国城镇居民的平均水平，但大部分人的收入水平与上海城市居民还存在较大差距，且多数以牺牲生活质量为代价，职业层次上多为体力劳动者。因此，在社会融合的四个维度中，经济融合的得分仍然最低。进一步地，迁入地提供的社会保障将促进该群体的经济融合，特别是已长期在上海居住的举家迁移的外来人口。

其次，提升教育文化素质仍然是促进外来人口融入城市的重要基础。在文化融合维度上，我们发现城中村外来人口的现代化意识和现代化技能与城镇居民仍有相当大的差距。特别是在当前快速的技术进步和社会变革背景下，生活方式的转变是适应城市生活的主要方面之一。在本研究中，我们也发现年龄是外来人口现代化技能普及的一个限制因素，因此，关注第二代移民的现代化技能普及和使用具有重要意义。第二代移民的教育程度和文化素质提高，将为其家庭更快地融入城市社区的现代化生活提供可能。

再次，合适的居住空间是外来人口融入城市的重要支撑。调查发现，城中村的生活空间满足了低收入外来人口的居住需求，也为其融入城市社区提供了一定的社会支撑。从社会关系融合因子来看，该维度的融合得分最高，大部分外来人口与社区其他成员的相处相对融洽。城中村的住户多数是低收入群体，社区成员具有一定的相似性，使得外来人口互相帮助，彼此友好度也较高，也容易形成共同的观念和习惯，从而有利于外来人口在心理上建立社区认同感。但对于高收入或外来城镇人口而言，情况则正好相反，他们在城中村中居住反而不利于融入社区。因此，城市在接纳外来人口时，也要人性化对待，创造多样化的居住空间以满足不同群体的需求。特别是对于低收入人群而言，当前许多城市大规模拆迁城中村的运动，并不一定有助于外来人口的社会融合和快速城镇化进程。

最后，需要强调的是本研究的对象是居住在城中村中的外来人口。与其他相关的调查不同，这是针对城市中特定空间或特定群体的调查，其研究结论并不一定适用于所有的外来人口。本研究的诸多研究结论可以和其他的研究成果进行比较。我们希望在今后的研究中，进一步了解在城市内部不同的阶层、不同的群体，以及不同的社会空间之间社会融合的差异性，以期更全面、深入地把握当前中国城镇化进程的社会变化。

第八章

城中村改造与外来人口的社会融入：基于广州的调查

第一节 引 言

中国正经历着一场世界瞩目的城镇化进程。近年来，全国各大城市城市建设的重点由新区开发转向旧城改造，纷纷掀起了城中村改造的浪潮。例如，石家庄现已清除了二环以内共 49 个城中村；昆明 382 个城中村中，近一半已启动了拆迁工作；西安至 2015 年已拆除了 120 个村。城中村改造不仅带来了物质环境的改变，也造成了社会空间的重塑（刘晔等，2012；Li et al., 2014）。城中村是外来人口大量集聚的社会场域，外来人口是城中村最重要的社会群体。然而，前人对城中村改造的研究，大多局限于对地方政府、开发商和村集体（及村民）三者利益博弈与协调机制的探讨（吴智刚和周素红，2005；赵艳莉，2012），缺乏对暂居在城中村中外来人口的关注。仅有少量研究从居住的角度探讨城中村改造对外来人口的影响（汪明峰等，2012；贾生华等，2011；Wu et al., 2013b），且对外来人口的城市融入问题缺乏深入的探讨。本章以广州为案例，详细解析外来人口的城市融入问题，以及城中村改造对外来人口城市融入的影响。本章分为以下部分：首先，介绍城中村特殊的社会空间形成的机制，以及外来人口融入迁入地城市的主要障碍；其次，对广州城中村改造进行历史回顾；再次，分析城中村改造总体性的社会影响，并重点探讨广州城中村改造对外来人口融入城市的影响；最后，是本章的小结。

第二节　城中村社会空间的形成

一、二元土地所有制度下产生的物质环境

城中村是中国城乡二元土地制度催生的特殊社会空间。中国的土地所有制有两种基本形式：一种是全民所有制土地，即国家所有土地；另一种是劳动群众集体所有制土地，即农民集体所有土地。城市用地属于前者，而乡村土地属于后者。城市土地的使用权由政府通过竞争性的土地市场出让给各类开发商。作为国有土地的所有者，城市政府垄断了一级土地市场土地的出让。城市的快速扩张需要新增大量建设用地，而新增用地大多只能从农村集体所有制土地转化而来。为了减少农村土地征用的成本，政府往往会先征用动迁成本较低的农业用地并将其转为国有土地，而农民的居住用地，即宅基地因动迁成本较高会暂缓征用，因此农村居住用地仍保持集体所有。这种土地征用模式不仅导致城乡结合部国有土地和集体土地的并存，而且原本的农村居民点被扩张的城市建成区包围，变成了名副其实的“城市里的村庄”。

农地被政府征收后，失地农民会得到一笔补偿金，但房屋租金收入逐渐成为城中村村民主要的生活来源。这是因为，随着大城市经济的迅速发展，大量外来人口进城务工，他们需要住在廉价但区位较好的出租屋。面对这一市场需求，为实现个体收益的最大化，在城市规划未管控到的城中村，其居民纷纷在自家宅基地上扩建房屋。因此，外来人口对廉价出租屋的巨大需求，以及城中村村民的经济理性，导致很多城市城中村高密度和混乱无序的空间形态的形成。此外，由于城中村的公共服务由村集体而非城市政府供给，城中村基础设施的建设往往滞后于周边的国有土地。上述因素造成了城中村的物质环境与周边城市社区存在巨大的差异。

二、非正规的公共管理和公共产品供应

很多城市的城中村在过去相当长的一段时期内游离在城市政府的公共管理体系之外，其公共产品的供给由村集体经济（或村经济股份公司）而非政府的

相应部门负责。例如，在城中村，村集体经济负责出资建设道路和水电管网等基础设施，并提供治安和环卫等公共产品。这其中的逻辑是：由于农民宅基地依然保持集体用地的性质，加上农村集体用地补偿不到位，或政府管理的缺位，城市政府往往默认城中村农民违章自建房屋的存在（实际上，各地对农民在宅基地上的建房均有条例规定），其房屋出租并不向政府纳税；如果希望获得更优质的社区管理服务，他们往往聘请专业的物业管理公司提供服务。从这个角度来讲，城中村更像是一个建立在集体土地上的非正规、低利润的和村民自发参与的商业地产项目。

三、村庄治理的模糊性和排他性

广州的城乡结合部，由于经济较发达，很多村委会成立股份公司管理村集体财产，同时对村民实行“类单位制”的管理，向村民提供各种福利和社会保障。村委会通过成立股份公司管理村集体财产，并定期向村民派发分红。这种做法不仅增强了城中村经济的活力，也为村委会向村民提供福利保障奠定了经济基础。然而，村委会领导班子往往兼任股份公司的领导班子，股份公司承担了大量村内公共事务的开支，造成了村庄治理的模糊性。村庄治理的排他性，是指村委会的管理与服务对象仅为本村村民，村委会对外来人口采取不闻不问的态度。由于拥有村籍和村股份公司的股份，村民有参与社区选举和社区重大事务的权力。然而，在现实中，村民的社区参与仅流于形式，社区重大事务的决策仍然采用自上而下的形式。

四、“边缘群体”的集聚

城中村的主要居住者包括村民和外来人口，前者是村民自建房的产权所有者，后者是自建房的主要租客。两个群体不仅没有融入城市的社会、经济和文化系统，更缺乏城市人应有的社会交往和心理认同。就普通村民而言，大多一没文化，二没技能，仅能通过房租和集体经济分红获得经济来源，经济条件有限；他们的日常社会交往局限在本村村民之间，与其他城市居民的交往较少；他们普遍缺乏城市市民的身份认同，大多认为自己既非农民也非市民。就外来人口而言，他们大多从事低端的制造业和服务业，经济收入少，工作强度大，工作稳定性低；他们的社交圈子局限于亲友和老乡，与本地居民的接触较少；

他们对迁出地的情感依恋程度高，对所在城市的身份认同感很弱。由此可见，村民和外来人口两个群体在所在城市的社会融合度很低，是快速城镇化进程中出现的边缘群体。

第三节　外来人口融入广州的主要障碍

一、制度障碍

制度障碍仍然是阻碍外来人口融入广州的重要因素。作为改革开放的前沿阵地，广州接纳了大量进城务工的外来人口。这些外来人口多居住在房屋租金低廉的城中村内。然而，由于外来人口不具备广州户籍，他们无法享受市民权利。外来人口被排除在城中村社区治理的主要对象之外，没有资格参与社区选举等社区核心事务；外来人口的子女没有资格到公立学校上学，或者需要缴纳高价学费才能到公立学校上学。近年来，虽然外来人口的社会保障逐渐得到广州市人民政府的重视与资金投入，但是由于外来人口社会保障的长期缺位，他们的社会保险参与意识和实际参保率较低。外来人口没有市民权利和社会保障，而且广州的生活成本较高，容易导致外来人口较难在广州立足。另外，市民权利和市民身份的缺失，挫伤了外来人口融入广州的信心，阻碍了该群体对广州的心理认同。因此，在制度排斥的背景之下，外来人口较难融入广州。

二、市场排斥

外来人口受到就业市场和住房市场两方面的排斥。外来人口的受教育程度低、人力资本缺乏，往往集中在非正规或流动性强的次级劳动力市场就业。而城中村内的零售、餐饮、住宿等非正规部门则是居住在城中村内外来人口主要的就业部门。由次级劳动力市场所提供的就业岗位工资低、职业训练差、行业信息少、职业上升空间小，造成了外来人口的人力资本要素增长缓慢。另外，外来人口根据薪金福利进行的职业流动也阻碍了其在就业岗位上进行人力资本积累。因此，外来人口往往容易陷入“低人力资本—低市场接纳—低人力资本投入”的恶性循环中（刘传江和程建林，2008；杨菊华等，2014）。

同时，外来人口也受到了广州住房市场的排斥。一方面，外来人口的工资水平低，而且其在流出地的固定资产流动性差，外来人口在迁入地的支付能力往往较低，无法购买商品房或是支付正规商品房的租金（Li and Du, 2014；Wang et al., 2014）。另一方面，外来人口在流出地和迁入地之间的频繁流动也削弱了其在迁入地购房安家的意愿（Zhu and Chen, 2010）。

三、社会孤立

外来人口和本地居民相互间缺乏交往。一方面，外来人口在迁入地的社会关系网络，以血缘、亲缘和地缘为纽带，具有先赋性的特点。另一方面，尽管外来人口与城中村村民比邻而居，但是两个群体之间除了有关房屋租赁的经济互动以外，并没有其他更为深入的社会互动。因此，外来人口缺乏与本地居民之间的社会互动。外来人口与本地居民交往的缺乏及其对"地缘"关系网络的依赖，容易导致外来人口形成"半城镇化"的身份，从而陷入"孤立"和"被边缘化"的状态（王春光，2006；Liu et al., 2012）。此外，外来人口经常调用"先赋性"社会网络，强化了外来人口对迁出地的归属感和认同感，阻碍了外来人口形成新的身份认同（李培林，1996；刘传江和周玲，2004；任远和陶力，2012）。

第四节　广州城中村改造简介

2000 年起，广州就开始逐步推进城中村改造。广州以"城中村改制"为突破口，根据陆续出台的一系列政策法规对城中村进行"改制"，为城中村的改造工作奠定了坚实的制度准备。2000 年，广州出台《中共广州市委、广州市人民政府关于加快村镇建设步伐，推进城市化进程的若干意见》，将城中村作为广州城市环境面貌"小变、中变、大变"的主要任务，同时将城中村改造作为推进广州城镇化进程的重要任务。此后，广州制定了一系列配合城中村治理改造的地方性法规，同时根据农用土地现状和城市建设发展情况将城中村分为三类，并由此制定了三类改造方向。2002 年，广州市人民政府决定对 A 类中条件较为成熟的天河区石牌村等八个城中村进行试点改造。此后，"城中村转制"在广州老八区内全面铺开。

广州城中村改造在这一时期主要侧重“城中村制度设计”，首先将城中村改造提升到政府意志的高度，然后通过行政手段将城中村的农村管理体制转变为城市管理体制，为城中村改造扫清“制度障碍”。据广州市民政局统计，截至2005年5月，广州139个城中村已经全部完成改制，改制后的城中村在户籍、土地、集体资产和市政管理方面实现了“现代化转变”。然而，广州的城中村改造在2005年以后就陷入了停滞阶段。究其原因，是政府禁止房地产开发商等社会资本参与改造，使广州城中村改造陷入了资金筹措的困境。

2006年12月，广州市人民政府正式提出大力推进“南拓、北优、东进、西联、中调”的城市发展战略，对老城区进行综合改造，促进老城区的城市功能优化。在此背景下，广州市人民政府进一步提出：要以“中调”为契机，加快城中村改造。此前，广州市人民政府禁止开发商介入改造的强硬态度也开始“软化”，市人民政府多次在公开场合表示允许开发商参与城中村改造，但是强调“城中村”的拆迁安置由政府负责，房子密度、容积率等必须经过严格的规划审核。在政府宏观政策到位和城市发展用地遭遇瓶颈后，广州城中村改造迎来了新一轮的机遇。2007年，随着拆迁补偿方案的确定及地块的成功拍卖，猎德村成为广州允许房地产开发商参与城中村改造后首个实现全面改造的城中村。2010年10月，猎德村村民顺利回迁猎德村复建社区，标志着广州引入房地产开发商等社会资本参与城中村改造后取得了阶段性的成功。截至2018年1月，广州已经完成了猎德村、林和村、琶洲村、杨箕村的整体改造和原居民回迁。

第五节 城中村改造的社会影响

一、非正规经济的消失

相比改造前城中村发达的非正规经济，在改造后，城中村复建社区原有的非正规部门“无所遁形”，消失殆尽。随着改造工程完成和居民回迁，城市市政和民政部门接管了复建社区的市政工程和民生事务。城中村复建社区逐渐实现了规范化的制度管理。然而，规范化的制度环境中产生的制度成本（如卫生保洁费、治安管理费等）使得非正规部门难以生存。同时，城中村非正规部门（如小商铺和小作坊）的从业者付租能力低，无力承担改造后大幅提升的租金成本。此外，复建社区的监控和安保严格，非正规经济的从业者和顾客因而无法自由进出社区。由于非正规部门的顾客主要是周边的居民或过路者，无法自由进出社区会大幅度减少非正规部门的市场需求。

二、社区的中产阶层化

城中村改造带来的租金上涨和人居环境的改善，导致当地发生“中产阶层化”。具体而言，改造前的城中村聚集着以农民工为主的低收入者，他们的付租能力十分有限。城中村改造带来地价和租金的上升，也极大地改善了人居环境。被改造的城中村往往位于区位较好的地段。因此，城中村复建房社区吸引了大批支付能力高的白领阶层迁入，取代了原有的农民工租客群体。

三、社区治理的正规化

城中村的经济发展股份公司仍然是社区治理的主体，但是居委会和新成立的物业管理有限公司在社区的民生事务和日常管理上发挥着日益重要的作用。在复建社区内，居委会和股份公司之间存在许多职能交叉，而且居委会在开展各项管理活动时都需要借助股份公司的社会资源和社区影响力。但是，随着复建社区内的城市居民不断增加，社区民情也日益复杂，股份公司的管理能力和水平已经难以独自应对社区民生事务管理。很多情况下，股份公司往往需要跟居委会合作，借助居委会的管理方法和经验，共同开展社区的日常管理和服务工作。此外，改造完成后，为了更好地管理复建小区，股份公司专门成立了物业管理有限公司，负责小区日常的卫生、设施维护及安保工作。

第六节　城中村改造对外来人口融入城市的影响

一、加重了外来人口的生活负担

在广州城中村改造过程中，外来人口的居住权益往往被牺牲掉。已有的城中村改造方案只设计了原物业业主的物业补偿方法，对租赁房屋的外来人口则置若罔闻。改造方案没有涉及外来人口的安置问题，而且对外来人口的被迫搬迁没有任何货币补偿。例如，广州猎德村回迁方案中只安排了村民安置区和村集体经济开发项目用地，并没有设计外来人口的回迁安置区。因此，在城中村改造拆迁过程中，大部分外来人口被迫搬离，且受制于自身的付租能力，仍然聚居在租金低的城中村。因此，城中村改造并没有消灭城市贫困，仅仅是把贫困人口从城市的一个地方驱逐到另外一个地方。更糟糕的是，城中村改造使外来人口不得不居住在区位较差的地方，增加了其通勤的成本，更不利于其在经济上融入所在城市。外来人口居住地“边缘化”的过程，往往也是他们逐步沦为广州社会底层，甚至是被排斥到城市社会经济体系之外的过程。

二、减少了外来人口的就业机会

城中村改造减少了外来人口的就业机会。改造后，城中村的非正规部门消失殆尽。而原来在这些城中村非正规部门就业的外来人口则因为改造而失业。许多外来人口需要在就业市场上重新寻找工作机会。外来人口原有的城市生存策略被打破。此外，这种由改造导致的职业流动阻碍了外来人口的人力资本和业缘关系的积累，而且会增加外来人口的城市生存成本。另外，为保持房租水平不变，大部分外来人口会搬迁到离市中心更远的居住地，因而将大量时间花费在日常工作通勤上。因此，广州以市场为导向的大拆大建式的城中村改造，实质上改变了外来人口在城市经济体系中的生存模式且增加了他们的生存成本。

三、重构了外来人口的本地社会网络

广州城中村内外来人口的社会网络主要由血缘关系和地缘关系网络构成。然而，这种初级社会关系网络由于城中村改造和外来人口的被迫搬迁而瓦解。在城中村内，外来人口一般与亲戚或同乡聚居，形成了颇具规模的初级关系网络。这种初级关系网络在城中村社会空间中形成。所以，随着城中村社会空间的消解和外来人口的被迫搬迁，外来人口的初级关系网络会逐渐瓦解。外来人口在广州构建的社会网络因而面临被重构的难题。另外，出于立足广州的需要，外来人口会主动在全广州重构其社会关系网络。例如，尽量搬迁至亲戚和老乡较多的居住地，保持与广州市内的亲戚和老乡的联系，或者尝试与社区内的本地人进行交往。因此，城中村改造也为外来人口构建本地化的社会网络提供了契机。

第七节 小　结

本章从城中村改造及其对外来人口融入城市的障碍两个方面进行分析，揭示了城中村改造的实质和外来人口融入城市的机制。本章发现，城中村改造不仅重构了城市内部的微观社会空间单元，而且影响了外来人口融入所在地城市的进程。相比城中村，复建社区的社会空间迥然不同。现代化的人居环境、中产阶层的居民及正规化的社区治理都是复建社区社会空间的关键要素。另外，改造工程会改变外来人口熟悉的生存环境和已有的生存策略，从而影响他们融入广州的过程。因为被迫搬迁到新的居住地或者更换工作，外来人口需要通过调整日常行为、重构社会网络等方式以适应新的居住环境和工作环境。而在居住和工作“边缘化”的过程中，外来人口往往面临着被排斥到城市社会经济体系之外的危机。

近年来，中国政府不断推动户籍改革，保障外来人口在所在地城市的权益，积极引导外来人口在所在地城市定居发展。事实上，外来人口在所在地城市的居住权益往往不受重视。例如，在城中村改造中，外来人口没有资格回迁复建社区；外来人口往往被排斥在所在地城市的保障性住房体系之外。然而，城中村改造等城市规划工程所导致的外来人口“安居难”问题会减缓外来人口融入城市的进程，从而阻碍中国城镇化的可持续发展。因此，在外来人口城市融入问题的应对策略上，各地方政府应该从保障外来人口的居住权益切入，通过建设外来务工人员公寓，帮助外来人口安居乐业，促进外来人口在所在地城市实现融入，以实现新型城镇化的顺利进行。

第九章
外来人口的社会融合及其需求：基于福州的调查

第一节 引言

与以往的城镇化相比，新型城镇化不但涉及以外来人口为重点的居民生活的地理空间重构、政策壁垒消除，也涉及其心理秩序重构、社会资本再造及城市基层治理结构的包容性重构。前者事关外来人口“进入城市”问题，而后者事关外来人口的城市“社会融合”问题。从某种意义上说，后者的任务更为艰巨。目前，城镇化的政策主基调是通过消除政策壁垒解决外来人口的主体即农业转移人口“进入城市”的问题，但其社会融合问题尚未引起足够重视。要研究外来人口的社会融合问题，最好的研究对象就是总人数达到2.6亿之众的农业转移人口，即俗称的农民工。他们的基本生活、主要工作都在城市，但他们自认为属于城市吗？他们认同城市吗？他们愿意一直待在城市吗？他们需要什么样的“新型城镇化”？本章通过调查福建福州农民工的社会融合状况，试图从农民工“内部人”的视角探讨“以人为核心”的新型城镇化对城市治理的新要求。

第二节 研究进展

社会融合意味着积极促进弱势群体的参与机会，无论在工作、教育还是在更广泛的社会层面（ESFP, 2007）。它不仅强调适应的过程，而且重视边缘群体在调适过程与控制体系中融入主流社会的结果。

社会融合理论源自西方国家。在众多流派中，“同化论”、“多元论”和“区隔融合论”影响较大，西方学者采用这些理论来解释移民在西方社会的经济成就、行为适应、文化融合、身份认同的过程和结果。虽然中国的实际情况与国外存在差异，但农民工与国际移民在迁入地都属于弱势群体，在社会融合中面临的问题有很多类似之处，因此西方国家的理论对中国的情况具有重要的借鉴作用。

早在 19 世纪 90 年代，以美国社会学家 Park 为代表的芝加哥学派，就开始研究从欧洲来到美国的新移民如何进入和适应新的环境。Park 和 Burgess（1921）将融合定义为“个体或群体互相渗透、相互融合的过程；在这个过程中，通过共享历史和经验，相互获得对方的记忆、情感、态度，最终整合于一个共同的文化生活之中”。这种同化论将融合过程划分为经济竞争、政治冲突、社会调节、文化融合四个层次。多元论则强调，当移入地文化具有更大的包容性时，新移民会倾向于维持原有的文化价值，同时他们也会在新的定居地重新塑造其身份认同、价值观念，从而有助于形成多元化的社会和经济秩序（Portes et al., 1980）。区隔融合理论是对同化理论的补充和发展。它认为，移民的人文资本（如教育、技能、文化）及迁入地对其最初的对待方式与融合模式之间存在互动。流入地公共政策和社会成员对移民是表现出敌意或漠不关心？还是诚心接纳？不同态度对融合的过程及结果会产生至关重要的作用（Portes, 1995；Portes and Zhou, 1993，2001）。

国内学者对外来人口社会融合问题的研究在指代上略有不同，出现了“城市融入”（马广海，2001）、“城市适应”（朱力，2002）、“市民化”（王桂新等，2008）、“社会融入”（杨菊华，2010a；朱宇和林李月，2011）等内涵交叉但不完全相同的概念。目前，对外来人口社会融合的研究主要集中于四种视角：一是基于现代性的视角，注重农民从传统向现代、从农村向城市、从封闭向开放转变的过程的研究（蔡禾等，2009）；二是基于社会化的视角，主要关注农民工在不同层面、不同维度的社会融合，并视农民工的社会融合是一种再社会化的过程（田凯，1995；张文宏和雷开春，2008；杨菊华，2010b）；三是从社会排斥与互动的视角，认为农民工的融入障碍在于城市的社会排斥，以及农民工与市民之间缺少社会互动而产生的社会隔离（潘泽泉，2004）；四是从社会网络或社会资本的视角，考察社会网络结构因素对农民工城市融入的重要意义或影响（刘传江和周玲，2004；李树茁等，2008）。

研究普遍认为，社会融合不是单维度的，而是多维度的。但在对农民工社会融合的评价维度上，有众多不同的观点，主要表现为以下几种：①李树茁等（2008）认为融合包括两个层面，一是行为上的融入，二是情感上认同城市。② 王桂新和罗恩立（2007）从经济融合、政治融合、公共权益融合、社会关系融合进行实证分析，得到上海农民工的社会融合状况有所改善，但总体融合度不高的结论。③张文宏和雷开春（2008）从经济整合、行为适用、文化接纳和身份认同四个维度提出社会融合的指标体系，而杨菊华（2010b）则在此基础上提出经济整合、文化接纳、行为适应和身份认同之间存在一定的递进关系。流动者在迁入地的社会融合始于经济整合，经过文化接纳、行为适应，最后达到身份认同的境界。④任远（2006）从外来人口的居留模式分析社会融合的水平，展现外来人口社会融合的过程性。当外来人口在城市居留的时间越长，就更深入地卷入城市的经济活动和社会网络，从而得以更深地融入进来。

已有研究多注重于社会结构或制度要素对农民工社会融合的影响，但事实上，由于城市与农村之间长久形成的文化心理隔阂与差别的影响更为深远，即使是将农民进入城市的制度性障碍完全消除，他们要想真正融入城市也需要有一个过程。因此，本研究在实证调查的基础上，力图反映农民工在城镇化进程中的真实意愿与需求，并努力从他们的角度做出对策吁求。唯有在尊重农业转移人口意愿基础上进行的城镇化，才是真正的“以人为核心”的城镇化。

第三节　调 查 情 况

一、抽样方法

为深入了解农民工的社会融合状况，我们于2012年以福州为对象进行了调查[①]。2012年，福州人口总数约为711万人。福州共辖五区八县，本次调查范围仅限于市区。

调查主要采用PPS抽样调查法（probability proportionate to size sampling）。首先，从福州市公安局相关部门得到外来人口集中的16个街道，用PPS抽样调查法从中抽取15个社区，从福州另外30个街道中抽取15个普通社区。其次，在社区中采用随机抽样的方式，抽样方法是随机抽出主路和小路后按地址等距抽样。这种按地址抽样的方式力图涵盖无城市户口的农民工。调查共发放了1500份问卷，收回问卷1227份，有效问卷为985份，问卷有效率为80.3%。

本研究主要在社区层面考察非制度性因素对农民工社会融合的影响，因此在问卷中设计了有关邻里关系的一系列问题，从是否经常串门到是否一起娱乐

① 本次调查中，97.5%的农民工月收入在3000～5000元，只有2.5%的农民工月收入在2000元以下。2011年福州全市在岗职工年平均工资为41 725元，月均约3477元。农民工的收入基本达到城市在岗职工的水平。

和吃饭。从中我们可以设计社区感指数（sense of community index，SCI）作为衡量社会融合的指标。我们采用标准SCI用的四个要素——成员资格、影响力、会面需求和共有情感连接衡量不同户口类型群体的社区感。但因为SCI的问题并不完全适合于中国，所以对调查问题做了变通：第一个问题直接问户主对现居住地是否有归属感，题目为“我感觉自己属于这个地方”，另有三个问题涉及调查对象及其家庭是否参与社区社会活动，是否愿意长期在此地居住，以及是否喜欢福州。选项按李克特5级量表分为“绝对同意”、“比较同意”、“一般”、“比较不同意”和“绝对不同意”。将这四个问题作为社区归属感、社区参与、居留意愿及城市认可度的标准。

二、样本情况

在收回的有效问卷985份中，农民工为339份，占比为34.4%。青年农民工约占农民工总数的60.4%，基本情况见表9-1。

表9-1 福州市被调查农民工基本特征描述

指标	占样本比例（%）	指标	占样本比例（%）
教育水平		年龄（岁）	
文盲半文盲	2.9	<15	0.1
小学	13.0	15～24	27.7
初中	44.2	25～34	33.0
高中	20.4	35～44	21.3
中专	8.6	45～54	14.5
大专	7.7	≥55	3.5
大学本科	2.9	性别	
研究生以上	0.3	男	83.3
婚姻状况		女	16.7
已婚	58.7		
未婚	41.3		

由于小部分调查对象对某些问题没有作答，数据存在缺失，因此从职业分布看，农民工从事服务业、商贸业人群占比最大，为166人次，占有效作答人数273人的60.8%；其次为专业技术人员（17.9%）。从行业看，从事商业（零售贸易）、物资供销业的占大多数，为115人次，占有效作答人数的43.7%；其次为社会服务业，为47人次，占有效作答人数的17.9%；然后为建筑业，为34人次，占有效作答人数的12.9%。

第四节 福州农民工的社会融合情况

长期以来，不论是学界还是社会主流媒体，都认为农民工无法在城市长期居留的原因主要在于制度性障碍，如户籍，以及由户籍带来的社会保障、子女教育、保障性住房等公共产品的缺失。户籍制度的存在使农民工很难在城镇定居，只能无奈地选择在城乡间循环流动。这种论点背后隐含的逻辑是：农民工自身愿意成为城市居民，如果这些制度障碍得以逐渐移除，会使他们更加倾向于在城市长期居留（王春光，2010；刘传江，2010；郭建玉，2011）。因此，加快户籍制度改革和外来人口的市民化步伐以促进农民工在迁入地城镇的定居，是解决其在流动过程中所面临问题的根本措施。但从本次调查数据来看，农民工并不认为户籍制度是影响其在城市定居的关键性因素，主要由户籍制度导致的各种制度性障碍的减少也并不必然提升农民工的城市居留意愿和社区归属感。在制度性障碍日益减少的同时，农民工仍需面对社会融合进程中不断出现的非制度性障碍的挑战。

一、制度性障碍减少

农民市民化最核心的制度为户籍制度，在这方面，福州一套商品房可以享受一次外地户口购房落户，按人均 25 平方米迁入直系亲属。在养老保险方面，目前全国已经实现了异地转移接续。在教育方面，对小学阶段的外来人口子女采用自愿报名与统筹安排相结合的方式来安排公立小学就读[①]。在社会最为关注的“异地高考”政策上，2011 年，福建允许省内户籍的考生在学籍地和户籍地中任选一地参加高考。2014 年起，凡在福建高中有 3 年完整学习经历的非户籍考生，可在福建就地报名参加普通高考，允许参加本科、专科层次录取，并与福建考生享受同等的录取政策。福建成为全国率先实现省内“异地高考”的省份之一。作为配套政策，目前，外来人口相对集中的泉州、厦门、福州的一般

① 2013年，福州进城务工人员随迁子女入读公办小学一年级，统一实行电脑派位招生。具备“三证”（原籍户口簿和父母身份证、父母一方与就业单位签订的劳动合同或工商营业执照、父母双方半年以上的暂住证）即符合报名条件。在辖区内已购房者无须提供暂住证。未通过电脑派位录取的进城务工人员随迁子女统筹安排入学。

高中学校已全部对随迁子女开放，泉州所有一级达标校、厦门和福州部分一级达标校也已对随迁子女开放。调查发现，农民工子女中，有67.2%与父母一起来到福州，其中有70.8%进入福州公立学校，21.7%进入福州私立民办学校，就读于农民工子弟学校的仅占2.8%。在保障性住房方面，2013年开始，符合一定条件的福州外来人口可以申请公租房[①]。

显然，福州的“户籍墙”相对北京、上海、广州等一线城市来说较低，但我们却发现，尽管以户籍制度为核心的各项政策和制度都呈宽松态势，调查数据却并未表明农民工有强烈的城市居留意愿和良好的社会融合度。

二、社区感与居留意愿低

对调查数据做出初步交叉分析表明，农民工的社区归属感和居留意愿并不强。表9-2记录了农民工的社区归属感、社区参与、居留意愿与城市认可度，以作为其真实居留意愿的反映。

如表9-2所示，农民工的社区归属感、社区参与、居留意愿都较低。基本没有归属感的占51.6%，明确自己属于这个地方的只有21.8%。78.3%的农民工基本从未参与过社区公共活动，参与过社区活动的仅占7.5%。可见，农民工对于社区活动的参与程度极低。在调查访谈中了解到，其原因主要在于以下几个方面：一是农民工主要聚居于城中村和工人宿舍，因此有组织的社区活动较少；二是社区活动很少针对农民工的需求，农民工对其认可度较低，觉得“没什么意思”；三是农民工与本地居民信息交流不畅，很多农民工并不了解正在开展哪些社区活动；四是工作所占时间较长，缺少参与社区活动的机会。这些都是农民工融入社区、融入城市的阻碍。

表9-2 社区归属感、社区参与、居留意愿与城市认可度 （单位：%）

项目	感觉属于这个地方	参与社区公共活动	愿意在此长住	喜欢福州
绝对不同意	10.1	26.8	10.4	1.2
比较不同意	41.5	51.5	32.1	4.5
一般	26.6	14.2	28.3	43.4
比较同意	19.4	5.7	22.6	43.4
绝对同意	2.4	1.8	6.6	7.5

① 外来务工人员申请公租房所需条件为：申请人在本市五城区务工且在本市五城区累计缴纳养老等社会保险满6年，或属于与企业签订5年以上劳动合同且在本市五城区累计缴纳养老等社会保险满1年的普通全日制高校毕业生；家庭年收入在7.8万元以下（含）、家庭财产在47万元以下（含）；无自有住房、未租住公有住房。

从居留意愿来看，并不像有些研究所言，有着“死也要死在城市”的强烈留城意愿（许传新，2006）。从“愿意在此长住”一栏的数据可知，“比较同意”与“绝对同意”长住的百分比相加，即比较倾向于在福州长住的比例为 29.2%，其中希望居住 15 年以上的比例只有 19.9%，短期居留比例则很高，仅仅打算在福州工作 1～3 年的占 58.4%，而表示只准备待 1 年以下的占 24.8%（表 9-3）。其中，未婚人口的流动性更为明显，未婚人口中居留意愿在 3 年以下的占 67.1%，只有 19.8% 的人打算在福州居住 15 年以上。如果离开福州，选择回老家的占 54.3%，不确定的占 25.6%。

表 9-3 计划在福州居留时间

打算在福州居留几年		频率（人）	百分比（%）	有效百分比（%）	累积百分比（%）
有效	1 年以下（含 1 年）	81	23.9	24.8	24.8
	1～3 年（含 3 年）	110	32.4	33.6	58.4
	4～15 年	71	20.9	21.7	80.1
	15 年以上	65	19.2	19.9	100.0
	合计	327	96.5	100.0	
缺失	系统	12	3.5		
总计		339	100.0		

在与本市非农业户口、本市农业户口、外地非农业户口居民的比较中，外地农业户口居民的社区归属感是最低的，只有 2.99，不仅大大低于本市农业户口的居民（3.60），也低于外地非农业户口居民（3.23）（表 9-4）。具体来看，其各项维度也都显著低于其他户口类型的居民。社区归属感侧重的是居民对社区的总体认同。这种基于互相熟悉和信任基础上的社区归属感不是一朝一夕可以形成的，而是在长期的互动中逐渐培养起来的。住所的流动使农民工很难与社区的其他居民有长期接触和交流的机会，其社区归属感最低在意料之中。值得注意的是，社区对农民工需求的满足较好，农民工（即外地农业户口）对社区的满意度是最高的，达到了 3.52，但在情感联结和影响力方面的得分均低于 3。说明农民工对于社区的“硬件”满意度较高，但在邻里交往和社区参与等“软件”方面则缺乏更多的机会和渠道。

表 9-4 分户口类型统计的社区归属感比较

SCI 要素	本市非农业户口	本市农业户口	外地非农业户口	外地农业户口
情感联结	3.60	3.67	3.27	2.94
需求满足	3.79	3.81	3.80	3.52
成员资格	3.72	3.86	3.47	3.30

续表

SCI 要素	本市非农业户口	本市农业户口	外地非农业户口	外地农业户口
影响力	2.80	2.97	2.37	2.19
SCI 均值	3.48	3.60	3.23	2.99

三、城市认可度高

尽管在参与社会事务方面被排斥，农民工对城市居民的态度并不完全是否定的。约有 7.1% 的农民工选择“非常友好”，50.1% 的农民工选择“友好”，36.5% 的农民工选择“不确定”，只有 5.7% 的农民工选择“不友好”，选择“非常不友好”的农民工只有 0.6%。对这座城市的总体印象，选择“非常喜欢”和“比较喜欢”的农民工共计 50.9%，选择“一般”的农民工占 43.4%，两者共计 94.3%。约有 4.5% 的农民工不喜欢这座城市，只有 1.2% 的农民工非常不喜欢这座城市。

可见，与前面农民工对社区归属感的四个指标相反，农民工对福州的认可度很高（表 9-2），既然如此喜欢福州，却不打算长久居住，原因何在？经过访谈发现，农民工与城市人口相比，总体受教育水平较低，初中毕业及初中以下人口占比近 60.1%。他们喜欢福州，有融入城市的需求，但较低的文化水平和城市社会资本的缺乏使他们不知道要怎样做才能融入当地社会。因此，农民工在融入城市社会过程中所遇到的障碍不仅限于有形或无形的“户籍墙”，还要克服其自身人力资本、社会资本不足等方面的困难（杨菊华，2010b）。仅靠其自身力量，即使废除了户籍制度，多数人的融合过程也将会漫长而艰辛，农民工需要有更多和城市居民交往的机会，需要更多有关城市生活的经验和信息交流，需要以较少的成本来提升自己的人力资本。

四、落户城市的意愿低

出乎我们意料的是，与目前推动农民工市民化的主导思路（放宽城市户籍政策）的预期相反，大部分农民工并不看重城市户籍。调查中在问到“你认为要融入福州最重要的条件是什么？”时，农民工中选择户口的仅占 1.9%，经常和本地人交往占比更低，仅占 1.3%。41.5% 的农民工认为有稳定的工作是首要条件，24.5% 的农民工认为自己有能力赚钱最重要，12.6% 的农民工选择买房。访谈中发现农民工不愿落户城市的原因如下：一是由户籍制度导致的各项社会服务和保障的差异日趋减小。二是由于近年来的惠农政策和房地产市场行情看涨的影响，许多农民工看好农村土地的近期效用和远期价值。许多人提到，如果把户口转到城市，万一在城市生活不如意，户口要转回农村会由于牵涉土地利益而比当初农转非更难。三是由于样本中有 41.3% 是未婚农民工，可能在工作和生活中还没有遇到“户籍墙”的阻碍。

在问到“如果离开福州，你会去哪里？”时，选择回老家的占 54.3%，不确定的占 25.6%，去福建省外其他省市的占 13.0%，去福建省内其他城市的占 6.7%，不知道或没想过的占 0.4%。农民工的流迁方向呈现多元化的趋势。就本次调查的数据来看，对大部分农民工而言，他们的意愿不是从乡村地区迁往城镇并最终在城镇定居的单向迁移。因此，对于这部分农民工而言，给予他们在流入城市的户籍既不完全符合其意愿，也不一定符合他们的最大利益。事实上，近年来农民工群体内部在流迁方向上已呈现在迁入地定居、保持流动状态和向流出地回流的三维分化（Zhu and Chen, 2010）。如何满足农民工的多元化需求，提出一个更加完善的分析框架，而不是仅仅将其在流入城市“市民化”作为单一解决方案，是亟须进一步探讨的问题。

第五节　小　　结

从 18 世纪中叶开始的现代城镇化进程已经持续了 200 多年。在此过程中，率先实现城镇化的西方国家走的是一条与工业化步调大致契合、先集中后分散稳步演进的城镇化进程。相比之下，后发国家快速城镇化出现的一个普遍现象是，无力在短时间内调适城市的内部治理机制，从而引起诸多“城市病”。城市基本公共服务、城市基层治理结构、城市公共生活空间、城市社会组织、城市社会工作等这些与市民生活息息相关事务的发展，都远远落后于城市地域的扩张速度，导致城市社会治理结构缺乏应有的开放性和包容度。在此背景下，农业转移人口的市民化所遭遇的种种制度性和非制度性的障碍，何足为怪！可以预见，如果以外延扩张为主导的城镇化趋势没有被遏止，中国的城镇化必将遭遇深刻的社会危机。也正是在此背景下，“以人为核心”的新型城镇化战略被提上议事日程。这一战略不仅是拉动经济之所需，更重要的是化解社会政治危机之所需。

从“社会融合”理论视角和农民工“内部人”需求的视角，观照“以人为核心”的新型城镇化，迫切要求在各项公共政策上构建更具包容性的城市治理体系，唯此才能实现城镇化由低成本速度扩张向高质量内涵提升的转型。

一、推动公共服务均等化

当前解决农业转移人口市民化问题的主导思路是，给予农民工某个流入城市的户籍，这样通过解决身份问题就可以使其享受城市的公共服务体系。2011年2月26日国务院办公厅发布了《国务院办公厅关于积极稳妥推进户籍管理制度改革的通知》，标志着中国户籍制度的改革迈出了实质性的一步，彻底敞开了中小城市和建制镇的大门，在制度上拓宽了人口城镇化的渠道，将会给中国人口城镇化的发展格局带来显著影响。然而，目前的政策只适用于部分有意愿且有能力在城市定居的农民工，对于那些无力或不愿“市民化”而倾向于继续流动或循环流动，或者是打算返乡的农民工而言，他们需要的不是在其流动过程中某个城市的户籍，而是针对其流而不迁的状态或返乡需要，设计可在“城城之间”和“城乡之间”无缝转接的公共服务体系。这种具有多重地域特征的多样化的公共服务需求是某个城市户口所不能给予的。另外，目前的政策设计将农业转移人口市民化所带来的一系列公共服务成本完全加到迁入地城市，使当地政府不堪重负，从而设计出种种隐性门槛来减少一部分农民工获得城市户口，或排斥人力资本较低的农民工。在地区差异明显的情况下，迁入地城市有限的资源按目前的政策设计需划拨出一部分分给农民工，但必将因“损害”当地市民的利益而引起反弹。北京本地居民与外地人口在“异地高考”问题上激烈的争论，就说明了这一点。

因此，新型城镇化应该更为包容，对大量“流而不迁”农民工的各项权益，需要有统筹的考虑。归根到底，将新型城镇化的重心转移到“公共服务均等化”和“城乡一体化”。我们从“社会融合”这一更为广泛的视角看到，不论是哪一种户籍，一位公民应享有的公共服务都不应仅局限于某个城市并以“市民身份”为条件。不论是农民还是市民，国家都应承担为他们提供均等化公共服务的责任。所以，农民工市民化不应仅局限于使农民工成为某个城市的市民，更重要的是逐步缩小城乡间和地区间在公共服务方面的差距，将享受公共服务的权利与居住地脱钩，以常住人口而非户籍人口配置公共资源，剥离与户籍相关的福利和公共资源配置，使农民工不论在哪里，都可以享受到和“市民”一样的公共服务。

二、提高基层结构的开放性

推进农民工的社会融合仅有宏大的政策设计是不够的，如何在国家与社会的互动中达成关于推进社会融合的普遍性行动共识才是根本。要推进共识，必须改变城市基层治理结构的封闭性。农民工社区归属感低、社会参与度低、城市居留意愿低，无不与相对封闭的基层治理结构有关。现有的以街居体制为主导的城市社区治理结构，在财政集权体制下，治理资源普遍匮乏，治理主体的人员、资质、能力也普遍匮乏，由此导致社区社会工作留下诸多空白点。

出于“维稳”的考量，基层社区对农民工更多的是防范与管理而不是沟通与服务。这是一种基于身份管理的封闭式治理结构，在社区管理的“网格”普遍覆盖他们时，社区服务、社区文化、社区教育、社区公共生活的“阳光”并没有“普照”他们。大部分农民工游离在各种组织之外，利益诉求不畅，也几乎没有参政议政的渠道。农民工与政府无法通过充分沟通来表达自己的诉求，这将导致新型城镇化中促进农民市民化的政策有效性达不到预期目的。

因此，在当前各个城市强化基层基础时，应该更多地注意提高基层治理结构的开放性和包容度，还“居民”以本来面目，以居住地而不是身份确定社会管理和社会服务的对象和范围。

三、吸纳多元社会主体参与

我们已经看到，除制度性障碍之外，社会、心理层面的非制度性因素对农民工社会融合的阻碍十分显著。居留意愿与城市认可度之间的关系说明，许多农民工愿意居住在城市，在经济层面上已经融入城市，但社会、心理层面仍未融合。受较弱的人力资本、较低的职业层次、居住空间隔离等的影响，其社交对象主要从同质性较高的群体中选择，但他们已经表现出了主动的交往意愿。我们在福州金山工业区的调查中发现，有61.1%的农民工希望位于工业区的公益组织“福州工友之家”[①]能提供文化知识、技能、法律等方面的咨询与培训，希望能举办交友活动的农民工占19.7%，还有19.1%的农民工表示希望“福州工友之家”能组织社区公益活动。这说明农民工有强烈的提升人力资本的动机，而且已经在主动建构自身的城市社会网络。农民工有社会融合的需求，政府有

① “福州工友之家”是由中国人民大学乡村建设中心、北京晏阳初平民教育发展中心与福建正荣公益基金会共同发起的公益性社区教育服务机构，以外来工为主要服务对象，致力于推动城市劳动群体聚集地社区学习平台的建设，从而促进社会各阶层的交流沟通。

诚意消除制度性障碍，但二者之间的差距仍然需要一个资源平台和公共空间来联结。在社区工作层面引入社会组织和社会工作，可以进一步促进外来人口融入当地社会。类似“福州工友之家”这样服务于农民工的公益组织不仅满足了农民工希望以较低的成本来提升人力资本的需求，同时还为农民工提供了一个可以进行社会交往、再建社会关系网络的平台，以此来获得新的信息、机会、资源及必要的社会支持。在这个共同的空间，农民工之间，农民工与志愿者、与工作人员之间，本地居民之间都可以进行自由交流。这些交流与沟通，增加了彼此的相互了解与平等，并将在长期交往过程中构建一种良好的互动关系，达到社会融合的目的。

四、包容不同文化共存

在调查中发现，尽管农民工与本地居民等异质性人群交流较少，但农民工之间的邻里交往并不比城市居民低。他们共同的外来人口的身份其实加强了其在社区中的邻里互动、互助。农民工并不是被社会孤立的群体，他们发展出了一个建立在老乡基础上的“虚拟社区”（Zhang, 2001）。在我们的调查中，大约有 69.7% 的农民工得到过亲戚或老乡的帮助，约 51.1% 的农民工曾帮过他们的老乡。如果从这个视角来看待社会融合问题，可以认为在遵守城市共同生活、工作等规则的情况下，不需要强调外来人口的同化。在城中村等外来人口集中居住地，可能已经存在一种社会融合的方式，即外来人口的邻里交往和社区认同。强迫打散这种居住方式，有可能会破坏其社区现有的社会网络功能，削弱其潜在的政治力量和文化认同。来自不同地区外来人口的不同生活方式犹如“马赛克”一样镶嵌在城市中，城市完全可以包容而不是强制同化它们。

总之，新型城镇化不仅仅是农村人口向城市的转移和聚集，要使农民工更好地融入城市，还需要推进“城城之间”与“城乡之间”公共服务的均等化，使农民工可以更加自主地选择居留地。另外，良好的社会融合度并不必然意味着农民工完全被城市同化，在多元主体可以共同参与社会治理的前提下，不同亚文化在城市的共存和生长也是融合的一种表现。

第十章

居住区位与社会融合：对上海的实证研究

第一节　引　言

当代中国正经历着前所未有的快速城镇化。2014 年，从农村涌入城市的人口已突破 2.7 亿人（国家统计局，2015）。这个庞大的群体，不能享受与城市户籍人口同等的权利，通常被称为外来人口。他们大多聚居于城乡结合部、建筑工地或工厂宿舍，形成“城中村”和“厂中村”等城市景观，因此往往是社会矛盾和冲突的频发区域（魏立华和阎小培，2005；汪明峰等，2012）。促进各社会阶层的和谐共生与空间融合，是“新常态”下实现人与城市全面健康发展的重要议题。针对城市外来人口的居住区位及其社会空间效应展开实证研究，将有助于人们认识居住条件如何塑造并强化城市外来人口的社会地位，为科学编制城乡规划和优化外来人口管理提供扎实深入的理论支撑。

对中国“乡—城”人口迁徙造就的外来人口现象，学界展开了广泛密集的研究。其中，外来人口在城市中的居住体验和社会空间排斥问题是研究热点之一，学界多关注外来人口的住房状况与住房政策（Wang et al.，2010；王桂新，2005；李志刚，2011；Huang and Tao, 2014），以及外来人口居住隔离及其社会效应等（项飚，2000；袁媛和许学强，2008；吴晓，2011；Zhang, 2001）。近年来，随着近郊城中村的大规模拆除，众多外来人口被迫迁居远郊，面临更稀少的就业机会和公共服务，其在城市的生存处境更加艰难（马航，2007；Wu et al.，2013b）。因此，考察居住区位在外来人口融入城市过程中的作用，具有日益凸显的学术价值和政策意义。

本章基于在上海开展的一项调查，对外来人口居住区位的社会效应进行研究，即居住在城市郊区给外来人口所带来的诸多限制是否会进一步强化外来人口在主流社会中的边缘地位？实证分析表明，尽管郊区在提供低价住房方面发挥了积极作用，但从长远来看，边缘区位可能进一步强化外来人口在城市中的边缘地位。

第二节　研究进展：居住区位与外来人口融合

外来人口居住区位及其社会效应，是西方城市研究的经典议题之一。芝加哥学派提出，跨国外来人口常聚居于中心城区，但其后代会迁往郊区（Burgess, 1925），由此发展出“空间同化”（spatial assimilation）模型，强调郊区化是20世纪美国外来人口同化的关键阶段（Massey, 1985; Alba and Nee, 1997; Alba et al., 1999）。虽然外来人口最初往往聚居于中心城区的社区，但随着经济资本积累和文化融合，其后代会迁往社区资源更好的郊区。

20世纪90年代以来，该理论受到“地方分层”（place stratification）模型的挑战（Logan and Alba, 1993）。后者认为，由于存在结构性歧视机制，外来人口群体可能无法将收入和教育等个体层面的特征转化为“向上”的居住流动。当他们迁往郊区后，只能继续聚居在“郊区族裔区”（Li, 2009），而非郊区白人社区。居住在郊区的贫困外来人口，比起居住在中心城区的外来人口，更难获取必要的公共服务，因此也更加贫困（Murphy, 2007）。

发展中国家的外来人口居住现象，并不必然符合来自发达国家的经验。在城市快速扩张过程中，发展中国家呈现出人口密度高及城乡活动混杂的郊区景观（Gilbert and Crankshaw, 1999; Davis, 2006）。Turner（1968）指出，外来人口往往先租住于靠近工作场所的中心城区，但随后倾向于迁居城市周边地带，自行搭建非正规棚屋。近年来，门禁社区、工业园区和大型购物商场等在发展中国家的城市郊区兴起。Roitman和Phelps（2011）考察了阿根廷城市郊区大规模的门禁社区开发，指出富人迁居形成的郊区二元化，无助于缓解社会不平等，实际上郊区出现了更多的贫困和排斥现象。

可见，无论是发达国家抑或发展中国家，郊区外来人口的社会融合过程均面临障碍。区位条件何以影响外来人口融入，发生机制如何？

其一，郊区的劳动力市场大多提供低薪岗位，无助于跨国外来人口“向上”流动（Lichter et al., 2010）。在美国，低技能就业岗位广泛分散于制造、建筑和服务行业，快速发展的郊区地区的劳动力市场大多提供低薪岗位，它们往往毫无前途（Kneebone, 2009; Raphael and Stoll, 2010）。这几乎无助于跨国外来人口“向上”流动（Lichter et al., 2010）。

其二，依赖公共交通的城市边缘外来人口，由于缺少公共设施和服务，流动性和可达性受到很大制约，外来人口的经济机遇较少，社会参与度较低（Foth et al.，2013）。由于外来人口非常依赖公共交通，郊区公共交通基础设施发展落后，进一步限制了外来人口的生存机会。与此同时，贫困的郊区社区能获得的社会服务极其有限（Allard, 2004）。随着郊区私人提供公共服务日益普遍，该问题更加严重（McKenzie, 1994）。如 Brown（1992）所述，当代城市实际上已经“不只有一个郊区，而是两个，一个富裕且通过良好的交通与城市融合；而另一个则被孤立和疏远，贫困而拥挤”。

其三，不同社会群体间在空间上的隔离所带来的负面效应在郊区更加严重。目前，已有实证研究在空间隔离对社会融合的影响方面仍无定论。一些研究强调外来人口可以在其聚居社区获得社会和文化资本（Portes and Jensen, 1987, 1989; Bolt et al., 1998）。然而，不少研究发现，长期空间隔离会延误外来人口的同化进程，从而对社会凝聚构成威胁（Nee et al., 1994; Xie and Gough, 2011）。特别地，如果外来人口群体没有机会接触到社会主流群体，经历贫困和失业的可能性更高（Galster et al., 1999; Feng et al., 2014）。外来人口聚居社区的不良声誉和欠佳的社会网络也会对外来人口的融合产生不利影响（Musterd and Andersson, 2005; Permentier et al., 2007）。在密度更低、社区更加孤立的郊区，不同群体的居民相互接触的机会较中心城区更少，使这类问题更为明显。

总之，在郊区，对城市外来人口的社会排斥进一步恶化。而上述研究均以西方国家和其他发展中国家为背景，来自中国郊区外来人口的社会融合研究，将有助于深入理解郊区发展的“中国模式”，亦将完善或修正世界城市研究的既有结论。

第三节 研究框架：中国城市外来人口的社会空间排斥

当代中国的城市外来人口，更倾向于聚居城市周边地带而不是中心城区，已成为郊区人口快速增长的主要来源（付磊和唐子来，2008；邓智团和廖邦固，2014；Shen and Wu, 2013）。但是，与许多其他发展中国家外来人口在城市边缘区自建住房相比，中国的郊区外来人口大多住在雇主提供的宿舍和私人租赁住房（Huang and Tao, 2014）。

就居住供给而言，中国语境下的“郊区”作为一种地理概念，指中心城区的周边地带，并不意味着西方式的中产阶级居住区与生活方式。20 世纪 80 年代实行经济改革以来，得益于土地市场建立和土地利用转变，中国城市出现快速郊区化（周一星和孟延春，1998）。然而，中心城区依然繁荣，仍是生活、工作的首选区位。缺乏公共服务和设施的郊区，房价无法与中心城区相比。更重要的是，郊区有大量低成本的私人租赁住房。一方面，政府以低廉价格征用农田，并出让用于房地产开发，此类商品房虽然超出大多数外来人口的经济承受力，但大量用于投资的房产，通过租赁市场成为外来人口获取住房的重要来源，屡见不鲜的“群租”方式则进一步降低了大城市郊区的租房门槛。另一方面，政府禁止集体所有农地和农村住房交易。被快速的城市扩张波及的农民，大量新建或是扩建房屋出租（Zhang, 2011）。市郊“城中村”成为城市外来人口的主要住房来源。

就居住需求而言，外来人口聚居城市边缘地区，在很大程度上反映了其在房产市场上遭遇的窘境，而根源则在于他们的社会经济地位（包括收入和职业），往往处于城市经济和劳动力市场的底部（Fan, 2002）。中国特有的户口制度障碍，使得外来人口无法享受经济适用房等福利（Xu et al.，2011）。此外，因为原籍地形成的外来人口社会网络，在促成居住区位选择中，进一步发挥“路径依赖”作用，外来人口在初次求职和居住选择等方面往往寻求早期同籍外来人口的社会性支持，从而在城中村形成郊区外来人口的聚居。

然而，住在郊区并不意味着空间同化。研究表明，外来人口选择当前郊区住房的主要原因是邻近工作场所和获得低成本住房（Shen and Wu, 2013）。虽然基于同乡的社会资本，在外来人口最初适应城市生活的过程中起积极作用，但郊区生活的诸多限制，成为外来人口生活前景的极大桎梏，并将反过来强化他们的边缘地位。首先，居住在外来人口聚居区，可能会限制其接触其他群体，不利于其建立超越籍贯或社区的群际社会网络（inter-group social network）。其次，由于制造业的郊区化（孙铁山，2015），提供给外来人口的就业岗位集中于低端制造业，大多收入微薄，职业前景黯淡。受限于就业岗位分布和交通能力，外来人口几乎无望实现“向上”社会流动，只能继续滞留郊区。最后，郊区人口构成复杂，不同群体居住分异明显，具有明显的异质性特征（刘玉等，2009；Shen and Wu, 2013）。例如，Fleischer（2010）对北京的望京进行了观察，识别出富裕中产阶层家庭、外来人口和本地居民聚居，形成几种典型郊区社区类型。本章的实证部分，将通过比较居住在中心城区和郊区的外来人口，进一步考察居住区位对外来人口的社会融合产生的影响。

第四节　调研与数据

研究以在上海开展的问卷调查数据为基础。2013 年年底，上海的外来人口总数高达 953.5 万人，约占全市总人口的 40%（上海市统计局和国家统计局上海调查总队，2014），外来人口空间分布呈现出迅猛的郊区化趋势。20 世纪 90 年代，近郊是外来人口的聚居区位（付磊和唐子来，2008）。2010 年第六次全国人口普查数据显示，外来人口大量聚居在远郊区。从区位熵分析看，全市的外来人口主要集聚于闵行区、奉贤区、嘉定区、青浦区和松江区（图 10-1）。其中，嘉定区、青浦区和松江区的外来人口数量甚至大于本地户籍居民。相比之下，中心城区仍以本地户籍人口为主，占总人口的 75%（图 10-2）。

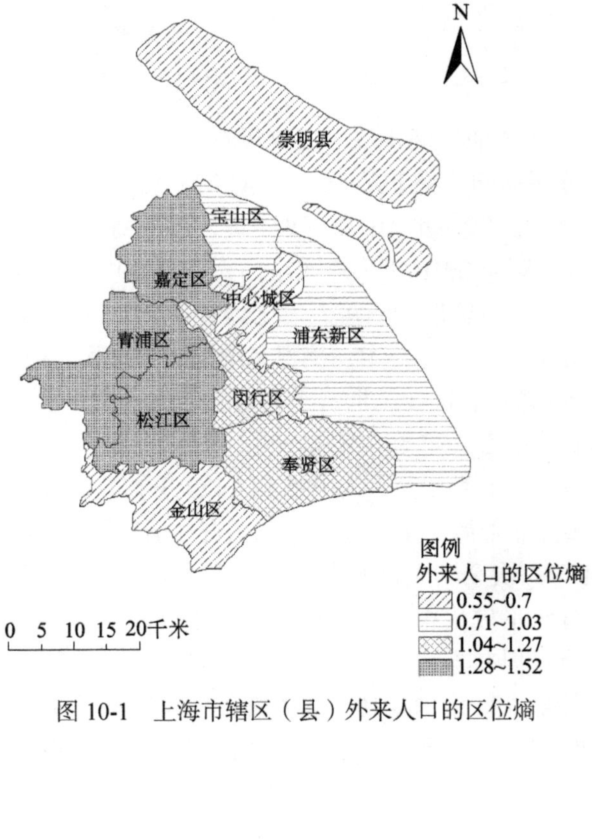

图 10-1　上海市辖区（县）外来人口的区位熵

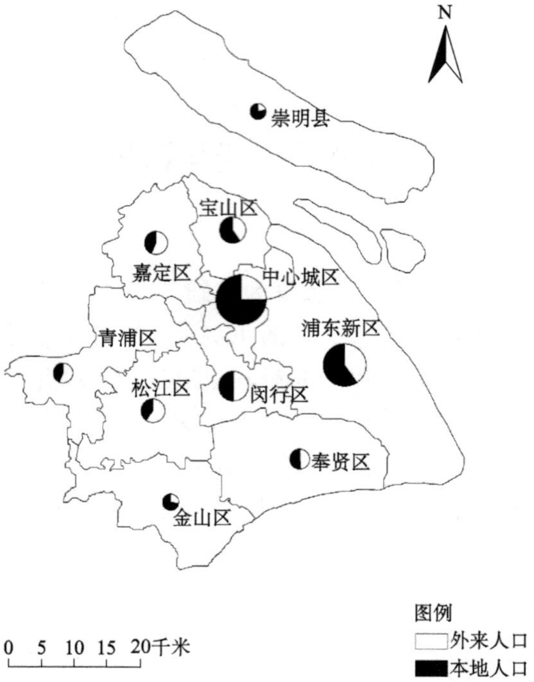

图 10-2 上海市辖区（县）外来人口与本地人口比例

问卷调查采用 PPS 抽样调查法，以确保样本的代表性。第一步，以街 / 镇为基本单元进行分层抽样。将上海 16 个区的 225 个街 / 镇（人口较少、农村为主的崇明除外）分为三个层级：中心城街 / 镇，近郊街 / 镇，远郊街 / 镇。各层抽取的街 / 镇数量，对应 2010 年第六次全国人口普查中相应区域的居民规模比例。根据人均收入、人口密度和户籍人口比例对各层中的街 / 镇进行排序，再采用系统抽样法抽出 33 个街 / 镇样本，确保各层的人口结构具有代表性。第二步，在每一个抽取的街 / 镇中，随机选取一个居委会。在选定的社区采用随机简单抽样方法，随机选取数量相等的受访家庭。

调查于 2013 年 7～8 月展开，总共收回 1420 份有效问卷，其中包括 295 名外来人口受访者（并非上海出生，迁居上海的常住居民）。表 10-1 对比了本次调查样本和 2010 年第六次全国人口普查数据。第六次全国人口普查数据表明，上海外来人口的教育水平较集中分布于初中和高中，职业集中分布于低端服务人员和生产作业人员。但在本次调查中，受过高等教育（专科或以上）及从事技术和文职工作的外来人口比例较高，主要是因为本次调查不仅面向农村外来人口，也涵盖了取得户籍的“新上海人”，调查样本总体上能够代表目标群体。

表 10-1　本次调查数据与 2010 年人口普查数据对比

教育水平	调查数据（%）（人数 =259）	人口普查数据（%）（人数 =8 589 037）	职业分布	调查数据（%）（人数 =220）	人口普查数据（%）（人数 =658 820）
未接受学校教育	1.16	1.82	国家机关党群组织、企事业单位负责人	3.64	3.82
小学	7.34	15.11	专业技术人员	23.18	8.31
初中	36.68	52.75	办事人员和有关人员	14.55	6.91
高中	23.55	16.27	商业、服务业人员	40.00	34.01
专科	9.27	6.65	生产、运输设备操作人员及有关人员	15.00	44.66
本科	17.37	6.53	其他职业	3.64	2.28
研究生	4.63	0.87			

第五节　居住区位对外来人口融合的影响

外来人口的融合是一个多维过程，本书聚焦两个关键维度：经济融合与社会融合。经济融合指外来人口的收入与背景类似的本地人相当，采用户主的月收入作为测量指标。社会融合描述了外来人口在主流社会逐渐适应社会规范和价值观，以及参与各类社会关系的过程，将是否与本地居民建立友谊关系，即“群际间友谊”作为衡量指标。社会融合较好的外来人口，应能在本群体以外建立社会关系，反之则只与同籍贯人士结交往来。在调查中，受访者被问及其大多数朋友的主要籍贯，答案分别为同县、同市、同省、外省、上海及不同籍贯等。

表 10-2 对比了中心城区外来人口和郊区外来人口的社会经济特征及融合情况。结果表明，两个群体在诸多方面存在较大差异。中心城区外来人口的社会经济地位较高，近半数（49.2%）受访中心城区外来人口拥有大学以上学位，为郊区外来人口比例（28.5%）的近一倍。中心城区外来人口从事白领工作的比例也较高，如国家机关党群组织、企事业单位负责人、专业技术人员、办事人员和有关人员等，而产业工人的人数较少。在户籍特征上，半数以上的中心城区受访外来人口为城市外来人口，而 2/3 的郊区外来人口来自农村地区。虽然这两个群体中均只有少数人获得上海户口，但中心城区拥有更高比例的“新上海人”。就外来人口的经济和社会融合状况而言，中心城区显著高于郊区。中心城

区外来人口的平均月收入约为郊区外来人口的 1.8 倍。同时，中心城区外来人口相比郊区外来人口，与当地人发展友谊关系的比例更高（前者 37.7%，后者 16.7%）。即便如此，两个群体中均有相当比例（分别为 59.0% 和 81.3%）的外来人口表示其多数友人为同乡。

表 10-2 中心城区与郊区外来人口的比较

属性	中心城区	郊区	显著性检验
年龄（平均）（岁）	40.8	36.9	t 检验，$\rho<0.5$
性别			
男（%）	55.70	64.6	
女（%）	44.30	35.4	
婚姻状况			
未婚（%）	16.4	16.2	
已婚（%）	83.6	83.8	
大学学历			
无（%）	50.8	71.5	χ^2 检验，$\rho<0.001$
有（%）	49.2	28.5	
职业			
国家机关党群组织、企事业单位负责人（%）	8.2	1.5	
专业技术人员（%）	24.6	18.3	
办事人员和有关人员（%）	14.8	11.6	
商业、服务业人员（%）	36.0	33.8	χ^2 检验，$\rho<0.1$
生产、运输设备操作人员及有关人员（%）	1.6	16.2	
其他职业（%）	0.0	4.0	
退休或无业（%）	14.8	14.6	
户口所在地			
本地（%）	16.4	6.6	χ^2 检验，$\rho<0.5$
外地（%）	83.6	93.4	
户口类型			
农村（%）	45.9	66.2	χ^2 检验，$\rho<0.5$
城市（%）	54.1	33.8	
家庭收入（平均）（元）	14 500	8 099.49	t 检验，$\rho<0.001$
友人主要籍贯			
上海（%）	37.7	16.7	
同省（%）	59.0	81.3	χ^2 检验，$\rho<0.01$
其他（%）	3.3	2.0	
样本数	61	198	

本研究进一步构建计量模型，验证居住区位对外来人口经济和社会融合的独立影响。由于收入数据往往是不对称的偏态分布，按照惯例对户主月收入取自然对数作为经济融合模型的因变量，采用普通最小二乘法进行线性回归。社会融合模型中，建立二分变量作为因变量，表征受访者的社会关系是否融入了当地（是 = 上海本地人及多样化 =1，否 = 其他外来人口 =0），采用逻辑斯蒂回归模型进行分析。

居住地作为主要解释变量，被编码为简单的二分变量，表征受访者居住在郊区或中心城区（郊区 =1，中心城区 =0）。此外，采纳已有外来人口融合研究中广泛探讨的其他变量，来控制可能影响外来人口融合的其他影响。人力资本水平的衡量标准是受访者是否拥有大学学历（是 =1，否 =0），因为这是外来人口在城市正式定居的主要条件之一。职业根据《中华人民共和国职业分类大典》进行编码，分为三类：蓝领、白领、其他。较长的居留时间（年数）可以扩大外来人口的接触面，大大增加其融入城市的机会。户口所在地和户口类别用于表征影响外来人口融合的制度因素。此外，模型中还包含了其他社会人口变量，如年龄、性别和婚姻状况等控制个体特征的影响。

表 10-3 显示了居住区位对外来人口经济融合的影响，回归结果表明，性别、教育水平、职业和居留时间等个人社会经济特征均会对外来人口收入产生显著影响。男性外来人口的收入高出女性外来人口 20%。大学及以上学历反映了外来人口的人力资本，会对收入产生积极影响，但这种影响在全模型中并不显著。白领受访者的收入高出蓝领、退休和无业受访者近 30%。居留时间对外来人口的收入影响显著，在上海每多居住一年收入可以提高 13%。然而，外来人口的户籍情况（即户口区位和户口类别）不会对收入产生显著影响。

表 10-3 外来人口经济融合影响因素的最小二乘回归模型

自变量	全模型		向前逐步回归模型	
	B	SE	*B*	SE
年龄（岁）	−0.128	0.002		
性别（女 =1）	−0.222***	0.034	−0.221***	0.033
婚姻状况（已婚 =1）	−0.033	0.043		
大学学位（有 =1）	0.132	0.048	0.186**	0.038
职业（白领 =0）				
蓝领	−0.342***	0.038	−0.321***	0.036
其他	−0.069	0.091		
无业和退休	−0.311***	0.075	−0.351***	0.056
居住时间	0.127*	0.003		

续表

自变量	全模型		向前逐步回归模型	
	B	SE	*B*	SE
户口所在地（本地 =1）	−0.105	0.059		
户口类型（城市 =1）	0.11	0.044		
居住区位（郊区 =1）	−0.179**	0.038	−0.161**	0.037
Constant	3.968***	0.093	3.866***	0.046
N	243		243	
df	11		5	
F	11.851***		23.3***	
R^2	0.361		0.330	

注：*B* 为相关系数；SE 为标准差

* $\rho<0.05$；** $\rho<0.01$；*** $\rho<0.001$

在全模型中，当控制了其他变量的影响，居住区位对外来人口的收入影响仍然显著为负。这表明即使具有同样的社会经济特征，如年龄、学历、职业等，居住在郊区的外来人口的平均收入，比中心城区外来人口低 18%。这一变量留在向前逐步回归模型中，进一步证实居住区位是外来人口经济收入，即经济融合状况的决定因素。

表 10-4 是外来人口社会融合的逻辑斯蒂回归结果。年龄和大学以上学历，能显著提高外来人口与本地人建立社会关系的可能性，特别是拥有大学以上学历，将建立群际友谊的可能性提高了 3.5 倍。此外，在上海多居住一年，与上海本地及其他地方的人建立友谊的可能性便会增加一倍。有趣的是，相对于来自农村的外来人口，来自城市的外来人口与本地人及来自其他地方的人建立友谊的可能性高得多。虽然这种影响在全模型中并不显著，但这一变量保留在向前逐步回归模型中，具有统计上的显著性。这表明，即便具有相同的社会经济属性，来自城市的外来人口更容易融入目的地城市的社会生活。

表 10-4　外来人口社会融合的逻辑斯蒂回归模型

自变量	全模型			向前逐步回归模型		
	B	SE	Exp（*B*）	*B*	SE	Exp（*B*）
年龄（岁）	0.048*	0.02	1.049	0.043**	0.017	1.044
性别（女 =1）	−0.022	0.38	0.978			
婚姻状况（已婚 =1）	−0.332	0.474	0.718			
大学学位（有 =1）	1.276**	0.496	3.581	1.337**	0.438	3.809
职业（白领 =0）						

续表

自变量	全模型			向前逐步回归模型		
	B	SE	Exp（*B*）	*B*	SE	Exp（*B*）
蓝领	−0.148	0.428	0.863			
其他	1.074	1.02	2.926			
无业和退休	−0.231	0.639	0.794			
居住时间	0.067**	0.03	1.07	0.068*	0.028	1.071
户口所在地（本地 =1）	0.119	0.553	1.126			
户口类型（城市 =1）	0.774	0.449	2.169	0.812*	0.413	2.252
居住区位（郊区 =1）	−0.735*	0.367	0.48	−0.698*	0.357	0.497
Constant	−3.727***	1.05	0.024	−3.954***	0.798	0.019
N	259			259		
df	11			4		
χ^2	58.264***			56.230***		
−2 log likelihood	226.826			228.860		
Cox and Snell R^2	0.201			0.195		
Nagelkerke R^2	0.302			0.292		

注：*B* 为相关系数；SE 为标准差；Exp（*B*）为结果出现概率的变化倍数，下同
* $\rho<0.05$；** $\rho<0.01$；*** $\rho<0.001$，下同

在全模型中，控制其他个人属性影响的情况下，再次发现居住区位会影响外来人口的社会融合。在上海郊区居住，其建立群际友谊的可能性减少一半。居住区位变量也保留在向前逐步回归模型中，表明它是外来人口能否在自己群体以外建立社会关系的一个决定因素。

第六节 城市外来人口空间同化的决定因素

研究进一步考察外来人口的居住流动状况。调查样本中的受访外来人口表现出很高的居住流动性。约有 49% 的受访者表示至少迁居过一次。其中，45.7% 的迁居活动发生在近 3 年。迁居上海后从未搬迁过的外来人口中，70.5% 的人定居在郊区，证实郊区通常是外来人口最初的居住区位。而之前居住在郊区的外来人口，仅有 7% 的人迁居至中心城区。采用逻辑斯蒂回归分析对居住在城市边缘地区是否会对外来人口实现空间同化（即迁居至相对有利的中心区位）产生

影响进行检验。这一分析只纳入在调查中表示曾有过迁居行为的外来人口。因变量为迁居后的居住区位（中心城区 =1，郊区 =0）。自变量为外来人口的社会经济变量、经济和社会融合变量及迁居前的居住区位。

表 10-5 是外来人口居住流动性的逻辑斯蒂回归分析结果，证实外来人口居住在郊区对其迁至条件更好的中心城区具有独立的限制作用。在有过搬迁的外来人口中，已婚外来人口比未婚外来人口更有可能迁居中心城区。获得本地户口也会显著提升外来人口迁居中心城区的可能性。收入水平作为外来人口经济融合的指标，会显著增加定居中心城区的机会。而在控制其他影响因素后，上一个居住区位显然对迁居后的区位具有重要影响。定居郊区的外来人口即使积累了相当的社会经济资本，仍不太可能迁居中心城区，相反很有可能一直困于郊区。

表 10-5 外来人口空间同化的逻辑斯蒂回归模型

自变量	全模型			向前逐步回归模型		
	B	SE	Exp（B）	B	SE	Exp（B）
年龄（岁）	0.065	0.048	1.067			
性别（女 =1）	−0.608	0.881	0.545			
婚姻状况（已婚 =1）	2.571*	1.168	13.08	2.01*	0.929	7.465
大学学位（有 =1）	0.84	1.032	2.316			
职业（白领 =0）						
蓝领	0.906	0.879	2.475			
其他	−0.861	1.864	0.423			
居住时间	−0.109	0.079	0.896			
户口所在地（本地 =1）	2.823*	1.449	16.824	2.856*	1.184	17.39
户口类型（城市 =1）	−0.068	1.002	0.934			
群际友谊（上海及各地籍贯 =1）	3.254	1.587	25.892			
月收入的自然对数	0.581*	0.796	1.788	2.784*	1.175	16.18
上一个居住区位（郊区 =1）	−3.889***	0.871	0.02	−3.505***	0.721	0.03
Constant	−15.803***	6.742	0	−11.716***	4.542	0
N	123			123		
df	12			3		
χ^2	50.780***			44.792***		
−2 log likelihood	64.757			70.745		
Cox and Snell R^2	0.338			0.305		
Nagelkerke R^2	0.555			0.501		

第七节 小　　结

居住区位不仅是衡量外来人口社会经济地位的重要指标，也是其实现社会阶层流动的宝贵资源。基于在上海开展的问卷调查，本章实证研究外来人口融合与其居住区位之间的关系。在西方国家和其他发展中国家，从中心城区迁至郊区，反映出外来人口群体的空间同化。但在中国，居住在区位条件不利的郊区社区，可能会进一步加剧外来人口在社会中的边缘地位。

具体来说，本研究的实证发现包括三个方面。首先，即使是在控制人口和社会经济特征的情况下，郊区外来人口的收入总体低于中心城区外来人口。这表明，外来人口人力资本的经济回报在空间上存在不均衡。其次，由于郊区相对缺少接触本地社会的机会，郊区外来人口不太可能建立群际友谊或多样的社会网络，而这对其社会融合的过程具有重要意义。最后，虽然外来人口具有较高的居住流动性，但在郊区居住会减小其迁居中心城区或更为有利的区位的可能性。因此，尽管郊区为外来人口提供了低成本的住房，但长远来看，居住在郊区社区不利于外来人口与本地的社会经济和空间融合。

研究结果反映了结构性因素是导致外来人口受到社会空间排斥的主要机制。即使具有同等的经济和社会资源，居住在郊区的外来人口迁入更具区位优势的中心城区社区的可能性也很小。这一发现更接近于“地方分层理论”对外来人口居住区位的解释。在中国，随着土地和房产市场的建立，城市发生了大规模的空间重构。虽然中心城区及其郊区均在快速发展，但前者依然在行政、职能及公共资源配置方面占据优势。大多数外来人口被排斥在正规的房产市场之外，被挤出资源更为丰富的中心城区，被迫聚居在城中村等边缘化的郊区社区。由于郊区相对缺少有前景的就业机会、优质的公共设施和服务，加之郊区外来人口社区往往与本地居民社区高度隔离，外来人口的社会排斥问题在郊区愈发突出。

外来人口融合是促进城镇化健康发展和社会和谐稳定的一个关键因素，也是新常态下城市发展的政策焦点之一。当前促进外来人口融合的政策，多集中于制度调整，如放宽落户条件、建立均等化的基本社会保障制度等。本研究发现，聚居于发展相对落后的郊区区位的外来人口，只能获得有限的区位资源和

“向上”社会流动的机会。因此，促进外来人口融合的政策，也需要通过城市规划实现合理的资源配置，有效改善郊区基础设施，为郊区外来人口社区提供优质公共服务。

此外，近年来的外来人口住房政策，多侧重于拆除外来人口聚居的城中村，在远郊区建设社会保障住房。但事实上，很多城中村位于区位条件相对较好的近郊区，在较为接近中心城区的区位为外来人口提供实惠的住房，对外来人口的融合过程有积极作用。然而，拆除城中村可能迫使外来人口迁往更远地区，而地处偏僻的大型郊区社会保障住宅区也面临被边缘化的风险。因此，为了给外来人口提供更好的区位资源和生存机会，对城中村等外来人口社区的改造，可以考虑改善居住条件和公共设施，而非完全拆除和强制搬迁。此外，应考虑在近郊区增加建设廉租房、公租房等社会保障住房。

第十一章
新型城镇化背景下城市外来人口的社会融合：挑战与响应

第一节 引 言

中国作为全球人口最多的发展中国家，正经历着史无前例的乡城迁移和人口城镇化过程，该过程已成为影响人类21世纪发展进程的重大事件，对中国乃至世界的发展都具有重大影响。改革开放以来，伴随着全球化、市场化、工业化进程的加快，中国经济发展取得了举世瞩目的伟大成就。经济快速增长产生了大量就业机会，促进了农村人口大规模向城镇流动和集聚，构成了城镇化发展的重要动力，并逐步成为中国城镇人口增长的主要来源，加快了中国城镇化进程（宁越敏和杨传开，2013）。

2011年中国人口城镇化水平达到51.3%[①]，首次超过50%，标志着中国结束了以乡村社会为主体的时代，开始进入到以城市社会为主体的新城市时代。然而受户籍制度的影响，进城农民，即农业转移人口不能与城市居民享受同等待遇，形成了与发达国家显著不同的"半城镇化"现象（王春光，2006）。"半城镇化"现象的出现与中国独有的户籍制度密切相关，流入城市的农民工因不能获得城市户口，不能享受与城市居民等同的公共服务，面临着社保缺失、子女教育、工资拖欠、劳动条件和居住条件较差等问题，形成了城市内部的新二元结构。由于将居住在城镇半年以上的外来人口均统计为常住城镇人口，所以如果按城镇户籍人口统计，事实上的城镇化率仅有35%左右（李克强，2012）。

进入21世纪以来，中国发展的宏观背景发生变化，国内外经济形势变化对城镇化产生新的要求，同时也迫切需要解决城镇化进程中产生的诸多社会、生态、环境等问题。其中，进城农民工身份转型的滞后严重降低了城镇化质量，

① 国家统计局．2012．中华人民共和国2011年国民经济和社会发展统计公报．http: //www.stats.gov.cn/tjsj/tjgb/ndtjgb/qgndtjgb/201202/t20120222_30026.html[2018-01-10]。

推动农民工市民化成为新型城镇化的核心内容。2010 年以来，以人为核心的新型城镇化逐步上升为国家战略重点，《国家新型城镇化规划（2014—2020 年）》提出到 2020 年实现户籍人口城镇化率与常住人口城镇化率差距缩小 2 个百分点左右。促进城市外来人口的社会转型和社会融合，不仅有助于提升城镇化质量，更有助于促进社会和谐发展和经济增长，是中国全面建设小康社会面临的重大现实问题。

社会融合理论源于西方国家对少数族裔等社会弱势群体的人文关怀，是指移民和本地居民相互适应和渗透，相互分享各自的文化、情感、记忆和经历的过程（Park and Burgess, 1921）。中国城市中的外来人口（主要是农业转移人口，一般称之为农民工）的身份与西方国家少数族裔有很大不同，他们与城市人口之间不存在族裔差异。这一社会群体主要是改革开放后市场经济发展的产物，即市场经济发展产生大量就业机会，吸引农民进城。本书作者吴缚龙借鉴波兰尼的“嵌入”理论，认为改革开放后农民工借助“市场”嵌入城市社会。但是由于制度性的障碍，农民工的嵌入是不完整的，不仅社会保障的水准大大低于城市户籍人口，而且在其他方面也存在不同程度的“隔离”。鉴于第一至十章对我国城市中外来人口的社会融合进行了丰富的个案研究，本章拟从宏观视角对中国城镇化与外来人口的社会融合进行整体性的分析，通过考察中国城镇化的行为主体与发展特征，揭示中国外来人口社会融合面临的主要挑战，进而提出促进外来人口社会融合的策略响应。

第二节　中国城镇化的三元行为主体

1949 年后，中国曾经历了曲折的城镇化进程。直至 1979 年实施改革开放政策，城镇化才步入正常的发展轨道。但在 20 世纪 80 年代，由于当时城市中各项基础设施供应严重短缺，而大规模的城市建设又缺少资金投入，中央政府提倡“离土不离乡”的乡镇企业发展模式，使小城镇成为这一时期发展的重点，学界通常将这一时期称为“乡村城镇化时期”（许学强等，2009）。1980～1990 年，人口城镇化水平从 19.4% 上升到 26.4%，增加了 7 个百分点，年均增加 0.7 个百分点。

1990 年，中央政府宣布上海浦东新区的开发开放，这不仅标志着我国进一步扩大了对外开放的重点地区，而且标志着长期实施的严格控制大城市人口规模的政策转向鼓励城市的全面发展。与此同时，伴随经济全球化进程不断加速，大量国际资本需要寻求新的投资空间，使传统产业出现了国际大转移的趋势。在国内，1992 年邓小平同志发表了南方谈话，党中央宣布了建设社会主义市场经济的重大决定。国内外有利形势相结合，使市场经济以前所未有的速度“嵌入”中国社会，为中国城镇化进程带来了前所未有的发展机遇。

宁越敏（1998，2012）从决策主体角度认为政府、企业和个人是三个参与城镇化进程，可以独立做出决策的行为主体，并就此展开对中国城镇化动力机制的分析。在此就三个行为主体与外来人口的社会融合问题做进一步的分析。

一、政府与城镇化

在市场经济国家，除特定情况外，政府一般只是通过政策引导间接推动城镇化进程。但在中国的体制下，政府的政策不仅对城镇化进程具有决定性的影响，而且政府还可通过投资创造非农就业机会直接拉动城镇化进程。由于改革开放以来，中央政府将部分行政管理权限逐步下放给地方，使政府具有不同的层次，其决策和施政能力也不相同，因此又可从中央政府和地方政府两个不同层次讨论政府在城镇化中的作用。

首先，中央政府对城镇化的推动作用体现在制定促进城镇化的政策方面。中央政府一般根据形势的发展变化制定人口乡—城流动的相关政策。20 世纪 80 年代，实施严格控制大城市的政策，中央政府鼓励农民“离土不离乡”，控制农民外出打工。1990 年后，随着农民外出打工的现象越来越普遍，中央政府对中国农民的自由迁徙不再限制，同时取消了限制大城市发展的政策。从 2001 年的《国民经济和社会发展第十个五年计划纲要》开始，城镇化战略上升到国家战略的高度，但强调城镇化对经济增长的拉动作用，通过政策导向和投资导向推动城镇化进程。2010 年后，针对城镇化过程中出现的各种问题，中央政府提出新型城镇化发展战略，并于 2014 年发布《国家新型城镇化规划（2014—2020 年）》，提出“三个 1 亿人”的目标，即促进约 1 亿农业转移人口落户城镇，改造约 1 亿人居住的城镇棚户区和城中村，引导约 1 亿人在中西部地区就近城镇化，以促进城镇化的健康发展。首先，“三个 1 亿人”的目标为长期未能得到解决的农业转移人口的社会融合指出了发展的方向。其次，中央政府对城镇化的推动作用体现在中央政府实施分税制，将经济发展的部分决策、管理权下放给地方政府等方面，由此极大地促进了地方政府发展经济的积极性，推动全国层面的基础设施建设，通过经济发展促进城镇化的快速发展。

近半个世纪以来，西方国家的地方政府也出现了政府功能的转型，从原来为市民提供服务为主，到现在开始运用各种经济手段推动地方经济的发展，因此被学界称为企业型政府。但中国地方政府在经济发展中发挥的作用远甚于市场经济主导的发达国家。在获得赋予相应经济发展和管理权限后，地方政府利用招商引资和土地财政等手段，在我国城镇化进程中扮演着重要作用。一方面，城市基础设施、开发区、新城等方面的建设由地方政府负责，由此创造大量的非农就业机会，吸引农民进城务工经商。另一方面，分权化在极大地提高地方政府发展经济积极性的同时，也使地方政府成为相对独立的以辖区发展为利益取向的行为主体（官永彬，2014），进而导致地方政府只关注自身行政区范围内的经济发展和社会福祉，并通过设置种种制度障碍对来自其他行政单元、不利于自身利益的行为产生不同程度的排斥。行政区划的边界性及地方保护主义不断被加强，使地方政府在城市发展中变得更加重要。其中，户籍成为形成地方壁垒的主要制度，通过本地户籍人口和外来常住人口的类型划分，使外来人口与本地人口不能够享受同等的公共服务、福利、住房等，以此降低辖区内的公共服务支出。由此，农业转移人口城镇化、市民化的成本产生分化，农民转换为城镇居民的难易程度形成差异，外来人口的社会融合因此变得困难。

二、企业与城镇化

企业是市场经济的主体，其扩张可提供大量的就业机会，是拉动城镇化的直接因素，而其投资区位则影响城镇化的空间格局。斯科特从资本主义生产方式的角度解释了城镇化和区域发展，他认为福特主义和大规模生产不仅促进了美国大都市区的形成，而且这种福特制生产体系需要大量的蓝领工人和白领工人，造成在居住空间上呈现出明显的隔离（斯科特，2017）。斯科特还认为，标准化的生产方式降低了劳动者的生产技能，因此从20世纪中期起发达国家开始向外转移劳动密集型产业。到70年代，这种生产转移的趋势更加明显，Fröbel等（1980）认为在跨国公司主导下形成“新的国际劳动分工”，实际上就是第二次世界大战以后出现的劳动空间分工在全球范围内的表现形式。斯托伯和沃尔克探讨了资本主义生产条件下，作为商品的劳动力的独特性问题及对新国际劳动分工形成的影响。他们认为，随着福利社会的发展，资本主义国家劳动力的成本大幅度上升，除了支付工资以外，资本家在购买劳动力时还要支付各种附加费用，如为了职工的安全与保障支付的保险金、医疗费、退休金等，同时还要为保持劳动者的再生产支付包括教育等在内的必要费用。由此使劳动力的实际成本呈现广泛的空间差异，从而形成劳动空间分工的基础（宁越敏，1991）。为了降低劳动力成本，资本主义国家劳动密集型产业首先向“亚洲四小龙”及东南亚国家转移。1992年中国实施全面对外开放的战略后，由于中国拥有大量的农业剩余劳动力及巨大的市场潜力，大量跨国公司进入中国寻找投资机会，掀起了中国长达十多年的两位数的经济增长。与此同时，改制后的国有企业及民营企业也获得了前所未有的发展机遇，使中国在仅仅20年的时间里成为世界上最大的制造业国家和出口贸易国。众所周知，工业化是城镇化的主要推动力。正是中国制造业的快速发展为进城农民提供了大量的就业机会，使中国在快速城镇化进程中没有出现若干发展中国家大都市中普遍存在的大规模的失业人口现象。总体而言，农村剩余劳动力通过进城后的职业转化提高了收入水平。因此，国际资本和中国农业转移人口的双向流动推动了中国城镇化的进程。

市场经济条件下的企业组织也发生了重要变化，出现了企业总部、研发中心和生产部门的分离现象。由于中国巨大的市场潜力，跨国公司在投资中国时，不仅转移生产线，而且逐步在北京、上海等大城市成立区域总部、研发中心，相应的生产服务业如金融、会计、房地产也得到发展。跨国公司的区位选择对中国城市等级体系的重构产生重要影响，北京、上海等城市开始迈向世界城市的发展道路（宁越敏，1998）。中国城市功能的转型改变了城市的产业结构及社会结构，城市中的外来人口除了传统意义上的农民工之外，也出现了投资型、高学历型的外来人口（即第四章和第五章所述的新移民），这使外来人口的社会融合更为复杂。

由于人力资源丰富，中国主要是通过发展劳动密集型产业参与全球劳动分工，如在珠江三角洲就曾出现大量港台资本投资的“三来一补”企业。这些企业通常实行计时或计件工资制度，降低劳动力成本是这些企业经营中的重要战略。在实施低工资的同时，大量企业还往往采用各种手段，不支付或少交外来务工人员的社会保险，使在这些企业打工的农民工社保不足额缴纳的情况大量存在。外资企业及民营企业的弹性就业制度更具有竞争力，使实行终身雇佣制、拥有比较完善社会保障的国有企业为降低劳动力成本，也开始实施弹性就业的合同制，并大量雇佣农民工。显而易见，上述就业制度的变化是全球化带来的冲击。虽然中央政府制定企业社会保障方面的有关文件，但各地企业普遍未按照中央文件完整地执行。例如，一些企业按照户籍壁垒，对务工人员的社保缴纳情况进行“三六九等”的划分：外地农民工只有三险，养老保险、医疗保险、工伤保险；本地农民工缴五险，但不缴公积金；本地城市户口的打工者才全交[①]。根据国家统计局《2014年全国农民工监测调查报告》，全国农民工“五险一金”的参保率分别为：工伤保险26.2%、医疗保险17.6%、养老保险16.7%、失业保险10.5%、生育保险7.8%、住房公积金5.5%（国家统计局，2015）。企业拖欠农民工工资的现象也经常发生。

三、个人与城镇化

人口的自由迁徙是城镇化的决定性条件。计划经济时期，我国城镇化进程进展缓慢，就是因为城乡二元结构体制将农民束缚在乡村，不准在城乡之间自由迁徙，使城市人口的增长基本上取决于其自然增长。中国改革开放最大的成果之一就是允许农民可以在城乡之间自由迁徙，实现了个人空间迁徙的自由。就一个国家而言，若不计国际移民的影响，人口城镇化就是农村人口转变为城市人口的过程。由于中国城乡、区域差异巨大，人口流动有明显的从内地农村向沿海城市迁徙的空间指向性，从而对中国城镇化的区域格局产生重要影响。

人口流动过程中，人口个体的人力资本特征对于外来人口的社会融合具有重要影响。具有较高人力资本的外来人口往往更容易融入城市。本书的案例分析揭示年轻人口的社会融合程度更强，文化程度高的外来人口较文化程度低的外来人口更易融入城市。然而，由于大多数来自农村的外来人口教育水平较低，其社会融入存在来自自身和城市社会的双重障碍。据《2014年全国农民工监测调查报告》，2014年，高中及以上程度的农民工仅占23.8%。另外，工作的高劳动强度使农民工很少有机会提升自己的人力资本，高达65.2%的农民工没有参加过职业技能培训。新生代农民工逐步成为外来人口的主力军，他们往往具有较高的文化程度和劳动技能，社会融入程度相对较高。但是与城市本地劳动力相比，他们仍然处于劣势，职业技能和教育水平较低，难以胜任对专业技能要求较高的岗位，这从根本上使其失去了立足城市的经济基础。新生代农民工多是出生以后就上学，上学结束就进城打工或者在城市出生、长大，他们对农村和农业已经陌生，“回不去的乡村、留不下的城市”成为他们的真实写照，因此，新生代农民工面临着较为严峻的社会融合问题。

本书重点研究外来人口的居住空间特征及其与社会融合的关系。显而易见，收入是影响农民工居住地选择的最重要因素。由于收入较低，除一部分打工者

---

① 为什么农民工不愿意上社保？http: //www.cb.com.cn/index.php?m=content&c=index&a=show&catid=20&id=1084796&all[2018-05-22]。

居住在单位提供的集体宿舍外，大量的农民工为节约生活成本，普遍居住在租金比较便宜的、位于城乡结合部的城中村或棚户区，形成外来人口集聚的社区。这种城市中的居住空间分异，与斯科特所说的福特制使发达国家产生居住分异的情况如出一辙。因此，在中国城市中出现的居住空间分异，其本质是福特制借助全球化扩散到中国后所造成的。近年来，外资对中国经济的影响有所下降，但中国经济发展依赖全球化的背景却未发生根本改变，这就意味着中国沿海的大城市仍然需要大量的外来人口来实现经济增长和城市的正常运营。但近年来城中村和棚户区的改造速度加快，低收入的外来人口被迫转移到距城区更远的郊区居住，或在公寓中群租以降低租房成本。但不论是哪一种选择，都扩大了他们与城市社区社会融合的难度。

综上，我们看到在上述三个城镇化行为主体中，流入城市的农民工无疑处于最弱势的地位。虽然市场经济的发展为他们参与城市经济活动提供了一条新的途径，但市场经济本身及制度性的障碍使他们作为个体难以完全“嵌入”城市社会，形成所谓“脱嵌”现象（黄斌欢，2014）。对新生代农民工而言，既难以融入农村又难以融入城市，形成“双重脱嵌”。因此，新型城镇化需要解决的首要问题就是农民工在城市中的社会融合问题。

第三节　中国的城镇化特征与社会融合

在三元城镇化行为主体相互作用的影响下，近 30 年来中国城镇化出现了以下两个重要特点。也正是这两个特点，才使以进城农村人口为主的人口城镇化过程出现了“时空压缩”现象，社会不融合或社会排斥现象更为突出。

一、中国城镇化发展的时间压缩与半城镇化

1978 年，中国的城镇化率仅为 17.9%，远落后于世界平均城镇化水平。1990 年，我国的城镇化率达到 26.44%，2010 年上升到 49.95%，2015 年又进一步上升到 56.10%。30 多年内中国城镇化率提高了 38.2 个百分点，年均增加 1 个百分点以上，城镇人口净增 6 亿人（图 11-1）。如此大规模、快速的城镇化现象举世罕见。从发达国家城镇化的历史来看，历经 100 多年至 20 世纪中期才实现人口城镇化。我国用 30 多年的时间，走完了西方发达国家 100 多年的城镇化发

展道路，跨越式发展产生的“时间压缩”效应，不仅导致“城市病”问题凸显，也使外来人口的社会融合产生困难（宁越敏，2012）。

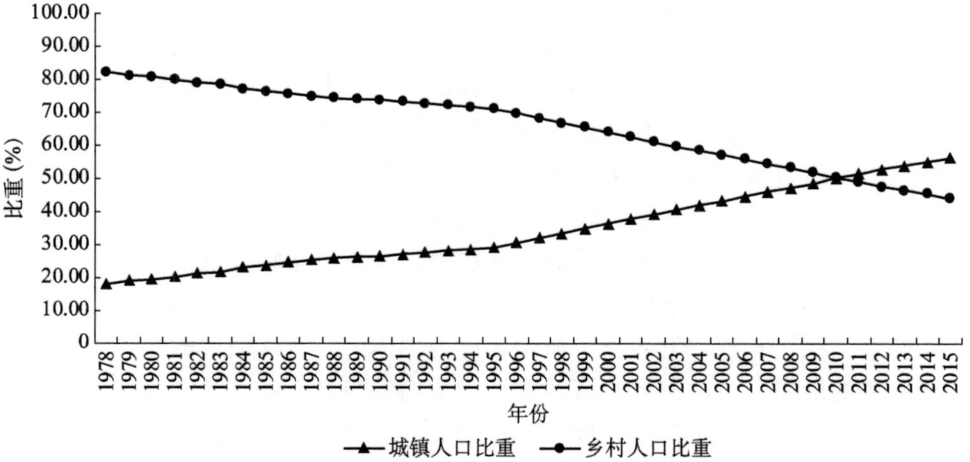

图 11-1 1978～2015 年中国城镇化率的变动
资料来源：《中国统计年鉴 2015》

作为一个发展中国家，20 世纪 80 年代以来我国在经济发展中实施的是赶超战略。这种战略必然要求中国的经济以高速发展，以便在短时期内赶上发达国家历经 100 多年才达到的经济发展水平。1980～2010 年，我国国内生产总值的年均增长率达到 10%，超过日本、韩国，我国成为经济高速增长持续时间最长的国家。经济增长的高速度带来了城镇化的高速度，大量农村人口向城镇转移。新增城镇人口除城镇人口的自然增长和机械增长外，主要来自农村，其中又可分为两部分，一部分为就地转化的农民，但大部分是来自农村的外来人口。2010 年第六次全国人口普查数据显示，全国户口登记地在外乡镇街道的总人口达 26 094 万人，其中城镇中的外来人口为 22 596 万人，农村中的外来人口为 3497 万人（表 11-1）。这些户口在外的人口按居住所在地又分为三种类型，即本县（市、区）、本省其他县（市、区）（简称县外）、省外，三种类型的人口大致各占 1/3。在本县（市、区）内乡镇街道之间流动的 7904 万城镇人口更多地可视为人户分离的现象，虽然就业地和居住地分别位于不同的乡镇街道，但同属一个县级行政单元，其城乡户口的转换限制较少。因此，若只计算县际、省际的外来人口，其总数约为 14 692 万人（但许多大城市市区之间的外来人口部分也是城市人口的人户分离造成的），约占城镇人口总数的 21%。但跨县、跨省的外来人口也包括城镇人口的流动，所以，来自农村的外来人口数还要少一些。

表 11-1　2010 年各地区户口登记地在外乡镇街道的人口状况　（单位：万人）

地区	外来人口	本县（市、区）	本省其他县（市、区）	省外	县外、省外合计
全国	26 094	9 037	8 469	8 588	17 057
城镇合计	22 596	7 904	7 533	7 159	14 692
城市	17 046	4 858	6 386	5 802	12 188
镇	5 550	3 046	1 147	1 357	2 504
农村	3 497	1 133	935	1 428	2 363

资料来源：国务院人口普查办公室和国家统计局人口和就业统计司，2012

快速的城镇化与政府的主导密切相关，然而中央政府和地方政府作为重要的行为主体，通过自 20 世纪 50 年代起一直实行的城乡分离户籍制度，使城镇人口与农村人口、本地人口与外来人口的城镇化产生了严重分化，形成了外来人口的多尺度城镇化现象（杨传开和宁越敏，2015）。1980 年后，传统的户籍制度开始改革，允许农民自理口粮落户小城镇。但各地的城市户口基本上未对外地农村人口放开，致使进城农民虽然职业发生了变化，但因未获得城市的合法居住权，享受相应的社会福利，每年往返于城乡之间，形成独特的外来人口的流动现象，使我国的人口城镇化具有半城镇化的特点。

二、外来人口向大城市集聚与大城市的社会融合问题

在世界各国城镇化进程中，一个普遍趋势是大城市发展速度更快。因为城市本身就是集聚经济的产物，而大城市的集聚经济效益更明显。但长期以来，我国一直实施控制大城市的政策，1989 年公布的《中华人民共和国城市规划法》还把控制大城市规模作为首要的城市发展政策。我国是人口众多、人均资源有限的国家，在城镇化过程中更要充分发挥集聚经济的效益。1990 年，浦东新区的开发开放标志着城市人口规模控制政策的取消，不仅为农民进城打开了大门，也使大城市获得了发展的机遇。

在城市群业已成为国家经济核心地区的发展背景下（宁越敏，2011），农业转移人口向城市群和大城市流动的态势更加突出，这就是城镇化的“空间压缩”现象。城市规模越大，吸引的迁移人口越多，净迁入率越高（李强等，2013）。以省际外来人口为例，省际流入人口在东部沿海的珠三角（广东）、长三角（上海、浙江、江苏）、京津冀（北京、天津、河北）三大城市群进一步集聚，三者合计占省际外来人口的比重由 2000 年的 67.3% 升至 2010 年的 71.2%。可见，省际流入人口的空间分布具有整体分散和局部集聚并存的特征，同时也说明东

部三大城市群是省际流入人口的重要集聚地（宁越敏，2011）。如果从地级市尺度来看，省际流入人口还具有明显的向东部大城市集中的倾向，省外流入人口规模排名前十位的城市分别为上海、北京、深圳、东莞、苏州、广州、天津、温州、佛山、宁波，占全国省际外来人口的比重超过50%（张耀军和岑俏，2014）。

正是上述中国城镇化的“时空压缩”特征，一方面，在一些超大城市出现了较为严重的城市问题，形成了人口拥挤、交通拥堵、环境污染、住房困难、半城镇化等“城市病”，这也是本书研究的案例多选在北京、上海、广州等超大城市的原因；另一方面，小城市和小城镇则因发展动力不足而导致就业岗位偏少、农民进城意愿不高、城市建设相对滞后、公共服务水平相对较低等，使小城市和小城镇对农业转移人口的吸纳能力不强。

近年来，户籍制度的相关改革加速。《国家新型城镇化规划（2014—2020年）》提出实施差别化落户政策，要求基本放开城区人口300万以下城市的户籍，这为农业转移人口在城市中的落户问题迈出了重要的一步。但对于城区人口500万以上的超大城市，鉴于“城市病”比较突出，再次提出了严格控制人口规模的政策。为落实这项政策，北京、上海等城市近年来通过产业结构调整，以及清理集贸市场、违章建筑等手段，促使一批外来人口回流，从而使人口的快速增长得到有效控制。以上海为例，2015年的常住人口比2014年减少了10万余人。但这种控制外来人口快速增长的手段产生了不少争议，也会对外来人口的社会融合起反向作用。

第四节　促进外来人口社会融合的策略响应

农业转移人口是外来人口的主体，外来人口的社会融合首先要考虑农业转移人口的社会融合。对农业转移人口而言，首先要解决他们如何在城市中长期定居的问题，这需要健全完善社会融合机制，其次也涉及我国城镇化的宏观布局问题。推动外来人口的社会融合，显然不能单纯依靠外来人口自身（固然外来人口提升自身的适应力也是重要的一方面），也不能依靠地方政府单独解决，需要多主体、多部门，从系统的视角采取综合性措施。特别是外来人口较为集中的大城市，单纯依靠迁入地政府在户籍制度、社会保障制度等方面的改革创新，显然不能有效解决外来人口的社会融合问题，需要更高层次的体制机制改革及中央政府的统筹协调。党的十九大报告提出“加快农业转移人口市民化”，表明外来人口的社会融合已得到中央政府的高度重视，其重点则是“市民化”。

一、推进户籍制度改革，建设包容性城市

城镇化是社会经济发展的必然趋势，是人类社会发展进步的重要标志，但城镇化的根本目的绝不是表现为数字形式的人口城镇化率的不断提高。城镇化的本义，应该是以人为本，体现人类社会的进步，使所有人的社会福祉能够共同提高（王桂新，2012）。因此，当前推进新型城镇化的重点是促进社会融合，要坚持公平正义的原则，让每一个人有均等发展的机会，使所有人都能共享改革开放的成果。

社会融合的目标就是要建设包容性城市（inclusive city）。联合国人类住区规划署报告提出的包容性城市包括社会包容（social inclusion）、政治包容（political inclusion）、经济包容（economic inclusion）和文化包容（cultural inclusion）四个维度（图 11-2），四者之间相互关联。社会包容是指不论种族、性别、社会经济地位等，对于每个人都能够平等地获得生活必需的足够住房和体面的基本服务、社会福利、发展机会及其他公共产品等；政治包容是指维护公民的权利和自由，促进公民的社会和政治参与，以实现更明智和更民主的决策；经济包容是指以平等的就业和商业机会促进经济发展，并促进实施有利于穷人的经济政策；文化包容促进社会的融合和多样性发展，重视人民群众的文化权利，通过促进创造性的艺术表现形式和文化传统活动提高社会各阶层的人力资本。

促进社会融合和包容性城市建设，当前的重点仍然是户籍制度的改革。户籍制度导致中国城乡居民的社会差异主要体现在教育权利的不平等、就业机会和待遇的不平等、社会保障方面的不平等。在传统城乡二元结构还未消除的情况下，伴随着农村劳动力进城就业，户籍制度又导致在城市中形成了由农民工与城市居民共同构成的城市二元结构（侯力，2007）。改革户籍管理制度是保障全体人民公平享受发展成果的重要前提，要通过改革剥离户籍背后的福利含义，建立可转移的社会保障，并逐步推进城乡基本公共服务均等化（王美艳和蔡昉，2008）。2016 年，国务院办公厅公布《推动 1 亿非户籍人口在城市落户方案》，除极少数超大城市外，全面放宽农业转移人口落户条件。其中，城区常住人口在 300 万人以下的城市不得采取积分落户方式①，这为户籍制度改革创造了良好

① 《国务院办公厅关于印发推动 1 亿非户籍人口在城市落户方案的通知》，http: //www.gov.cn/zhengce/content/2016-10/11/content_5117442.htm[2018-02-10]。

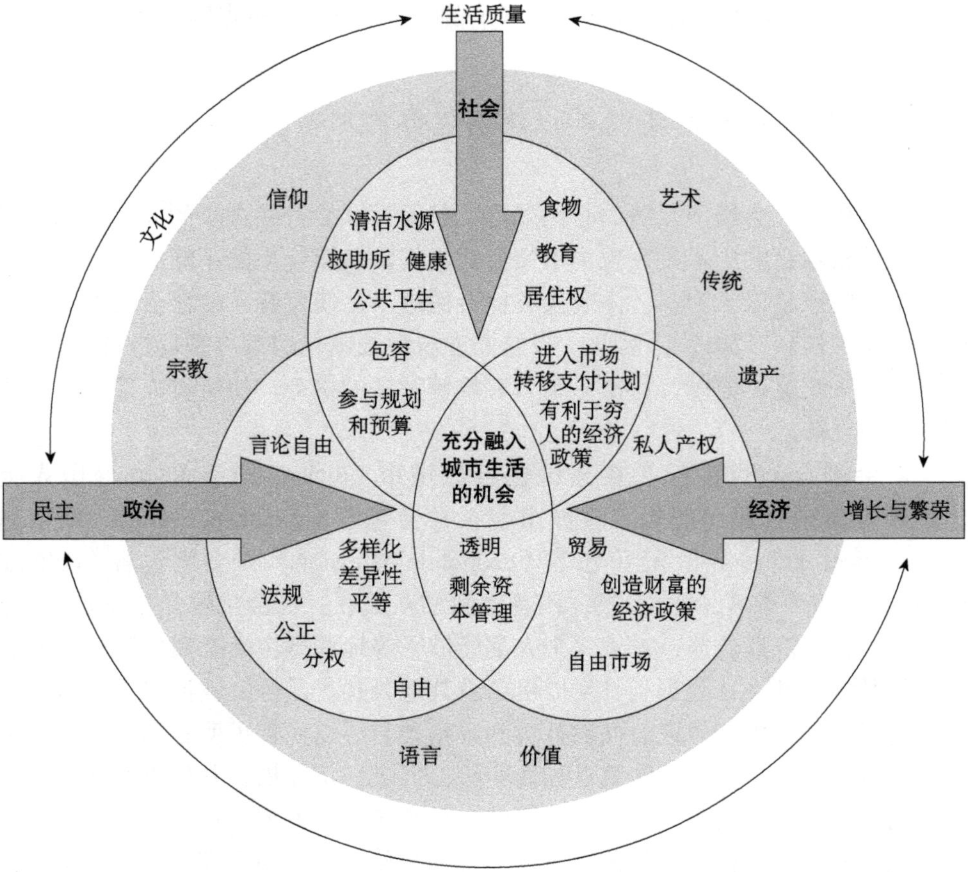

图 11-2 包容性城市的四个维度
资料来源：UN-HABITAT, 2012

的条件。目前问题的焦点是地方政府如何操作，特别是城区人口在 300 万人以上的城市是否也对农业转移人口实行有序开放，这应是下一步改革的重点。

伴随户籍制度的改革，越来越多的城市开始建立居住证制度，以此加强对城市外来人口的管理。但目前各地居住证的申请门槛较高，主要面向高端人才，普通外来务工人员很难获得，且其“含金量”与户口相比还存在较大差距。而且，即便拿到居住证，今后转城市户籍户口的比例也较低，如上海每年仅有四五千人通过居住证转户口获得上海市的户籍，这对于近 1000 万外来人口而言，可谓是杯水车薪。因此，未来还应进一步加快户籍制度改革步伐，不断提高居住证的“含金量”和居住证转户口的比例，结合居住年限、社保缴纳等建立面向满足不同外来人口需求的多样化落户政策体系。

二、推进基本公共服务均等化

半城镇化是我国城镇化进程中出现的独特现象，一些学者归咎于户口制度并提出相应的改革措施（郭秀云，2010；吴开亚等，2010）。但半城镇化现象的出现，还是我国目前尚未实现国民公共服务基本均等化所造成的。因此，解决半城镇化问题，归根结底需要通过经济的发展以提高人民的公共服务水平。在此，首先要界定基本公共服务的内涵。根据我国国情，社会服务层面的基本公共服务至少应包括义务教育的提供、一定标准的医疗保障、低收入群体的生活保障等。其次要明确基本公共服务均等化的目标。我国不仅存在显著的城乡差异，也存在显著的区域差异。基本公共服务的均等化要以全体国民为对象，既要考虑城乡统筹，也要考虑区域统筹，要逐步缩小城乡之间、区域之间人民在享受基本公共服务方面的差异。当前，各地在落实基本公共服务均等化政策时面临的一大问题是，我国实施分税制后地方政府事权和税赋不匹配的现象较为严重，不仅经济落后地区的财力难以有效实行基本公共服务的均等化，在人口大量迁入地区，要实行辖区内常住人口的基本公共服务均等化也面临极大的压力。

农民工的市民化是提升城镇化质量的关键，推进以国民为对象的基本公共服务均等化，实际上也基本实现了农民工的市民化，但其成本需要政府、企业、个人三个城镇化行为主体共同承担。其中，政府在政策制定、公共服务设施建设和布局、社会保障方面的财政支出等方面起主导作用。

首先，要加强中央政府在基本公共服务均等化方面的统筹能力。自 1994 年实行分税制后，中央财政收入占全国的比重一直稳定在 50% 左右，2015 年下降至 45%，但支出占比却呈下降的趋势，从 2000 年的 34.7% 下降到 2015 年的 14.5%，这表明中央财政收入越来越多地通过各种方式转移到了地方。但既有的转移支付对提高基本公共服务的水平考虑还不够。例如，我国人均政府卫生支出水平还很低（李玲和陈秋霖，2012）。而且，医疗卫生支出基本上由地方政府承担，但各地政府医疗卫生方面的财政支出限于经济社会发展水平存在很大差异。要建立符合中国国情的基本社会保障体系，包括医疗、养老、公共租赁房等，使基本公共服务能够逐步覆盖全体国民，尽快实现养老保险全国统筹。同时，地方政府要加快推进城乡一体化的步伐，统筹解决辖域内的城乡分割问题。成都、重庆等城市是率先推进城乡统筹的试点地区，业已取得一定的经验。要加快以城市为单元的城乡统筹试点工作，包括直辖市、地级市和县级市等不同层面。以城市为中心的城乡统筹重点针对当地的户籍人口，对跨地区外来人口的公共服务可由上级政府进行统筹。

其次，要多途径解决农民工子女受教育问题。目前，农民工子女在城市享受基本教育的问题得到了一定程度的解决，但在大城市尚未覆盖到全部农民工子女。当前面临的问题是基本教育的经费大都由区、县财政支出，这对有大量外来人口迁入的地方政府来说是不小的负担。更何况发达地区一般拥有更好的教育资源，一旦全面放开外来人口子女的基本教育，其结果很可能是进入的外来人口子女越来越多，使地方政府无法应对。中央政府历来对中西部经济欠发达地区进行财政的转移支付，当大量中西部农村人口进入沿海地区，其子女在沿海地区就学有困难时，涉及教育的财政转移支付的对象和方法应有所创新。

企业是社保缴纳的主体，能否为企业员工缴纳足够的社保基金对市民化的推进有重要影响。我国政府规定企事业单位要为职工缴纳“五险一金”，单位应缴纳的部分一般占个人工资的 40% 以上。其中，养老保险缴费规定为 20% 及以上，这一比例是发达国家的 1～2 倍，医保缴费比例为 10%，工伤保险缴费比例为 0.2%～1.9%，生育保险缴费比例为 1%，失业保险缴费比例为 1%～1.5%，公积金缴费比例为 5%～12%。因此，我国企业在社保缴纳特别是养老保险、公积金缴纳方面存在负担过重的现象。为解决这一问题，2016 年 4 月，人力资源和社会保障部与财政部发出《关于阶段性降低社会保险费率的通知》，要求自 2016 年 5 月 1 日起，养老保险缴纳比例超过 20% 的地区其企业养老保险缴纳比例降至 20%，符合有关条件的可降至 19%（2018 年两部再次发文，自 2018 年 5 月 1 日起前者亦可再降至 19%）。鉴于中国目前整体尚处于全区生产价值链的低端，如何降低企业在职工社会保障方面的负担值得进一步研究。

对农业转移人口而言，迁入城市也同样需要承担相应的市民化成本。我国的城镇化具有空间多层次的特点，其中在县域内的农业转移人口具有就地转移的特点，其市民化的成本较低。但对进城农业转移人口而言，就需要为在城市居住、生活支付更高的成本。在城市就业不稳定，社会保障不足，而他们在农村尚保留宅基地和承包地，以及享有其他一些权利的背景下，当前不少农业转移人口对将户口迁入城市缺乏积极性。这种情况进一步说明淡化户籍制度，实行基本公共服务均等化的重要性。

三、实施都市区和城市群战略，减轻大城市人口压力

自 1990 年上海浦东开发开放以来，我国大城市借助行政力量的作用发展十分迅猛。大城市固然有利于发挥集聚经济的效益，但城市规模过大，集聚经

济负效益也逐步显现。目前，我国已有一批中心城区人口达 200 万以上的城市，而北京、上海中心城区的人口已达上千万。根据国家卫生和计划生育委员会的预测，到 2030 年峰值时期，中国人口总量将达到 14.5 亿人[①]。如果城镇化率为 70%，城镇总人口将超过 10 亿人，较 2010 年增加 3.5 亿人，与过去 20 年增加的城镇人口数大致相等。由于过去 20 年新增的城市人口主要流向特大城市和大城市，若未来人口仍然流向这些大城市，届时这些大城市面临的交通、环境问题会更严重，外来人口的社会融合问题也将更加突出。

因此，要预防此类问题给大城市带来的压力，就必须从源头治理，实施都市区和城市群战略。从城市经济学的角度看，城市群作为多中心结构，一方面有利于防止将城市功能过分集中于一个超大城市而带来“城市病”；另一方面在地域空间的相对集中布局，可以有效降低成本，避免城市分散化而带来的土地浪费。由于城市群通常集聚了一国最重要的城市，具有国家政治、经济、文化中心的多功能，城市群崛起的过程也是我国经济崛起的过程。所以，通过城市群建设，既能减轻中心城市压力，又能发挥城市群的龙头带动作用。

要在城市规划和区域规划中采取分散化集聚战略以引导人口和生产力的合理布局，即未来的城市人口在向全国主体功能区划中的重点发展地区和优化发展地区集中的同时，在大都市区和城市群空间范围内适度分散。这一方面可发挥集聚经济的整体优势；另一方面可避免人口向大城市中心城区过度集中产生集聚负效益。可通过发展大都市区内的新城、新区，形成大都市区多中心空间结构来平衡中心城区的强大向心力。根据我国国情，大都市区的新城人口规模要在 50 万～100 万人才能形成反磁力的效果，而达到如此规模的新城不能是只有居住功能的“卧城”，也不能是“县城＋工业区”的发展模式，其功能一定是综合性的，也就是说要特别关注服务业的发展。城市群的空间规划与此相似，即要在城市群内形成多中心网络型的空间结构，避免人口向首位城市的过度集聚。

第五节　小　结

中国城镇化作为影响人类 21 世纪进程的大事，对中国乃至世界的发展都产生了重大影响。城镇化的本质是使人们生活得更美好，然而中国以往城镇化的

① 中国人口预测：2050 年还有 14 亿人口，http: //www.885.com/a/14104.h[2018-05-22]。

进程显露出一系列问题，半城镇化现象突出，外来人口社会融合的问题日益凸显。在国内外新形势下，中国新型城镇化战略应运而生，作为城镇化过程的更高级阶段，以人为核心的城镇化发展理念已经深入人心。促进农业转移人口的市民化，提高城镇化发展质量，已成为新时期社会关注的焦点和热点。

本章从宏观的视角，结合中国城镇化的动力与发展特点分析了外来人口的社会融合问题。政府、企业和个人是城镇化发展的三个重要行为主体，三者对中国城镇化发展产生了重要影响，而三者之间的交互影响，也形成了外来人口的社会融合问题。而以市民化为目标推进外来人口的社会融合，同样需要三个行为主体合力，共同承担市民化的成本。

中国的城镇化进程以其巨大的规模和复杂性著称，为了更好地促进城市中外来人口的社会融合：一方面，要考虑疏解外来人口向大城市的集聚态势，解决人口流动过于集聚的问题；另一方面，需要进一步改革户籍制度，逐步实现城乡居民基本公共服务的均等化，解决社会融合的问题。由于大城市是省际、省内人口迁移的主要承载体，为减缓大城市面临的人口快速增长压力，宜采取都市区和城市群战略，提升中小城镇吸引力，发展就地就近城镇化等措施；进一步深化户籍制度改革，建设包容性城市；推进基本公共服务均等化，多途径解决外来人口问题的策略以促进外来人口的社会融合。但这些策略的实施不是单一城市能够完成的，需要中央政府和地方政府的共同努力。

农村人口融入城市是双向的过程，一方面体现在社会福利方面获得与市民同等的待遇；另一方面也包括自身融入城市社会。例如，社会事务的参与、城市生活方式的适应、文化的融入等，这些同样属于市民化的内涵。而这些过程的实现，不仅需要政府、企业、个人等行为主体的努力和政策、制度、体制机制等方面的响应，更重要的是需要时间的循序渐进和历经城市社会的“洗礼”。

参考文献

鲍曼 Z. 2002. 流动的现代性. 欧阳景根译. 上海：上海三联书店.

蔡昉. 2007. 中国就业增长与结构变化. 社会科学管理与评论，(2): 30-43.

蔡禾，王进. 2007. “农民工”永久迁移意愿研究. 社会学研究，(6): 86-113.

蔡禾，刘林平，万向东，等. 2009. 城市化进程中的农民工：来自珠江三角洲的研究. 北京：社会科学文献出版社.

陈丰. 2007. 从“虚城市化”到市民化：农民工城市化的现实路径. 社会科学，(2): 110-120.

陈映芳. 2005. “农民工”：制度安排与身份认同. 社会学研究，(3): 119-132.

陈映芳. 2012. 城市中国的逻辑. 北京：生活·读书·新知三联书店.

陈钊，陆铭. 2008. 从分割到融合：城乡经济增长与社会和谐的政治经济学. 经济研究，(1): 21-32.

陈钊，陆铭，陈静敏. 2012. 户籍与居住区分割：城市公共管理的新挑战. 复旦学报（社会科学版），(5): 77-86.

程红，汪明峰. 2012. 上海外来人口家庭上网的影响因素分析——基于“城中村”的调查 // 宁越敏. 中国城市研究（第五辑）. 北京：商务印书馆：81-93.

程新征. 2007. 中国农民工若干问题研究. 北京：中央编译出版社.

邓智团，廖邦固. 2014. 特大城市外来人口社会空间变化趋势与动力机制——基于上海“五普”和“六普”数据的实证研究. 上海经济研究，(12): 41-49.

董延芳，刘传江，胡铭. 2011. 新生代农民工市民化与城镇化发展. 人口研究，35(1): 65-73.

杜鹏，李一男，王澎湖，等. 2008. 城市“外来蓝领”的就业与社会融合. 人口学刊，(1): 3-9.

费孝通. 1985. 乡土中国. 北京：生活·读书·新知三联书店.

付磊，唐子来. 2008. 上海市外来人口社会空间结构演化的特征与趋势. 城市规划学刊，(1): 69-76.

嘎日达，黄匡时. 2009. 西方社会融合概念探析及其启发. 国外社会科学，(2): 20-25.

高向东，朱蓓倩. 2013. 多元文化背景下特定社会群体城市融入问题研究 // 宁越敏. 中国城市研究（第六辑）. 北京：商务印书馆：39-45.

顾海英，史清华，程英，等．2011．现阶段“新二元结构”问题缓解的制度与政策——基于上海外来农民工的调研．管理世界，(11): 55-65.
官永彬．2014．财政分权、地方政府竞争与区域基本公共服务差距．重庆师范大学学报（哲学社会科学版），(2): 73-84.
郭建玉．2011．新生代农民工市民化的特征和实现对策．青年探索，(2): 56-60.
郭星华，等．2011．漂泊与寻根：流动人口的社会认同研究．北京：中国人民大学出版社．
郭秀云．2010．从选择制到普惠制——城市户籍改革政策取向与路径探讨．社会科学，(3): 64-71.
郭永昌，丁金宏，孟庆艳．2006．大城市流动人口居住形态与居住空间变动机理——以上海闵行区为例．南方人口，21(3): 40-45.
国家统计局．2015. 2014 年全国农民工监测调查报告．http: //www.stats.gov.cn/tjsj/zxfb/201504/t20150429_797821.html[2018-04-29].
国务院人口普查办公室，国家统计局人口和就业统计司．2012．中国 2010 年人口普查资料．北京：中国统计出版社．
国务院研究室课题组．2006．中国农民工调研报告．北京：言实出版社．
侯力．2007．从“城乡二元结构”到“城市二元结构”及其影响．人口学刊，(2): 32-36.
黄斌欢．2014．双重脱嵌与新生代农民工阶级形成．社会学研究，(2): 170-188.
黄匡时．2011．流动人口社会融合指数：欧盟实践和中国建构．南京人口管理干部学院学报，27(1): 26-31.
黄匡时，嘎日达．2010.“农民工城市融合度”评价指标体系研究——对欧盟社会融合指标和移民整合指数的借鉴．西部论坛，20(5): 27-36.
黄锟．2011．城乡二元制度对农民工市民化影响的实证分析．中国人口・资源与环境，21(3): 76-81.
吉登斯 A. 1998．社会的构成：结构化理论大纲．李康，李猛译．北京：生活・读书・新知三联书店．
贾生华，郑文娟，田传浩．2011．城中村改造中利益相关者治理的理论与对策．城市规划，35(5): 62-68.
姜作培．2002．从战略高度认识农民市民化．现代经济探讨，(12): 34-36.
景志铮，郭虹．2007．城市新移民的社区融入与社会排斥——成都市社区个案研究．西北人口，28(2): 33-36.
李克强．2012．在改革开放进程中深入实施扩大内需战略．求是，(4): 3-10.
李玲，陈秋霖．2012．理性评估中国医改三年成效．卫生经济研究，(5): 7-12.
李培林．1996．流动民工的社会网络和社会地位．社会学研究，(4): 42-52.
李培林．李炜．2010．近年来农民工的经济状况和社会态度．中国社会科学，(1): 119-131.
李强．2004．农民工与中国社会分层．北京：社会科学文献出版社．

李强，龙文进. 2009. 农民工留城与返乡意愿的影响因素分析. 中国农村经济，(2): 46-55.
李强，等. 2013. 多元城镇化与中国发展：战略及推进模式研究. 北京：社会科学文献出版社.
李树茁，任义科，靳小怡，等. 2008. 中国农民工的社会融合及其影响因素研究——基于社会支持网络的分析. 人口与经济，(2): 1-8.
李志刚. 2011. 中国城市“新移民”聚居区居住满意度研究——以北京、上海、广州为例. 城市规划，35(12): 75-82.
李志刚. 2012. 中国大都市新移民的住房模式与影响机制. 地理学报，67(2): 189-200.
李志刚，顾朝林. 2011. 中国城市社会空间结构转型. 南京：东南大学出版社.
李志刚，刘晔. 2011. 中国城市“新移民”社会网络与空间分异. 地理学报，66(6): 785-795.
李志刚，吴缚龙. 2006. 转型期上海社会空间分异研究. 地理学报，61(2): 199-211.
李志刚，刘晔，陈宏胜. 2011. 中国城市新移民的“乡缘社区”：特征、机制与空间性——以广州“湖北村”为例. 地理研究，30(10): 1910-1920.
李志刚，吴缚龙，肖扬. 2014. 基于全国第六次人口普查数据的广州新移民居住分异研究. 地理研究，(11): 2056-2068.
廉思. 2009. 蚁族——大学毕业生聚居村实录. 桂林：广西师范大学出版社.
梁波，王海英. 2010. 城市融入：外来农民工的市民化——对已有研究的综述. 人口与发展，16(4): 73-91.
梁鸿，叶华. 2009. 对外来常住人口社会融合条件与机制的思考. 人口与发展，15(1): 43-47.
刘传江. 2010. 农民工的特点、挑战与市民化. 人口研究，34(2): 34-39.
刘传江，周玲. 2004. 社会资本与农民工的城市融合. 人口研究，(4): 12-18.
刘传江，程建林. 2008. 第二代农民工市民化：现状分析与进程测度. 人口研究，(5): 48-57.
刘海泳，顾朝林. 1999. 北京流动人口聚落的形态、结构与功能. 地理科学，(6): 498-503.
刘建娥. 2010. 乡-城移民社会融入的实践策略研究社区融入的视角. 社会，(1): 127-151.
刘建娥. 2011. 中国乡-城移民的城市社会融入. 北京：社会科学文献出版社.
刘晓峰，陈钊，陆铭. 2010. 社会融合与经济增长：城市化和城市发展的内生政策变迁. 世界经济，(6): 60-80.
刘晔，刘于琪，李志刚. 2012.“后城中村”时代村民的市民化研究——以广州猎德为例. 城市规划，(7): 81-86.
刘玉，冯健，孙楠. 2009. 快速城市化背景下城乡结合部发展特征与机制：以北京海淀区为例. 地理研究，28(2): 499-512.
鲁奇，吴佩林，鲁礼新，等. 2005. 北京流动人口特征与经济发展关系的区域差异. 地理学报，50(5): 851-862.
陆淑珍，魏万青. 2011. 城市外来人口社会融合的结构方程模型——基于珠三角地区的调查. 人口与经济，(5): 17-23.

陆学艺，2002．当代中国社会阶层研究报告．北京：社会科学文献出版社．
罗仁朝，王德．2008．上海市流动人口不同聚居形态及其社会融合差异研究．城市规划学刊，(6): 92-99.
罗仁朝，王德．2009．上海流动人口聚居区类型及其特征研究．城市规划，(2): 31-37.
侣传振，崔琳琳．2010．农民工城市融入意愿与能力的代际差异研究——基于杭州市农民工调查的实证分析．现代城市，5(1): 43-46.
马广海．2001．农民工的城市融入问题．山东省农业管理干部学院学报，(3): 67-69.
马航．2007．深圳城中村改造的城市社会学视野分析．城市规划，31(1): 26-32.
马西恒，童星．2008．敦睦他者：城市新移民的社会融合之路——对上海市 Y 社区的个案考察．学海，(2): 15-22.
马祖明，侣传振．2011．代际视角下农民工市民化调查研究——以杭州市为例．现代城市，6(1): 36-40.
宁越敏．1991．新的国家劳动分工、世界城市和我国中心城市的发展．城市问题，(3): 2-7.
宁越敏．1998．新城市化进程——90 年代中国城市化动力机制和特征探讨．地理学报，53(5): 476-484.
宁越敏．2011．中国都市区和大城市群的界定——兼论大城市群在区域经济发展中的作用．地理科学，31(3): 257-263.
宁越敏．2012．中国城市化特点、问题及治理．南京社会科学，(10): 19-27.
宁越敏，杨传开．2013．中国推进新型城镇化的背景与发展战略思考 // 宁越敏．中国城市研究（第六辑）．北京：商务印书馆：14-26.
潘泽泉．2004．中国城市流动人口的发展困境与社会风险——社会排斥与边缘化的生产和再生产．战略与管理，(1): 87-91.
秦昕，张翠莲，马力，等．2011．从农村到城市：农民工的城市融合影响模型．管理世界，(10): 48-57.
任远．2006．“逐步沉淀”与“居留决定居留”——上海市外来人口居留模式分析．中国人口科学，(3): 67-72.
任远，戴星冀．2003．外来人口长期居留倾向的 Logit 模型分析．南方人口，18(4): 39-44.
任远，邬民乐．2006．城市流动人口的社会融合：文献述评．人口研究，30(3): 87-94.
任远，乔楠．2010．城市外来人口社会融合的过程、测量及影响因素．人口研究，34(2): 11-20.
任远，陶力．2012．本地化的社会资本与促进流动人口的社会融合．人口研究，36(5): 47-57.
上海市统计局，国家统计局上海调查总队．2014．上海统计年鉴 2014．北京：中国统计出版社．
沈千帆．2011．北京市流动人口的社会融入研究．北京：北京大学出版社．
斯科特 A J. 2017．浮现的世界：21 世纪的城市与区域．王周扬译．南京：江苏凤凰教育出版社.

宋月萍，陶椰. 2012. 融入与接纳：互动视角下的流动人口社会融合实证研究. 人口研究，36(2): 38-49.

孙立平. 1998. 中国社会结构转型的中近期趋势与隐患. 战略与管理，(5): 1-17.

孙立平. 2005. 现代化与社会转型. 北京：北京大学出版社.

孙铁山. 2015. 北京市居住与就业空间错位的行业差异和影响因素. 地理研究，34(2): 351-363.

田凯. 1995. 关于农民工的城市适应性的调查分析与思考. 社会科学研究，(5): 90-95.

童星，马西恒. 2008. "敦睦他者"与"化整为零"——城市新移民的社区融合. 社会科学研究，(1): 77-83.

汪明峰. 2005. 互联网使用与中国城市化——"数字鸿沟"的空间层面. 社会学研究，(6): 112-135.

汪明峰，林小玲，宁越敏. 2012. 外来人口、临时居所与城中村改造——来自上海的调查报告. 城市规划，36(7): 73-80.

王春光. 2001. 新生代农村流动人口的社会认同与城乡融合的关系. 社会学研究，(3): 63-76.

王春光. 2006. 农村流动人口的"半城市化"问题研究. 社会学研究，(5): 107-122.

王春光. 2009. 对中国农村流动人口"半城市化"的实证分析. 学习与探索，(5): 94-103.

王春光. 2010. 对新生代农民工城市融合问题的认识. 人口研究，34(2): 31-56.

王德. 2004. 1990 年以后的中国人口迁移研究综述. 人口学刊，(1): 40-46.

王桂新. 2005. 城市农民工的分布、居住与社会融合——以上海为例. 人口研究，29: 39-41.

王桂新. 2010. 城市农民工市民化意愿影响因素考察——以上海市为例. 人口与发展，16(2): 2-11.

王桂新. 2012. 我国城市化发展的几点思考. 人口研究，(2): 37-44.

王桂新，张得志. 2006. 上海外来人口生存状态与社会融合研究. 市场与人口分析，12(5): 1-12.

王桂新，罗恩立. 2007. 上海市外来农民工社会融合现状调查研究. 华东理工大学学报（社会科学版），(3): 97-104.

王桂新，沈建法，刘建波. 2008. 中国城市农民工市民化研究——以上海为例. 人口与发展，(1): 3-23.

王龙龙. 2009. 乡土关系的嬗变与重构：城市新移民的新兴社会关系研究. 杭州：浙江大学.

王美艳，蔡昉. 2008. 户籍制度改革的历程与展望. 广东社会科学，(6): 19-26.

韦江绿，罗震东. 2012. 基于高端时尚消费品销售空间的中国城市控制力结构研究. 地理科学，(2): 162-168.

魏立华，阎小培. 2005. 中国经济发达地区城市非正式移民聚居区——"城中村"的形成与演进——以珠江三角洲诸城市为例. 管理世界，(8): 48-57.

魏万青，陆淑珍．2012．禀赋特征与机会结构——城市外来人口社会融合的代际差异分析．中国农村观察，(1): 13-21.

文军．2001．从生存理性到社会理性选择：当代中国农民外出就业动因的社会学分析．社会学研究，(6): 19-30.

吴缚龙．2006．中国的城市化与“新”城市主义．城市规划，(8): 19-23.

吴开亚，张力，陈筱．2010．户籍改革进程的障碍：基于城市落户门槛的分析．中国人口科学，(1): 66-74.

吴晓．2003．“边缘社区”探察——我国流动人口聚居区的现状特征透析．城市规划，(7): 40-45.

吴晓．2011．我国大城市流动人口居住空间解析：面向农民工的实证研究．南京：东南大学出版社．

吴智刚，周素红．2005．城中村改造：政府、城市与村民利益的统一——以广州市文冲城村为例．城市发展研究，12(2): 48-53.

夏怡然．2010．农民工定居地选择意愿及其影响因素分析——基于温州的调查．中国农村经济，(3): 35-44.

项飚．2000．跨越边界的社区：北京“浙江村”的生活史．北京：生活·读书·新知三联书店．

徐卞融，吴晓．2010．基于“居住—就业”视角的南京市流动人口空间分异研究．规划广角，26(7): 113-120.

许传新．2006．农民工与市民通婚意愿及影响因素研究．青年研究，(9): 38-43.

许学强，周一星，宁越敏．2009．城市地理学．北京：高等教育出版社．

阎云翔．2012．中国社会的个体化．上海：上海译文出版社．

杨传开，宁越敏．2015．中国省际人口迁移的空间格局演变及其对城镇化发展的影响．地理研究，34(8): 1492-1506.

杨翠迎．2004．中国社会保障制度的城乡差异及统筹改革思路．浙江大学学报（人文社会科学版），(3): 12-20.

杨菊华．2009．从隔离、选择融入到融合：外来人口社会融入问题的理论思考．人口研究，33(1): 17-29.

杨菊华．2010a．对新生代流动人口的认识误区．人口研究，(2): 44-53.

杨菊华．2010b．流动人口在流入地社会融入的指标体系——基于社会融入理论的进一步研究．人口与经济，(2): 64-70.

杨菊华，王毅杰，王刘飞，等．2014．流动人口社会融合：“双重户籍墙”情景下何以可为？人口与发展，(3): 2-17.

杨云彦，褚清华．2013．外出务工人员的职业流动——能力形成和社会融合．中国人口·资源与环境，(1): 75-80.

姚俊．2009．农民工定居城市意愿调查——基于苏南三市的实证分析．城市问题，(9): 96-101.
叶鹏飞．2011．农民工的城市定居意愿研究——基于七省（区）调查数据的实证分析．社会，31(2): 153-169.
余运江，高向东，郭庆．2012．新生代乡—城流动人口社会融合研究——基于上海的调查分析．人口与经济，(1): 57-64.
袁媛，许学强．2008．广州市外来人口居住隔离及影响因素研究．人文地理，23(5): 61-66.
袁媛，许学强，薛德升．2007．广州市 1990-2000 年外来人口空间分布、演变和影响因素研究．经济地理，(2): 250-255.
悦中山，杜海峰，李树茁，等．2009．当代西方社会融合研究的概念、理论及应用．公共管理学报，(6): 58-66.
悦中山，李树茁，靳小怡，等．2011．从“先赋”到“后致”：农民工的社会网络与社会融合．社会，31(6): 130-152.
悦中山，李树茁，费尔德曼．2012．农民工的社会融合研究：现状、影响因素与后果．北京：社会科学文献出版社.
张鹂．2014．城市里的陌生人．南京：江苏人民出版社.
张文宏，雷开春．2008．城市新移民社会融合的结构、现状与影响因素分析．社会学研究，(5): 117-141.
张文宏，雷开春．2009．城市新移民社会认同的结构模型．社会学研究，(4): 61-87.
张辛．2007．蜗居．武汉：长江文艺出版社.
张耀军，岑俏．2014．中国人口空间流动格局与省际流动影响因素研究．人口研究，38(5): 54-71.
赵立新．2006．城市农民工市民化问题研究．人口学刊，(4): 40-45.
赵艳莉．2012．公共选择理论视角下的广州市“三旧”改造解析．城市规划，(6): 61-65.
周大鸣．2005．渴望生存：农民工流动的人类学考察．广州：中山大学出版社.
周皓．2012．流动人口社会融合的测量及理论思考．人口研究，36(3): 27-33.
周敏．2006．美国华人社会的变迁．上海：上海三联书店.
周晓虹．1998．流动与城市体验对中国农民现代性的影响——北京“浙江村”与温州一个农村社区的考察．社会学研究，(5): 58-71.
周一星，孟延春．1998．中国大城市的郊区化趋势．城市规划汇刊，(3): 22-27.
朱竑，钱俊希，吕旭萍．2012．城市空间变迁背景下的地方感知与身份认同研究——以广州小洲村为例．地理科学，(1): 18-24.
朱力．2002．论农民工阶层的城市适应．江海学刊，(6): 82-88.
朱宇．2004．户籍制度改革与外来人口在流入地的居留意愿及其制约机制．南方人口，19(3): 21-28.

朱宇，林李月．2011．流动人口的流迁模式与社会保护：从“城市融入”到“社会融入”．地理科学，31(3): 264-271.

Alba R D, Logan J R. 1993. Minority proximity to whites in suburbs: An individual-level analysis of segregation. American Journal of Sociology, 98: 1388-1427.

Alba R D, Nee V. 1997. Rethinking assimilation theory for a new era of immigration. International Migration Review, 31(4): 826-874.

Alba R D, Nee V. 2003. Remaking the American Mainstream: Assimilation and Contemporary Immigration. Cambridge: Harvard University Press.

Alba R D, Logan J R, Crowde K. 1997. White neighborhoods and assimilation: The greater New York region, 1980-1990. Social Forces, 75(3): 883-912.

Alba R D, Logan J R, Stults B, et al. 1999. Immigrant groups and suburbs: A reexamination of suburb anization and spatial assimilation. American Sociological Review, 64(3): 446-460.

Allard S W.2004. Access to Social Services: The Changing Urban Geography of Poverty and Service Provision. Washington D C: The Brookings Institution.

Amerigo M, Aragones J I.1990. Residential satisfaction in council housing. Journal of Environmental Psychology, 10(4): 313-325.

Arbaci S. 2008. Reviewing ethnic residential segregation in Southern European cities: Housing and urban regimes as mechanisms of marginalisation. Housing Studies, 23(4): 589-613.

Berry J W. 1974. Psychological aspects of cultural pluralism. Topics in Culture Learning, 2: 17-22.

Boland A, Zhu J. 2007. Public participation and the production of the community public sphere: Case study of the green community program in Guangzhou. Sociological Studies, (4): 118-136.

Bolt G, Burgers J, van Kempen R.1998. On the social significance of spatial location; spatial segregation and social inclusion. Netherlands Journal of Housing and the Built Environment, 13(1): 83-95.

Bolt G, Hooimeijer P, Kempen R V. 2010. Ethnic segregation in the Netherlands: New patterns, new policies? Tijdschrift voor Economische en Sociale Geografie, 93(2): 214-220.

Bray D. 2005. Social Space and Governance in Urban China: The Danwei System from Origins to Reform. Palo Alto: Stanford University Press.

Brenner N.2014. Implosions/Explosions: Towards a Study of Planetary Urbanization. Berlin: Jovis.

British Council and Migration Policy Group. 2011. Migrant Integration Policy Index Ⅲ , Brussels. http: //www.mipex.eu/sites/default/files/downloads/migrant_integration_policy_index_mipexiii_2011.pdf[2018-05-20].

Brown E. 1992. War on waste and other urban ideals for Latin America//Morse R M, Hardoy J E. Rethinking the Latin American City. Washington D C: Woodrow Wilson Center Press：110-127.

Brown L A, Chung S Y. 2008. Market-led pluralism: Rethinking our understanding of racial/ethnic spatial patterning in US cities. Annals of the Association of American Geographers, 98(1): 180-212.

Burgess E W. 1925. The growth of the city: An introduction to a research project//Park R E, Burgess E W, McKenzie R D. The City. Chicago: University of Chicago Press: 47-62.

Cao G, Li M, Ma Y, et al.2015. Self-employment and intention of permanent urban settlement: Evidence from a survey of migrants in China's four major urbanising areas. Urban Studies, 52: 639-664.

Chan K W. 1996. Post-Mao China: A two-class urban society in the making. International Journal of Urban and Regional Research, 20: 134-150.

Chan K W, Buckingham W. 2008. Is China abolishing the hukou system? The China Quarterly, 195: 582-606.

Chen A. 2006. Urbanization in China and the case of Fujian province. Modern China, (1): 99-130.

Clark W A V. 1991. Residential preferences and neighbourhood racial segregation: A test of the schelling segregation model. Demography, 28(1): 1-19.

Cole S G, Cole M J W. 1954. Minorities and the American Promise: The Conflict of Principle and Practice. New York: Harper & Brothers Publishers.

Davis M. 2006. Planet of Slums. New York: Verso.

de Crevecoeur J H S J.1981. Letters from an American Farmer and Sketches of Eighteenth-Century America. London: Penguin Classics.

Du H, Li S M.2010. Migrants, urban villages, and community sentiments: A case study of Guangzhou, China. Asian Geographer, 27: 93-108.

Durkheim E. 1897. Suicide. London: Routledge.

Echazarra A. 2010. Residential segregation of the foreign population in Madrid's Metropolitan area, a quantitative analysis. Revista Internacional De Sociologia, 68(1): 165-197.

Editorial. 2010. 2010 Report on China's Migrant Population Development. Beijing: China Population Press.

ESFP.2007. Further Information: Social Inclusion.2007-2013 European Structural Funds Program. http: //www.esep.co.uk/03-info-social-inclusion.html[2007-12-30].

Fan C C. 2002. The elite, the natives, and the outsiders: Migration and labor market segmentation in urban China. Annals of the Association of American Geographers, 92(1): 103-124.

Fan C C. 2003. Rural-urban migration and gender division of labor in transitional China. International Journal of Urban and Regional Research, 27: 24-47.

Fan C C. 2008. Migrants' experience in the city//Fan C C. "China on the Move" Migration, the State, and the Household. Abingdon: Routledge.

Fan C C. 2011. Settlement intention and split households: Findings from a survey of migrants in

Beijing's urban villages. The China Review, 11(2): 11-42.

Fan C C, Sun M, Zheng S Q. 2011. Migration and split households: A comparison of sole, couple, and family migrants in Beijing, China. Environment and Planning A, 43(9): 2164-2185.

Fang Y P. 2006. Residential satisfaction, moving intention and moving behaviours: A study of redeveloped neighbourhoods in inner-city Beijing. Housing Studies, 21: 671-694.

Feng X, Flowerdew R, Feng Z.2014. Does neighbourhood influence ethnic inequalities in economic activity? Findings from the ONS longitudinal study. Journal of Economic Geography, 15(1): 1-26.

Fleischer F.2010. Suburban Beijing: Housing and Consumption in Contemporary China. Minneapolis: University of Minnesota Press.

Forrest R. 2008. Who cares about neighbourhoods? International Social Science Journal, 59: 129-141.

Forrest R, Yip N. 2007. Neighbourhood and neighbouring in contemporary Guangzhou. Journal of Contemporary China, 16(50): 47-64.

Foth N, Manaugh K, El-Geneidy A. 2013. Towards equitable transit: Examining transit accessibility and social need in Toronto, Canada, 1996-2006. Journal of Transport Geography, (29): 1-10.

Fried M, Gleicher P. 1961. Some sources of residential satisfaction in an urban slum. Journal of the American Institute of Planners, 27: 305-315.

Friedmann J. 2005. China's Urban Transition. Minneapolis: University of Minnesota Press.

Friedmann J. 2007. Reflections on Place and Place-making in the Cities of China. International Journal of Urban and Regional Research, 31(2): 257-279.

Friedrichs J, Galster G C, Musterd S.2003. Neighbourhood effects on social opportunities: The European and American research and policy context. Housing Studies, 18(6): 797-806.

Fröbel F, Heinrichs J, Kreyc O.1980. The New International Divisions of Labour. Cambridge: Cambridge University Press.

Galster G C, Hesser G W. 1981. Residential satisfaction. Environment and Behavior, 13: 735-758.

Galster G C, Metzger K, Waite R. 1999. Neighbourhood opportunity structures and immigrants' socio-economic advancement. Journal of Housing Research, 10(1): 95-127.

Gans H J. 1967. The Levittowners: Ways of Life and Politics in a New Suburban Community. New York: Vintage Books.

Gans H J. 1973. Introduction//Sandberg N C. Ethnic Identity and Assimilation: The Polish Community. New York: Praeger: 1-7.

Gentile M. 2005. Urban residential preferences and satisfaction in the former Soviet Union: Results from a survey in Ust'-Kamenogorsk, Kazakhstan. Urban Geography, 26: 296-327.

Gilbert A, Crankshaw O. 1999. Comparing South African and Latin American experience: Migration and housing mobility in Soweto. Urban Studies, 36(13): 2375-2400.

Glazer N, Moynihan D P. 1963. Beyond the Melting Pot: The Negroes, Puerto Ricans, Jews, Italians and Irish of New York City. Cambridge: MIT Press.

Goix R L. 2005. Gated communities: Sprawl and social segregation in southern California. Housing Studies, 20(2): 323-343.

Gordon M M.1964. Assimilation in American Life: The Role of Race, Religion, and National Origins. New York: Oxford University Press.

Greene J C.2007. Mixed Methods in Social Inquiry. San Francisco: John Wiley & Sons.

Gu C, Kesteloot G.2002. Beijing's socio-spatial structure in transition//Schnell I, Ostendorf W. Studies in Segregation and Desegregation. Aldershot: Ashgate: 285-311.

Guest A M, Wierzbicki S K.1999. Social ties at the neighborhood level: Two decades of GSS evidence. Urban Affairs Review, 35(1): 92-111.

Gui Y, Berry J W, Zheng Y. 2012. Migrant worker acculturation in China. International Journal of Intercultural Relations, 36: 598-610.

Hamnett C.1994. Social polarization in global cities: Theory and evidence. Urban Studies, 31(3): 401-424.

Hao P, Sliuzas R, Geertman S. 2011. The development and redevelopment of urban villages in Shenzhen. Habitat International, 35(2): 214-224.

Harvey D. 2006. Spaces of Global Capitalism. London: Verso.

Hays R A, Kogl A M.2007. Neighborhood attachment, social capital building, and political participation: A case study of low and moderate—Income residents of Waterloo, Iowa. Journal of Urban Affairs, 29(2): 181-205.

He C, Jin W. 2008. Factors influencing the migration intentions of rural workers in the Pearl River Delta. Social Sciences in China, 29(3): 157-171.

Henderson V. 2002. Urbanization in developing countries. The World Bank Research Observer, 17(1): 89-112.

Honig E. 1990. Invisible inequalities: The status of Subei people in contemporary Shanghai. The China Quarterly, 122: 273-292.

Huang Y. 2004. Housing markets, government behaviors, and housing choice: A case study of three cities in China. Environment and Planning A, 36(1): 45-68.

Huang Y, Low S M. 2008. Is gating always exclusionary? A comparative analysis of gated communities in American and Chinese cities//Logon J R. Urban China in Transition. Oxford: Wiley-Blackwell: 182-202.

Huang Y, Tao R.2014. Housing migrants in Chinese cities: Current status and policy design. Environment and Planning C: Government and Policy, 33(3): 640-660.

Iceland J, Scopilliti M. 2008. Immigrant residential segregation in us metropolitan areas, 1990-2000.

Demography, 45(1): 79-94.

Jessop B. 2002. Liberalism, neoliberalism, and urban governance: A state-theoretical perspective. Antipode, 34(3): 452-472.

Johnson R B, Onwuegbuzie A J, Turner L A. 2007. Toward a definition of mixed methods research. Journal of Mixed Methods Research, 1: 112-133.

Kallen H M. 1924. Culture and Democracy in the United States. Piscataway: Transaction Publishers.

Kearns A, Forrest R. 2000. Social cohesion and multilevel urban governance. Urban Studies, 37: 995-1017.

Kearns A, Parkinson M. 2001. The significance of neighborhood. Urban Studies, 38(12): 2103-2110.

Kempen R V, Ozuekren A S.1998. Ethnic segregation in cities: New forms and explanations in a dynamic world. Urban Studies, 35(10): 1631-1656.

Kirby A.2008. The production of private space and its implications for urban social relations. Political Geography, 27(1): 74-95.

Kneebone E. 2009. Job sprawl revisited: The changing geography of metropolitan employment. Washington D C: The Brookings Institution.

Knox P, Pinch S.2000. Urban Social Geography: An Introduction. London: Prentice Hall.

Li W. 2006a. From Urban Enclave to Ethnic Suburb: New Asian Communities in Pacific Rim Countries. Honolulu: University of Hawaii Press.

Li B. 2006b. Floating population or urban citizens? Status, social provision and circumstances of rural-urban migrants in China. Journal of Social Policy and Administration, 40(2): 174-195.

Li W. 2009. Ethnoburb: The New Ethnic Community in Urban America. Honolulu: University of Hawaii Press.

Li L H, Li X. 2011. Redevelopment of urban villages in Shenzhen, China—An analysis of power relations and urban coalitions. Habitat International, 35(3): 426-434.

Li S M, Li L. 2006. Life course and housing tenure change in urban China: A study of Guangzhou. Housing Studies, 21(5): 653-670.

Li S M, Song Y L. 2009. Redevelopment, displacement, housing conditions, and residential satisfaction: A study of Shanghai. Environment and Planning A, 41: 1090-1108.

Li L H, Lin J, Li X, et al. 2014. Redevelopment of urban village in China—A step towards an effective urban policy? A case study of Liede village in Guangzhou. Habitat International, 43: 299-308.

Li S M, Du H. 2014. Residential change and housing inequality in urban China in the early twenty-first Century//Huang Y, Li S M. Housing Inequality in Chinese Cities. London: Routledge: 18-36.

Li X, Chen F. 2008. The debate on community: The transformation of Chinese urban communities in the period of transition. Sociological Review, 2: 192-217.

Li Z, Wu F. 2008. Tenure-based residential segregation in post-reform Chinese cities: A case study of Shanghai. Transactions of the Institute of British Geographers, 33(3): 404-419.

Li Z, Wu F. 2013. Residential satisfaction in China's informal settlements: A case study of Beijing, Shanghai and Guangzhou. Urban Geography, 34(7): 923-949.

Li S M, Hou Q, Chen S, et al. 2010. Work, home, and market: The social transformation of housing space in Guangzhou, China. Urban Geography, 31(4): 434-452.

Lichter D T, Parisi D, Taquino M C, et al. 2010. Residential segregation in new Hispanic destinations: Cities, suburbs, and rural communities compared. Social Science Research, 39(2): 215-230.

Lin Y, de Meulder B. 2012. A conceptual framework for the strategic urban project approach for the sustainable redevelopment of'villages in the city' in Guangzhou. Habitat International, 36(3): 380-387.

Lin Y, de Meulder B, Wang S. 2011. Understanding the'village in the city' in Guangzhou: Economic integration and development issue and their implications for the urban migrant. Urban Studies, 48(16): 3583-3598.

Liu Y, Wu F. 2006. Urban poverty neighborhoods: Typology and spatial concentration under China's market transition, a case study of Nanjing. Geoforum, 37(4): 610-626.

Liu Z, Wang Y. 2014. Housing access, sense of attachment, and settlement intention of rural migrants in Chinese cities// Huang Y, Li S M. Housing Inequality in China. London: Routledge.

Liu Y, He S, Wu F, et al. 2010. Urban villages under China's rapid urbanization: Unregulated assets and transitional neighbourhoods. Habitat International, 34: 135-144.

Liu Y, Li Z G, Breitung W. 2012. The social networks of new-generation migrants in China's urbanized villages: A case study of Guangzhou. Habitat International, 36(1): 192-200.

Liu Y, Liu Y Q, Li Z G, et al. 2015. Growth of rural migrant enclaves in Guangzhou, China: Agency, everyday practice and social mobility. Urban Studies, 51: 1-20.

Logan J R. 2006. Variations in immigrant incorporation in the neighborhoods of Amsterdam. International Journal of Urban and Regional Research, 30(3): 485-509.

Logan J R. 2008. Urban China in Transition. Oxford: Wiley-Blackwell.

Logan J R, Alba R D. 1993. Locational returns to human capital: Minority access to suburban community resources. Demography, 30(2): 243-268.

Logan J R, Zhang W Q, Alba R D. 2002. Immigrant enclaves and ethnic communities in New York and Los Angeles. American Sociological Review, 67(2): 299-322.

Low S M. 2003. Behind the Gates: Life, Security, and the Pursuit of Happiness in Fortress America. London: Routledge.

Lu M. 1999. Determinants of residential satisfaction: Ordered logit vs. regression models. Growth and Change, 30: 264-287.

Ma L J, Xiang B. 1998. Native place, migration and the emergence of peasant enclaves in Beijing. The China Quarterly, 155: 546-581.

Ma X, Tong X. 2008. Looking after others: The road to the integration of new migrants. Jianghai Academic Journal, 2: 16-22.

Marcuse P, van Kempen R. 2002. Of States and Cities: The Partitioning of Urban Space. Oxford: Oxford University Press.

Massey D S. 1985. Ethnic residential segregation: A theoretical synthesis and empirical review. Sociology and Social Research, 69(3): 315-350.

Massey D S, Denton N A. 1985. Spatial assimilation as a socioeconomic outcome. American Sociological Review, 50: 94-106.

Massey D S, Condran G A, Denton N A. 1987. The effect of residential segregation on black social and economic well-being. Social Forces, 66: 29-56.

McKenzie E. 1994. Privatopia: Homeowner Associations and the Rise of Residential Private Government. New Haven and London: Yale University Press.

Mcmillan D W, Chavis D M. 1986. Sense of community: A definition and theory. Journal of Community psychology, 14(1): 6-23.

Murphy A K. 2007. The suburban ghetto: The legacy of herbert gans in understanding the experience of poverty in recently impoverished American suburbs. City & Community, 6(1): 21-37.

Musterd S, Andersson R. 2005. Housing mix, social mix, and social opportunities. Urban Affairs Review, 40(6): 761-790.

Musterd S, Ostendorf W. 2009. Residential segregation and integration in the Netherlands. Journal of Ethnic and Migration Studies, 35: 1515-1532.

Nee V. 1989. A theory of market transition: From redistribution to markets in state socialism. American Sociological Review, 54: 663-681.

Nee V. 1996. The emergence of a market society: Changing mechanisms of stratification in China. American Journal of Sociology, 101: 908-949.

Nee V, Sanders J M, Sernau S. 1994. Job transitions in an immigrant metropolis: Ethnic boundaries and the mixed economy. American Sociological Review, 59(6): 849-872.

Palmer N A, Perkins D D, Xu Q. 2011. Social capital and community participation among migrant workers in China. Journal of Community Psychology, 39: 89-105.

Park R E.1928. Human migration and the marginal man. American Journal of Sociology, 33(6): 881-893.

Park R E. 1950. Race and Culture. New York: Free Press.

Park R E, Burgess E W. 1921. Introduction to the Science of Sociology. Chicago: University of Chicago Press.

Park R E, Burgess E W, McKenzie R D. 1925. The City. Chicago: University of Chicago Press.

Peck J. 2001. Workfare States. New York: Guilford Press.

Permentier M, van Ham M, Bolt G. 2007. Behavioural responses to neighbourhood reputations. Journal of Housing and the Built Environment, 22(2): 199-213.

Polanyi K. 2001. The Great Transformation: The Political and Economic Origins of Our Time. Boston: Beacon Press.

Portes A. 1995. Children of immigrants: Segmented assimilation and its determinants//Portes A. The Economic Sociology of Immigration: Essays on Networks, Ethnicity and Entrepreneurship. New York: Russell Sage Foundation.

Portes A, Jensen L. 1987. What's an ethnic enclave? The case for conceptual clarity. American Sociological Review, 52: 768-771.

Portes A, Jensen L. 1989. The enclave and the entrants: Patterns of ethnic enterprise in Miami before and after Mariel. American Sociological Review, 54: 929-949.

Portes A, Zhou M. 1993. The new second generation: Segmented assimilation and its variants. The Annals of the American Academy of Political and Social Science, 530: 74-96.

Portes A, Zhou M. 2001. The new second generation: Segmented assimilation and its variants// Grusky D B. Social Stratification: Class, Race, and Gender in Sociological Perspective. Boulder: Westview Press: 597-607.

Portes A, Robert N P, Josea C. 1980. Assimilation or consciousness: Perceptions of U. S. society among recent Latin American immigrant to the United States. Social Forces, 59(1): 200-224.

Pow C P. 2009. Gated Communities in China: Class, Privilege and the Moral Politics of the Good Life. London: Routledge.

Project-team.2007. The redevelopment planning of urban villages around Baiyun Airport（2007-2008）. Guangzhou: Sun Yat-sen University.

Putnam R D.1995. Bowling alone: America's declining social capital. Journal of Democracy, 6(1): 65-78.

Qian J, Zhu H, Liu Y. 2011. Investigating urban migrants' sense of place through a multi-scalar perspective. Journal of Environmental Psychology, 31: 170-183.

Raphael S, Stoll M A. 2010. Job Sprawl and the Suburbanization of Poverty. The Brookings Institution: Metropolitan Policy Program. http: //urbanhabitat.org/files/0330_job_sprawl_stoll_raphael-1.pdf[2018-05-20].

Read B L. 2003. Democratizing the neighbourhood? New private housing and home-owner self-organization in urban China. The China Journal, 49: 31-59.

Ren Y, Qiao N. 2010. Social integration for migrants: Process, measurement and determinants. Population Research, 34(2): 11-19.

Roitman S, Phelps N. 2011. Do gates negate the city? Gated communities' contribution to the urbanisation of suburbia in Pilar, Argentina. Urban Studies, 48(16): 3487-3509.

Sager L. 2012. Residential segregation and socioeconomic neighbourhood sorting: Evidence at the micro-neighbourhood Level for migrant groups in Germany. Urban Studies, 49: 2617-2632.

Salleh A G. 2008. Neighbourhood factors in private low-cost housing in Malaysia. Habitat International, 32: 485-493.

Sandberg N C. 1974. Ethnic Identity and Assimilation: The Polish-American Community：Case Study of Metropolitan Los Angeles. New York: Praeger Publishers.

Sassen S. 1991. The Global City. Princeton: Princeton University Press.

Schelling T. 1971. Dynamic models of segregation. Journal of Mathematical Sociology, 1: 143-186.

Sen A. 1981. Poverty and Famines: An Essay on Entitlement and Famines. Oxford: Clarendon Press.

Shen J, Huang Y. 2003. The working and living space of the'floating population' in China. Asia Pacific Viewpoint, 44: 51-62.

Shen J, Wu F. 2013. Moving to the suburbs: Demand-side driving forces of suburban growth in China. Environment and Planning A, 45(8): 1823-1844.

Shieh L, Friedmann J. 2008. Restructuring urban governance. City, 12(2): 183-195.

Slater T, Anderson N. 2012. The reputational ghetto: Territorial stigmatisation in St Paul's, Bristol. Transactions of the Institute of British Geographers, 37(4): 530-546.

Social Protection Committee. 2003. Common Outline for the 2003-2005 National Action Plans/ Inclusion. Brussels.

Solinger D J. 1999. Contesting Citizenship in Urban China: Peasant Migrants, the State, and the Logic of the Market. Oakland: University of California Press.

Song Y, Zenou Y. 2012. Urban villages and housing values in China. Regional Science and Urban Economics, 42: 495-505.

Su Y, Min W. 2010. Escaping from metropolis. Nanjing: Jiangsu People Press.

Sun M, Fan C C. 2011. China's permanent and temporary migrants: Differentials and changes, 1990-2000. The Professional Geographer, 63(1): 92-112.

Tang J, Zhu Y, Ren Z. 1999. Social security and support to urban poor households: A case study of Shanghai. Sociological Review, 5: 20-25.

Tian L. 2008. The chengzhongcun land market in China: Boon or bane? —A perspective on property rights. International Journal of Urban and Regional Research, 32(2): 282-304.

Tomba L. 2005. Residential space and collective interest formation in Beijing's housing disputes. The China Quarterly, 184: 934-951.

Tonnies F. 1957. Community and Society. Loomis C P translated. Mineola: Courier Dover Publications.

Turner J F C. 1968. Housing patterns, settlement patterns, and urban development in modernizing countries. Journal of the American Planning Association, 34(6): 354-363.

Uitermark J. 2003. Social mixing and the management of disadvantaged neighbourhoods: The Dutch policy of urban restructuring revisited. Urban Studies, 40(3): 531-549.

UN-HABITAT. 2012. State of the World's Cities 2010/2011—Bridging The Urban Divide. https: // unhabitat. org/books/state-of-the-worlds-cities-20102011-cities-for-all-bridging-the-urban-divide/ [2018-05-20].

van Kempen E T . 1994. The dual city and the poor: Social polarization, social segregation and life chances. Urban Studies, 31: 995-1015.

Vesselinov E. 2008. Members only: Gated communities and residential segregation in the metropolitan United States. Sociological Forum, 23(3): 536-555.

Wacquant L. 2008. Urban Outcasts: A Comparative Sociology of Advanced Marginality. Cambridge: Polity Press.

Walder A G. 1988. Communist neo-traditionalism: Work and authority in Chinese industry. Berkeley: University of California Press.

Walks R A. 2008. Urban form, everyday life, and ideology: Support for privatization in three Toronto neighbourhoods. Environment and Planning A, 40(2): 258-282.

Wang Y P. 2005. Low-income communities and urban poverty in China. Urban Geography, 26(3): 222-242.

Wang W W, Fan C C. 2006. Success or failure: Selectivity and reasons of return migration in Sichuan and Anhui, China. Environment and Planning A, 38: 939-958.

Wang W W, Fan C C. 2012. Migrant workers' integration in urban China: Experiences in employment, social adaptation, and self-identity. Eurasian Geography and Economics, 53: 731-749.

Wang Y P, Murie A. 2000. Social and spatial implications of housing reform in China. International Journal of Urban and Regional Research, 24: 397-417.

Wang Y, Wang Y, Bramley G. 2005. Chinese housing reform in state-owned enterprises and its impacts on different social groups. Urban Studies, 42: 1859-1878.

Wang Y, Wang Y, Wu J. 2010. Housing migrant workers in rapidly urbanizing regions: A study of the Chinese model in Shenzhen. Housing Studies, 25(1): 83-100.

Wang Y P, Wang Y, Wu J. 2009. Urbanization and informal development in China: Urban villages in Shenzhen. International Journal of Urban and Regional Research, 33(4): 957-973.

Wang Y P, Du H, Li S M. 2014. Migration and the dynamics of Informal Housing in China// Huang Y, Li S M. Housing Inequality in China. London: Routledge: 87-102.

Wang Z, Zhang F, Wu F. 2015. Intergroup neighbouring in urban China: Implications for the social integration of migrants. Urban Studies, 52: 1-18.

Webster C. 2002. Property rights and the public realm: Gates, green belts, and gemeinschaft. Environment and Planning B, 29(3): 397-412.

Wellman B, Leighton B. 1979. Networks, neighborhoods and communities approaches to the study of the community questions. Urban Affairs Quarterly, 14(3): 363-390.

Wen M, Wang G. 2009. Demographic, psychological, and social environmental factors of loneliness and satisfaction among rural-to-urban migrants in Shanghai, China. International Journal of Comparative Sociology, 50(2): 155-182.

Whyte M K, Parish W L. 1985. Urban life in contemporary China. Chicago: University of Chicago Press.

Wirth L. 1938. Urbanism as a way of life. American Journal of Sociology, 44(1): 1-24.

Wu F. 1996. Changes in the structure of public housing provision in urban China. Urban Studies, 33(9): 1601-1627.

Wu W. 2002a. Migrant housing in urban China: Choices and constraints. Urban Affairs Review, 38: 90-119.

Wu F. 2002b. China's changing urban governance in the transition towards a more market-oriented economy. Urban Studies, 39(7): 1071-1093.

Wu F. 2007a. China's Emerging Cities: The Making of New Urbanism. London: Routledge.

Wu F. 2007b. The poverty of transition: From industrial district to poor neighbourhood in the city of Nanjing, China. Urban Studies, 44(13): 2673-2694.

Wu F. 2010a. Property rights, citizenship and the making of the new poor in urban China//Wu F, Webster C. Marginalization in Urban China: Comparative Perspectives. Basingstoke: Palgrave Macmillan: 72-89.

Wu F. 2010b. Gated and packaged suburbia: Packaging and branding Chinese suburban residential development. Cities, 27(5): 385-396.

Wu F. 2013-02-26. People-oriented urbanization. China Daily, 9.

Wu W. 2004. Sources of migrant housing disadvantage in urban China. Environment and Planning A, 36(7): 1285-1304.

Wu W. 2006. Migrant intra-urban residential mobility in urban China. Housing Studies, 21: 745-765.

Wu W. 2010. Drifting and getting stuck: Migrants in Chinese cities. City, 14: 13-24.

Wu F, He S. 2005. Changes in traditional urban areas and impacts of urban redevelopment: A case study of three neighbourhoods in Nanjing, China. Tijdschrift voor Economische en Sociale Geografie, 96(1): 75-95.

Wu F, He S, Webster C. 2010a. Path dependency and the neighbourhood effect: Urban poverty in impoverished neighbourhoods in Chinese cities. Environment and Planning A, 42(1): 1-34.

Wu F, Webster C, He S, et al. 2010b. Urban Poverty in China. Cheltenham : Edward Elgar

Publishing.

Wu F, Zhang F, Webster C. 2013a. Rural Migrants in Urban China: Enclaves and Transient Urbanism. London: Routledge.

Wu F, Zhang F, Webster C. 2013b. Informality and the development and demolition of urban villages in the Chinese peri-urban area. Urban Studies, 50(10): 1919-1934.

Xiang B. 1999. Zhejiang village in Beijing: Creating a visible non-state space through migration and marketized networks//Pieke F N, Mallee H. Internal and International Migration: Chinese Perspectives. Surrey: Curzon: 215-250.

Xie Y, Gough M. 2011. Ethnic enclaves and the earning of immigrants. Demography, 48(4): 1293-1315.

Xu J, Yeh A G O. 2003. City profile: Guangzhou. Cities, 20(5): 361-374.

Xu Q, Chow J C. 2006. Urban community in China: Service, participation and development. International Journal of Social Welfare, 15(3): 199-208.

Xu Q, Perkins D D, Chow J C. 2010. Sense of community, neighboring, and social capital as predictors of local political participation in China. American Journal of Community Psychology, 45 (3-4): 259-271.

Xu Q, Guan X, Yao F. 2011. Welfare program participation among rural-to-urban migrant workers in China. International Journal of Social Welfare, 20: 10-21.

Xu W, Tan K C, Wang G. 2006. Segmented local labor markets in postreform China: Gender earnings inequality in the case of two towns in Zhejiang province. Environment and Planning A, 38: 85-109.

Yang Y R D. 2013a. A tale of Foxconn city: Urban village, migrant workers and alienated urbanism// Wu F, Zhang F, Webster C. Rural Migrants in Urban China: Enclaves and Transient Urbanism. London: Routledge: 147-163.

Yang J H. 2013b. Social exclusion and young rural-urban migrants' integration into a host Society in China. Annals of the American Academy of Political and Social Science, 648: 52-69.

Yi C, Huang Y. 2014. Effectiveness, efficiency and equity//Huang Y, Li S M. Housing Inequality in China. London: Routledge: 119-140.

Yuan Y, Wu F, Xu X. 2011. Multiple deprivations in transitional Chinese cities: A case study of Guangzhou. Urban Affairs Review, 47: 721-736.

Yue Z, Li S, Feldman M W, et al. 2010. Floating choices: A generational perspective on intentions of rural-urban migrants in China. Environment and Planning A, 42: 545-562.

Yue Z, Li S, Jin X, et al. 2013. The role of social networks in the integration of Chinese rural-urban migrants: A migrant-resident tie perspective. Urban Studies, 50(9): 1704-1723.

Zhang L. 2001. Strangers in the City: Reconfigurations of Space, Power, and Social Networks within

China's Floating Population. Stanford: Stanford University Press.

Zhang L. 2007. Living and working at the margin: Rural migrants workers in China's transitional cities//Zhang H X, Wu B, Sanders R. Marginalisation in China: Perspectives on Transition and Globalisation. Farnham: Ashgate Publishing: 81-96.

Zhang L. 2011. The political economy of informal settlements in post-socialist China: The case of chengzhongcun (s). Geoforum, 42(4): 473-483.

Zhang L, Wang G X. 2010. Urban citizenship of rural migrants in reform-era China. Citizenship Studies, 14: 145-166.

Zhang L, Tao L. 2012. Barriers to the acquisition of urban hukou in Chinese cities. Environment and Planning A, 44(12): 2883-2900.

Zhang W, Lei K. 2008. The urban new immigrants' social inclusion: Internal structure, present situation, and influential factors. Sociological Review, (5): 117-141.

Zheng S Q, Long F J, Fan C C, et al. 2009. Urban villages in China: A 2008 survey of migrant settlements in Beijing. Eurasian Geography and Economics, 50(4): 425-446.

Zhou M, Logan J. 1989. Returns on human capital in ethnic enclaves: New York's Chinatown. American Sociological Review, 54: 809-820.

Zhu L. 2002. The urban integration of migrants. Jianghai Academic Journal, 6: 82-88.

Zhu Y, Chen W. 2010. The settlement intention of China's floating population in the cities: Recent changes and multifaceted individual-level determinants. Population, Space and Place, 16(4): 253-267.

Zhu Y, Lin L. 2014. Continuity and change in the transition from the first to the second generation of migrants in China: Insights from a survey in Fujian. Habitat International, 42(2): 147-154.